十三經注疏校勘記

劉玉才 主編

北京大學出版社
PEKING UNIVERSITY PRESS

# 論語注疏校勘記

〔清〕阮　元　總纂
　　　孫同元　分校
　　　張學謙　整理

# 目録

整理説明 …… 一
論語注疏校勘記序 …… 一
論語注疏校勘記卷一 …… 一
論語注疏校勘記卷二 …… 二五
論語注疏校勘記卷三 …… 四二
論語注疏校勘記卷四 …… 六三
論語注疏校勘記卷五 …… 八二
論語注疏校勘記卷六 …… 一〇五
論語注疏校勘記卷七 …… 一二四
論語注疏校勘記卷八 …… 一四八
論語注疏校勘記卷九 …… 一六五
論語注疏校勘記卷十 …… 一八三
論語釋文校勘記 …… 一九六

# 整理說明

## 一、論語注疏校勘記之編纂

論語注疏校勘記十卷、釋文校勘記一卷，題「臣阮元恭撰」，實際分任校勘者爲仁和孫同元。阮元論語注疏校勘記序云：「臣元於論語注疏舊有校本，且有箋識。又屬仁和生員孫同元推而廣之，於經、注、疏、釋文皆據善本讎其同異，暇輒親訂成書，以詒學者云爾。」各卷末亦署「臣孫同元校字」。

孫同元（一七七一—？），字雨人，浙江仁和人。孫志祖嗣子（其兄景曾子）。嘉慶十三年（一八〇八）舉人，道光中官永嘉教諭。著有今韻三種六卷、弟子職注一卷、六韜逸文一卷、永嘉聞見録二卷、學福軒筆記等。❶

國家圖書館藏周易注疏校勘記稿本，原稿爲李鋭纂成，後經嚴杰校補，阮元批校，嚴、阮二氏按語在刻本中均以「〇」或空格的方式與原稿校記區别。謄清本則又經孫同元覆核、嚴杰校定。❷同樣的，論語注疏校勘記也經過了初校與覆校的過程，最明顯的證據就是部分〇前校語與〇後按語截然相反，顯然非出一人之手。

01—054 欲不爲論念張文 漢書張禹傳無「不」字。〇按，宋板漢書有「不」字。

02—173 是人之所欲也 此句「也」字及下「是人之所惡也」兩「也」

字疑俱後人所加……四書攷異云：「案此『也』字，唐以前人引述悉略去，未必不謀盡同也，恐是當時傳本如此。」○按，考異非也。古人引書每多節省，況有皇侃義疏可證也。

02—216 古者言之不出　皇本作「古之者言之不妄出也」。　高麗本「出」下有「也」字。四書攷異云：「包氏註云：『古人之言不妄出口。』據其文，或舊本經原有『妄』字，則斷知其流傳訛衍。」○按，皇本「妄」字必因注文而誤衍也。

考慮到周易注疏校勘記的情況，再結合論語注疏校勘記自身的信息，這些○後按語可能多出自嚴杰或段玉裁之手。❸雖然論語注疏校勘記中只有 10—095 條○後按

語留下了「嚴杰案」的字樣，但仍有一些信息反映了這些按語與嚴杰的關係。部分○後按語提示讀者參考其他校勘記，如 01—073、07—145 條云「說詳左傳校勘記」、03—116 條云「詳左傳釋文校勘記」，而嚴杰正是左傳注疏校勘記的分校者。當然，段玉裁亦曾經手左傳注疏校勘記，❹ 04—240 條又云「詳詩經校勘記」，故此類按語出自段氏之手的可能性也很大。一些按語與段氏之學相合，如 01—289 條：

　　案，鉤、拘古音同第四部，故多通用。周禮巾車「金路鉤」註：「故書鉤為拘，杜子春讀為鉤。」鉤、拘均侯部見母，段氏六書音均表古音十七部，第四部正為侯。又檢段氏周禮漢讀考卷三即有此條內容：

「金路鉤」注：「故書鉤爲拘，杜子春讀爲鉤。拘、鉤古音同在弟四侯部。」❺

又如 05—208 條引說文等討論「麖」、「麔」二字，○後按語云：「按，兒聲、弭聲古音同部。」段氏說文解字注「麖……從鹿弭聲」下云：「十六部，兒聲同部也。」可見補入按語者對段氏古音學非常熟悉，很可能就是段玉裁本人。但也有一些按語明顯非段氏口吻，如 05—268 條○後按語謂「聞諸段玉裁云」'07—022 條○後按語末綴「段玉裁說」四字'09—132 條末謂「段玉裁正其誤」，可見按語並非出自段氏一人。方東樹曾記錄段玉裁覆校詩經時，因與顧廣圻意氣之爭而肆行駁斥顧說，不告阮、顧二人而徑行寄粵付刊。方氏謂此語乃「乙酉八月，嚴厚民杰見告，蓋以後諸經乃嚴親齎

至蘇共段同校者也」。❻據此則論語注疏校勘記蓋由段玉裁、嚴杰二人共同覆核，編定時間在毛詩注疏校勘記及左傳注疏校勘記之後。又阮元論語注疏校勘記序謂「元於論語注疏舊有校本，且有箋識」，則校勘記中或亦逐錄阮氏按語。

論語注疏校勘記於嘉慶十一年十月由儀徵阮氏文選樓刊行，爲宋本十三經注疏併經典釋文校勘記之一。❼分卷從唐石經作十卷。❽校記凡 2750 條，其中卷一 333 條，卷二 224 條，卷三 279 條，卷四 261 條，卷五 298 條，卷六 261 條，卷七 331 條，卷八 243 條，卷九 253 條，卷十 173 條，釋文 94 條。

二、論語注疏校勘記引據版本考實

對於論語注疏校勘記的底本，阮元論

《論語注疏校勘記》序及書前引據各本目錄並無明確交待。宋本十三經注疏併經典釋文校勘記凡例謂論語「以宋版十行本爲據」，然《論語注疏校勘記》校語中屢屢出現「十行本」字樣，則其出文所據顯非十行本，與凡例之説齟齬不合。從校勘記本身看，校語中十行本、閩本、北監本、毛本均有出現，可見底本並非此四本。❾實際上，論語注疏校勘記是不主一本的，出文爲孫同元初校時認爲正確的文字，故校語多作「某本某誤某」，亦有「各本某誤某」（如 02—224）。但對於仍據十行本，如 01—001 條邢昺銜名、01—003 條經注疏格式、01—081 條卷端標題格式等。無法判斷異文正誤時，出文亦爲十行本文字，下列各本異文，如 02—080、03—092 條等。當然也偶有校語以出文爲誤者，

如：

03—177 此章論君子當賑窮周急 閩本、北監本「賑」作「振」。案，作「振」是也。

04—178 又晉趙孟孝伯疾將死 十行本「疾」作「並」，是也。

04—237 皋陶字廷堅 北監本、毛本「廷」作「庭」，是也。

04—239 以魚釣奸周西伯 十行本「奸」誤「好」。毛本「魚」作「漁」，是也。

此類斷語（加着重號之字）孫同元初稿當無，乃其後增入。周易注疏校勘記稿本中有一些簡單的是非判斷，如「作某爲是」、「是也」、「不可從」等用語，乃阮元所批，❿《論語注疏校勘記》或亦如是。

有個别校記僅出毛本異文，校語形式也比較特殊，如：

01—135　一爲方千里者百　毛本作「千」乃「十」字之誤。

01—137　不以此方百里者一　毛本作「不」乃「又」字之誤。

02—024　右加弛弓　毛本作弛。○按，禮注射儀注作「弛」，是正字。

02—087　鄉射禮　毛本作禮。周禮注作「記」，不誤。

實際上，前三條校記十行本、閩本、監本皆同毛本作「千」、作「不」、作「弛」，而校語卻僅出毛本。四本皆同，則不可能通過對校校出異文，且此校語「毛本作某，乃某字之誤」的形式也與其他大多數校記「某本某誤某」不同。考慮到阮序謂其「舊有校本，

且有箋識」，而阮元舊日校本即爲毛本，⓫此類校記或即録自阮校本之箋識。

引據各本目録所列版本凡九種：

（一）漢石經十卷

東漢熹平石經論語，校勘記「據洪适隸釋所載石刻殘字」轉引。漢石經始刻於東漢熹平四年（一七五），刻成於光和六年（一八一），立石洛陽太學。刻周易、尚書、魯詩、儀禮、春秋五經及公羊、論語二傳，凡四十六石。⓬其後歷經變亂，崩毁殆盡。唐宋時偶有殘石出土，洪适即録其文字於隸釋、隸續中，其中論語九百七十一字，爲前四篇、後四篇之文。一九二二年洛陽有論語堯曰篇殘石出土，馬衡推測爲張侯論（魯論）。⓭

（二）唐石經十卷

## 論語注疏校勘記

唐石經始刻於唐文宗大和七年（八三三），刻成於開成二年（八三七），故又稱「開成石經」。包括易、書、詩、三禮、三傳及孝經、論語、爾雅，共十二種，並附五經文字、九經字樣二種。立石長安國子監太學，清代在陝西西安府府學，今存西安碑林。其中論語十卷，僅刻經文，然前有何晏序，各篇標題下署「何晏集解」，可見亦源自經注本。

唐石經磨改、補刻的情況十分複雜，而論語注疏校勘記如周易注疏校勘記指出了初刻、改刻、後增、後删的不同，而論語注疏校勘記雖然指出了明顯的旁添字，如：

01—187　未若貧而樂　皇本、高麗本「樂」下有「道」字。唐石經「道」字旁添。案，唐石經旁添字多不足據，此「道」字獨與古合。

卻未對磨改情況加以說明。與嚴可均唐石經校文對比，即可看出校勘記在此問題上的不足之處。如卷二「爾愛其羊」條（02—092）：

校勘記：唐石經「爾」作「女」，皇本、高麗本作「汝」。

唐石經校文：唐石經「爾」磨改作「女」，皇疏本作「女」。釋文不發音，則陸所見本不作「女」。金石文字記云「爾」誤作「女」。按，初刻是「爾」字，不誤。

（三）宋石經

引據各本目録云：「宋紹興時石刻本。」

即宋高宗御書石經，紹興十三年（一一四三）秦檜「請刊石于國子監，頒其本徧賜泮宮」，至十六年漸次刻成周易、尚書、毛詩、

淳熙四年（一一七七）孝宗詔建「光堯石經之閣」奉安石經，並從知臨安府趙磻老之請，搜訪舊本御書禮記中庸、大學、學記、儒行、經解五篇，重行摹勒，以補禮經之闕。❶至清代存杭州府學，乾隆四十七年（一七八二）冬王昶訪碑時尚存八十七石，嘉慶十年成書之兩浙金石志記爲八十六石（左傳少一石）❶，今僅存七十七石（亡尚書一，左傳八）。❶其中論語七石，每石四列，列二十七行，行十六字或十五字，後有紹興癸亥秦檜記。凡十卷，首題「論語卷第一」五字，次「學而第一」四字，次即「子曰學而時習之」云云，每章皆連接。諸經避諱字皆本字缺筆，惟論、孟則多改字。❶兩浙金石志並「以毛氏汲古閣本詳校其文」，與論語注疏校勘

左傳、論語、孟子六經，立石臨安太學。字體爲小楷，惟論語、孟子作行楷，結體較大。

記所引略有出入。校經諸君與此石刻近在咫尺，故亦取以入校。

（四）皇侃義疏十卷

校勘記所據爲「日本寬延庚午根伯修遜志校正付刻」之本，「前有彼國人平安服元喬敘」。梁代皇侃所撰論語義疏爲南朝義疏之學的代表性著作，北宋初邢昺撰論語正義，即以此書爲重要依據。然自邢疏行世，皇氏義疏逐漸晦而不顯，最終亡佚於南宋中期以後。論語義疏傳入日本的時間不詳。❶藤原佐世於寬平（八八九-八九八）間所撰日本國見在書目錄已著錄，一直以鈔本形式流傳。至根本遜志以足利學校所藏室町鈔本爲底本，❶又據邢疏體例更改鈔本面貌，於寬延三年（乾隆十五年）校正付刊，首有服部元喬（號南郭）序。根本遜志（一六九九-一七六四），字伯修，號武夷，

通稱「八右衛門」。

乾隆二十九年，錢塘汪鵬（字翼滄）自長崎攜歸此本，傳之士林。㉑乾隆三十七年，高宗諭旨徵訪遺書，浙江乃設遺書局。乾隆四十年初，汪鵬以此日本刻本上之，㉒由浙江巡撫進呈四庫館，並採入四庫全書。乾隆五十二年，武英殿又刻板印行，卷末附陸費墀、彭紹觀等考證。汪書在局中時，鮑廷博曾鈔錄副本，由布政使王亶望出資，刻入鮑氏知不足齋叢書第七集中，行款全同原刻，惟省去句讀、訓點，卷端「日本根遜志校正」改爲「臨汾王亶望重刊」。㉓四庫本及武英殿本因違礙字句，對原書有改竄之處。㉔知不足齋叢書初印本無改易，後印本則削去「臨汾王亶望重刊」，並據四庫本改竄原本文字。

論語義疏回傳中國後，受到當時學者的極大重視，翟灝撰四書考異、陳鱣撰論語古訓，皆以義疏爲重要依據，吳騫更撰皇氏論語義疏參訂，直接以義疏爲研究對象。校勘記凡例亦云「論語則考之皇侃義疏」，志刊本變亂鈔本體式，已非論語義疏原貌。然清儒所據之根本遜志刊本變亂鈔本體式，已非論語義疏原貌。至一九二三年，武内義雄以文明鈔本爲底本，參考其他鈔本校勘，一仍舊鈔本原貌，由大阪懷德堂記念會刊行，並附校勘記。

（五）高麗本

引據各本目錄云：「據海寧陳鱣論語古訓本所引。」陳氏書「于集解所載之外搜而輯之，且據石經、皇侃義疏、山井鼎、物觀諸本訂其譌缺而附注于下」。㉕阮元曾於京師獲見稿本，乾隆六十年冬，阮元調任浙江學政，正值論語古訓付刻初成，乃於嘉慶元年正月爲之叙，故對此書頗爲熟悉。而所謂

高麗本實爲日本正平本論語集解之誤認。

正平本十卷，有所謂「雙跋本」（卷末有「堺浦道祐居士重新命工鏤梓，正平甲辰（一三六四）五月吉日謹志」、「學古神德法，日下逸人貫書」二跋）與「單跋本」（僅有「堺浦道祐居士」云云一跋），雙跋本爲正平初刻本。另有一種經過校改的覆刻雙跋本，時間應比單跋本更晚。㉖

錢曾讀書敏求記一高麗鈔本論語集解，乃遼海道蕭應宮監軍朝鮮時所得，末有「道祐居士」及「學古神德」云云二跋，㉗因知源自雙跋本。此本後歸長洲顧安道，即陳鱣借校之本，又歸元和顧之逵，嘉慶二十四年爲黃丕烈購得，㉘後再歸張金吾。嘉慶六年二月，陳鱣在京師詢朝鮮使臣，方知正平非朝鮮年號，因疑「殆是日本國，當呼爲倭本耳」，㉙而校勘記仍沿原誤。至嘉慶二

十四年，翁廣平於黃丕烈處觀此本，後又見日本年號箋，方知正平乃日本南朝後村上天皇年號，當中國元順帝至正二十四年。㉚

（六）十行本二十卷

校勘記以爲「宋刻，元明遞有修補」，實誤。此本乃元刊明修本，版心有「泰定四年」年號者並非補刊，而是元版。北京市文物局藏元刊明修本論語注疏解經，修版至嘉靖初年，故一部之中有元版、明初補版、正德六年（一五一一）補版、正德十二年補版、嘉靖初補版五種版片。以此本與校勘記所載十行本異文對勘，多有不合之處，如：

02—097　朝廟朝享朝正　十行本「享」上脫「朝」字。閩本、北監本、毛本作「朝廟享廟正」，大誤。

04—009　不復夢見周公　十行本

「公」字闕。

以上二條所涉版面，文物局本皆嘉靖初補版（府舒校），與閩、監、毛本同作「朝廟享廟正」，「公」字不闕。尚有更大差異者，如：

07—259 言先覺人者是 十行本「是」下九字模糊，下接「所以非賢者」。

07—260 不信之人爲之億度 十行本「度」下五字模糊，下接「人故先覺者」。

文物局本此葉亦嘉靖初補版（候番劉校），「言先覺人者具」下十字實闕，下接「以非賢者」。「不信之人」下十字實闕，下接「故先覺者」。可見校勘記所據十行本並無嘉靖初補版。

01—004 門人相與輯而論篹 十

行本「與」字、「論」字實闕，「篹」作「篡」。

文物局本此葉爲正德六年補版（許成寫），「與」字不闕。

03—167 未聞更有好學者也 十行本「聞」字與下「顏回任道」「顏」字互易，大誤。

03—168 彼云 十行本「彼」誤「皮」。

文物局本此葉爲正德十二年補版（刻工文昭），二條皆不誤。可見校勘記所據十行本亦無正德補版。

又校勘記卷三 070—073、075、076、078、079 八條記錄十行本實闕之字，文物局本（此葉爲明初補版）皆不闕，則校勘記所據十行本甚至並無明初補版。以文物局本

元刊葉與校勘記所錄十行本異文對勘，則一一符合，可見校勘記所據之本確爲元刊，未經明代遞修。引據各本目録記「上邊書字數，下邊書刻工姓名」，亦元版版式，明代補版無記字數者。當時學者多以「南監本」、「南雍本」之名稱十行本，[32]以爲明代在南京國子監曾修補匯印，[33]故所謂「元明遞有修補」云云乃受此觀念影響，並非有明確證據（如版心年號）證明書中有明代補版。考慮到此本已多有模糊闕字處，故其刷印時間當亦較晚（仍早於明初補版）。

（七）閩本二十卷

此本爲明嘉靖間福建巡按御史李元陽、提學僉事江以達刊於福州，[34]乃十三經注疏的第一次彙刻。閩本倫語注疏解經出於正德本，但改易版式爲半葉九行，經大字單行，注中字單行，疏小字雙行。閩本各經

初印本卷端皆署「明御史李元陽、提學僉事江以達校刊」，[35]今所見皆後印本，銜名多被削去。

（八）北監本

監本十三經注疏爲萬曆十四（一五八六）至二十一年北京國子監刊行，故稱「北監本」。監本據閩本重雕，故行款、分卷皆與閩本同，惟注文改閩本中字單行爲小字單行，空左偏右。各經版心上方刻刊版年份，卷端次行起刻校刊者祭酒、司業銜名。其中論語註疏解經版心刻「萬曆十四年刊」，卷端次行、三行刻「皇明朝列大夫國子監祭酒臣李長春等奉／勅重校刊」。北監本經過校勘，補足了閩本的部分闕字。如卷十九子張篇「叔孫武叔毁仲尼」章，疏文引張衡西京賦：「炙炮夥，清酤多，皇恩溥，洪德施。」「夥清酤」、「皇恩溥」六字，閩

本皆爲墨釘，監本補足。

監本於崇禎間有修版，重修本將萬曆校刊者銜名由大字單行改爲小字雙行，「校」諱改「較」，並於其後增刻「皇明朝列大夫國子監祭酒臣吳士元／承德郎司業仍加俸一級臣黃錦等奉／旨重修」，版心刊版年份未改。吳士元，字長吉，進賢人。崇禎四年「管北司業事」，五年陞北京國子監祭酒。❸重修本「有崇禎六年祭酒吳士元題疏，稱板一萬二千有奇，始刻於萬曆十四年，成於二十一年，至崇禎五年冬，奉旨重修」。❸至清康熙二十五年（一六八六），北京國子監又對版片進行了修補。每卷首葉版心改鐫「康熙二十五年重修」，餘葉將萬曆刊記刪去。卷端舊銜名亦改刻「康熙二十五年重修」國子監祭酒臣常錫布、祭酒加一級臣翁叔元、司業臣宋古渾、司業加一級臣達鼐、司

業臣彭定求、學正臣王默、典籍臣程大畢奉旨重校脩」。舊刊記、銜名亦有未刪，或刪而未刻者。

萬曆監本經過崇禎、康熙間兩次修補，質量每況愈下，浦鏜十三經注疏正字例言云：「修板視原本誤多十之三。」校勘記凡例對監本評價頗低，所據實爲重修之本，不符萬曆監本之實。通觀各經校勘記，亦有明晰監本初印與重修之別者。如嚴杰分任之左傳注疏校勘記即區分「監本」與「重修本」，且一云「錯字較少，非毛本可及」，一云「譌字較原本爲多」。徐養原分任之儀禮注疏校勘記，所據亦有監本、國朝重修監本之別。至於論語注疏校勘記，其引據各本目錄未明言所據，惟云「字體惡劣，誤字亦多」，校勘記中謂「第二、三行書明校刊重修姓名」，既有重修姓名，則所據蓋崇禎修

補本。今檢校勘記所謂監本誤字，萬曆監本多不誤，如：

03—004　此章明弟子公冶長之賢
也　北監本「此」誤「地」。

03—020　問之曰　北監本「問」誤「間」。

03—021　子貢雖得夫子　北監本「雖」誤「繼」。

曆監本「問」、「雖」二字有磨損，故重修時誤補。

（九）毛本

毛本論語注疏解經爲崇禎十年常熟毛晉汲古閣刻本，故又稱「汲古閣本」。毛氏刻十三經注疏，始崇禎元年，終十二年，各經末均鐫刊版年份，其中論語爲「皇明崇禎

十年歲在彊圉赤奮若古虞毛氏鐫」。毛本據監本重刻，而校正粗疏，誤字甚多，故校勘記凡例譏之爲「魯魚亥豕之訛，觸處皆是，棼不可理」。然其初印本亦多有佳處，蓋嘗對校宋元善本。㊳以論語注疏解經而言，毛本於疏文闕字多有補足，如卷十七陽貨篇「古者民有三疾」章，十行本疏文「今之狂也蕩者」下徑接「謂忿怒而多咈戾」，必有脫文，閩本、監本雖知之，然無法補足，僅留二十九字空闕，毛本則補足全部闕文（見校勘記 09—086 條）。㊴又如校勘記 10—085 至 10—088 四條，十行本、閩本、監本皆有闕文，賴毛本補足。㊵

毛本版片後於乾隆四十年由常熟席世宣修補印行，嘉慶間書坊並有翻刻本，㊶「譌字又倍之」。㊷毛本於清代極爲流行，盧文弨云：「唯是外閒所通行，唯毛本獨多，故仁和

沈萩園廷芳、嘉善浦聲之鏜作十三經注疏正字，日本國足利學山井鼎等作七經孟子考文，皆據毛本爲説。㊸阮元登第前校十三經注疏，亦以毛本爲底本。㊹對於毛本的流行，葉德輝的解釋是：「由于南北兩監刻本版片日就散佚，乾隆武英殿刻版尚未告成，士人舍此無他本可求，故遂爲天下重也。」但即使在殿本刊行之後，毛本仍以其易得而盛行不衰。㊺

除引據各本目録所載，校勘記中尚有一處引及「盧文弨挍本」（02—157），當即盧文弨手校本十三經注疏。此本今不存，道光四年（一八二四）方東樹曾借錄盧校於阮刻十三經注疏勘記之上，其跋云：「抱經先生手校十三經注疏本，後人衍聖公府，又轉入揚州阮氏文選樓。」㊻餘詳周易注疏校勘記整理說明及孝經注疏校勘記整理說明。

又有「孫志祖校本」（01—233），論語注疏校勘記所引孫志祖校勘意見，除指明爲讀書脞錄外，當皆出此校本。孫志祖已卒於嘉慶六年。

與論語注疏校勘記相同，論語釋文校勘記之出文也是不主一本的。採用的版本有：

（一）葉林宗影鈔本

即凡例所謂「崇禎間震澤葉林宗仿明閣本」。所謂「明閣本」即明文淵閣舊藏宋刻本，流出後爲錢謙益所得，崇禎十年「葉林宗購書工影寫一部」。㊼通志堂、抱經堂二本皆以葉鈔爲底本，而多有改動。明文淵閣藏宋刻經典釋文數部，錢氏所得本燬於絳雲樓之火，然清宮「天祿琳琅」尚有一部

宋刻宋元遞修本，今藏國家圖書館。

葉鈔原本舊藏吳縣朱文游處，盧文弨校抱經堂叢書本釋文時曾借校，乾隆末歸同邑周錫瓚。乾隆五十八年，段玉裁借此本屬臧庸細校，臧氏因復自臨一部，[48]顧廣圻又臨臧校。[49]諸君與纂校勘記時，葉鈔原本仍在周錫瓚處，[50]校勘記所謂葉本乃其傳校之本（以葉本臨於通志堂本之上）。顧氏謂校毛詩「用何夢華臨段本」，又云「段茂堂據葉鈔更校，屬其役於庸安人」（指臧庸）及「阮雲臺辦一書曰考證，以不識一字之某人臨段本爲據」（指何元錫）爲釋文之厄。[51]據此則校勘記所用葉本蓋即何元錫（夢華）臨段玉裁校葉本，故論語釋文校勘記屢屢引用段玉裁校語。又04—150「子溫而厲」條引釋文「一本作『子曰厲作列』」，今檢宋本、通志堂本、盧本「列」皆作「例」，惟段玉裁云「例」當作「列」（見經典釋文彙校）。此

亦釋文用段玉裁校葉本之一證。

（二）通志堂本

即康熙徐乾學校刊通志堂經解本經典釋文，據葉鈔本，而有校改。

（三）盧文弨刻本

即乾隆五十六年盧文弨校刻抱經堂叢書本，亦據葉鈔本，有校改。其重雕經典釋文緣起雖云「書中是非及今所因革，以嘗聞於師友者別爲攷證，附於當卷之後」，而經典釋文考證最終單行（乾隆常州龍城書院刻本），並未附於抱經堂本釋文。

（四）宋蜀本

僅f01—023條一見。即所謂影寫北宋蜀大字本論語音義一卷，毛氏汲古閣舊物，當時藏於吳縣周錫瓚香嚴書屋。[52]不知撰寫校勘記時是否曾借校原本。至嘉慶十八年，黃丕烈精摹重刊，爲三經音義之一種。

## 三、論語注疏校勘記徵引之文獻

論語注疏校勘記徵引的前代文獻主要有韓愈、李翺論語筆解，朱熹論語集注等論語注本，王應麟困學紀聞等考證筆記，以及初學記、藝文類聚、太平御覽等類書。此外，仍以徵引清人考證成果爲多，如毛奇齡論語稽求篇、臧琳經義雜記、惠士奇禮説、惠棟九經古義、盧文弨鐘山札記、翟灝四書考異、㊄程瑶田通藝録、錢大昕十駕齋養新録（實養新餘録）、潛研堂答問、潛研堂文集、孫志祖讀書脞録等。引及次數最多者乃嘉善浦鏜之説。於浦氏之書，各經校勘記所稱不一。㊅論語注疏校勘記作「十三經注疏正誤」（01—007 條）。對於浦書，校勘記凡例評價不高：「雖研覈孜孜，惜未見古來

善本。又以近時文體讀唐代義疏，往往疑所不當疑。又援俗刻他書肆意竄改，不知他書不必盡同義疏所引，而他書之俗刻尤非唐代所傳之本也。」論語注疏校勘記雖頗多徵引，然於浦氏引他書改字，亦有批評，如：

01—310 仁者不忍好生愛人　今白虎通作「仁者，不忍也，施生愛人也」。案，白虎通本有作「好」字者，古人所據之本不必盡同今本，且引書亦不盡用元文者，不得援彼改此。浦鏜據以「好」爲誤字，非也。

校勘記徵引前代文獻，多是據清人著作轉引，而非自行翻檢所得。如 02—064 條云：「汗簡云：古論語郁作𨛫。」今檢汗簡云：「𨛫，郁。見古論語。」而惠棟九經古義

卷十六云：「汗簡云：古論語郁作䣡。」校勘記蓋從惠氏書轉引，而非自汗簡檢得，故文字全同惠書。偶有因轉引而沿誤者，如0］—282「政所施行也」條云：「文選閒居賦引此注，『施，行也』下有此五字。」今檢文選通行各本，惟汲古閣本有此五字，蓋涉上下文而誤衍，不足爲據。校勘記或從論語古訓轉引。⑤

四、論語注疏校勘記之版本

（一）嘉慶十一年儀徵阮氏文選樓刻本
即宋本十三經注疏併經典釋文校勘記

之一。上文已指出，此本於嘉慶十一年十月由儀徵阮氏文選樓刊行。京都大學人文科學研究所藏本爲最初印本，無嘉慶戊辰西月段玉裁序，摠目末葉刻「臣嚴杰校

字」，⑤刷印時間在嘉慶十三年八月前。此本爲王念孫舊藏，當爲刊成即刷印就正者。續修四庫全書影印南京圖書館藏本則已有段序，「嚴杰」之名亦改爲「阮亨」，刷印時間當在嘉慶十三年之後。此後又有附載嘉慶二十一年十二月進表的印本，刷印時間則更晚。而進表謂「連年校改方畢，敬裝十部，進呈御覽」，⑤則刻成後又續有修改，故初印、後印文字偶有不同。⑤

（二）嘉慶二十年江西南昌府學刻論語
注疏解經附本

嘉慶二十年至二十一年，阮元在江西南昌府學開雕重刊宋本十三經注疏，即後世所稱「阮本」。⑥無十三經注疏併經典釋文校勘記序、宋本十三經注疏併經典釋文校勘記凡例、宋本十三經注疏併經典釋文校勘記摠目，各經卷末附校勘記，皆武寧縣貢生盧

宣旬據文選樓本摘録。論語注疏校勘記原分十卷，南昌本摘附論語注疏解經各卷末，故爲二十卷。[61] 盧氏摘録時，並無十分明確的標準，故阮福謂南昌本「校勘記去取，亦不盡善」。[62]

以論語注疏校勘記而言，盧氏僅於卷一「所以爲説懌」條（01—090）末增一按語：「案，皇本注文有『也』字者甚多，此本十去八九，今不悉出。」大致説來，除經文校記外，指出皇本「也」等虚字異文的校記多被刪去。亦有一條校記中保留「也」字異文，僅刪去「下某某下同」字樣者，如：

01—281 美大孝之辭　皇本無「大」字，「辭」下有「也」字，下「兄弟」下同。

02—112 使民戰栗　皇本、高麗本「栗」下有「也」字，下注「戰栗」下、「諫止」下、「其後」下竝有「也」字。

標著重號者，南昌本皆刪去。但不盡然，如 01—208 條即整條保留。又，指出閩、監、毛本明顯誤字的校記及僅録釋文所載異文的校記亦多被刪削。十行本論語注疏解經無釋文，南昌本以之翻刻，亦無釋文，故未附論語釋文校勘記。

南昌本校勘記附於重刊十行本後，出文必然以十行本爲據，而文選樓本論語注疏校勘記出文不主一本，故盧氏又對摘録的校記進行了改造，將出文改爲十行本文録字，如 01—083 條：

文選樓本：由禮貴於用和　十行本、閩本「由」誤「曰」。

南昌本：曰禮貴於用和　閩本同。

北監本、毛本「曰」作「由」，是也。○今訂正。

又如 03—031 條：

　　文選樓本：數爲人所憎惡者　十行本、閩本、北監本「爲」誤「謂」。南昌本：數謂人所憎惡者　閩本、北監本同，毛本「謂」作「爲」。案，所改是也。

亦有出文未改從十行本者，如 08—020 條：

　　文選樓本：此章記孔子阨於陳也　十行本「阨」誤「路」。南昌本：此章記孔子阨於陳也　本「阨」誤「路」，今正。

又如 08—021 條：

　　文選樓本：但不如小人窮則濫溢爲非　十行本「如」誤「好」。南昌本：但不如小人窮則濫溢爲非　本「如」誤「好」，今正。

由於文選樓本出文爲正確文字，故校語中可以「某誤某」的形式做是非判斷。南昌本改造校記後，則只能通過在正確異文後綴以「是也」二字的方式來做判斷。亦偶有指出致誤之由的文字，如「形近之訛」、「此寫者誤脱人旁也」(07—167 條)「上畫板損」(08—022 條)等，實際皆一望可知，本不煩新增，且文選樓本已有勘意見，故整理本對此類文字皆不出校記。至於「今訂正」、「今正」、「今補正」等文字則說明南昌府學刻本論語注疏解經已經據改訛字，據補闕文。

由於需要改造的條目很多，南昌本在

轉換過程中出現了不少問題：

一、校語已改而出文未改。如01—043條：

文選樓本：成帝綏和元年

南昌本：成帝綏和元年 北監本、毛本「綏」作「綏」，是也，今依訂正。

校勘記體例，未舉三本異文，説明三本文字與出文「成帝綏和元年」相同，皆作「綏」（不誤）。而經過盧氏改造後，讀者僅知北監本、毛本作「綏」，似乎閩本同十行本作「綏」。今檢閩本亦作「綏」，南昌本誤。又如01—078條：

文選樓本：荀或之子 十行本

南昌本：荀或之子 案，「或」當作「或」，今正。

「或」誤「或」。

二、失去十行本異文。如08—197條：

文選樓本：子昭公裯 十行本、閩本、北監本、毛本作「裯」。

南昌本：子昭公裯立 閩本、北監本、毛本作「裯」。

「裯」誤「裯」。

三、失去閩、監、毛本異文。如上舉01—043條，文選樓本校勘記雖僅言十行本之誤，而閩、監、毛三本實皆在通校之列，按照文選樓本校勘記云「十行本、閩本、毛三本異文全部失去。更明顯的例子如01—319「又木之始知十行本文字，而閩、監、毛三本皆不誤。經過南昌本的改造，讀者僅失去」，條，文選樓本云「十行本、閩本『木』誤『未』」，而南昌本作「本『木』誤『未』，今正」，誤，而閩、監、毛三本實皆在通校之列，按照

直接遺漏了閩本。南昌本中此類問題甚多。再如04—240條：

> 文選樓本：勅知切　十行本、閩本「髟」下有此三字。○案，此邢昺自爲音釋，或以爲誤衍，非也。説詳詩經校勘記。

> 南昌本：髟勅知切　案，此邢昺自爲音釋，或以爲誤衍，非也。説詳詩經校勘記。

雖然南昌本通過改造出文，説明了「勅知切」三字的位置，但因此直接删去「十行本、閩本『髟』下有此三字」，則使讀者以爲各本均有此三字，十分不妥。實際上，監本、毛本皆無此三字，即案語所謂「或以爲誤衍」而删去者。

四、校語前後矛盾。如02—097條：

> 文選樓本：朝廟朝享朝正　十行本「享」上脱「朝」字。閩本、北監本、毛本作「朝廟享朝正」，大誤。

> 南昌本：朝廟享朝正　毛本「享」上有「朝」字，此誤脱也。閩本、北監本、毛本作「朝廟享廟正」，尤誤。

南昌本校語，前謂毛本「享」上有「朝」字，後謂毛本作「朝廟享廟正」，並無「朝」字，一條校語之中，前後齟齬不合。文選樓本謂十行本脱「朝」字，乃理校，所據顯非毛本。今檢毛本確無「朝」字，南昌本大誤。

五、校語中「各本」云云指向不一。文選樓本中所謂「各本」指向比較一致，即校勘記引據的所有版本（由於大部分爲疏文本、監本、毛本四本）。而南昌本有時指除本、監本、毛本四本）。而南昌本有時指除

十行本外的閩、監、毛本，如 07—068 條：

文選樓本：此章楚葉縣尹問爲政之法於孔子也　十行本「尹」作「公」。

南昌本：此章楚葉縣公問爲政之法於孔子也　各本「公」作「尹」。「公」字誤也，今正。

有時又包括十行本在內，如 07—191「天王狩于河陽」條，「各本『狩』下衍『獵』字」，南昌本出文、校語與文選樓本完全一致。今檢十行本（此葉爲元刊）確衍「獵」字，知此處十行本亦在「各本」之列。南昌本又有所謂「諸本」，倒是比較明確的指閩、監、毛三本，如 09—073 條：

文選樓本：言此所以賊德　十行本無「也」字。

南昌本：言此所以賊德也　諸本有「也」字。

既有「各本」，又有「諸本」所指又不明確，使讀者無所適從。

六、漏標章題。南昌本漏標「道不行章」、「顏淵季路侍章」、「子游爲武城宰章」、「顏淵問爲邦章」、「群居終日章」六章標題。

七、刻版誤字。於南昌府學重刊十三經注疏，阮福云：「此書尚未刻校完竣，家大人即奉命移撫河南，校書之人不能如家大人在江西時細心，其中錯字甚多。」❸所指雖如論語注疏正文，所附校勘記亦可見草率處，如論語注疏校勘記序「門弟子所以記載聖言之文也」之「聖言」，南昌本誤「聖人」，「臣元於論語舊有挍本」之「臣元」，南昌本誤「臣元元」。又如 06—003「將移風易俗」條，

「皇本此段注作『苞氏曰』」之「苞」，南昌本作「包」。今檢知不足齋叢書本論語義疏作「苞」，南昌本誤。又09—040條：

> 文選樓本：涅而不緇　十行本、閩本「涅」作「涅」。
> 南昌本：涅而不緇　閩本同。毛本「涅」作「涅」。

「毛本『涅』作『涅』」無異文，上「涅」字當作「涅」，南昌本誤刻。

南昌本除摘錄、改寫文選樓本校勘記外，還做了一些增補工作，皆標「補」字，以示區分。㉞有整條補入者，或爲文選樓本原校語之後者。所補內容，或爲文選樓本遺漏之異文（北監本、毛本），或爲盧宣旬案語。如卷二所補凡四條：

> 討迷惑者　十行本、閩本「迷」下誤衍「士」字。○補：案，此「士」字因下「士不大射」誤衍。
> 不大射　十行本大誤犬。○補：
> 毛本「不」上有「士」字。案，此誤脫。
> 落繹然相續不絕也　補：北監本、毛本「落」作「絡」。
> 且志不從　補：「且」當作「見」，北監本、毛本並是「見」字。

除據以重刊之底本十行本外，盧宣旬手中似乎只有北監本和毛本，故所補異文不出此二本。改造文選樓本校勘記時常常遺漏閩本，可能也與無法檢核此本有關。

（三）道光學海堂刻皇清經解本

阮元調任兩廣總督後，於廣東學海堂編刊皇清經解，又名學海堂經解，命嚴杰主其事，始道光五年八月，終道光九年九月，

收書凡一百八十三種，版存學海堂側之文瀾閣。(65)咸豐七年（一八五七），英軍進攻廣州，版片殘佚過半。咸豐十年，兩廣總督勞崇光募資補刊，並增刻馮登府著作七種，即所謂「庚申補刊本」。

皇清經解收入十三經注疏校勘記，其中卷一千一十六至一千二十六爲論語校勘記，各卷末刻「嘉應生員李恒春校」。咸豐補刊本卷末刻「嘉應李恒春舊校，南海潘繼李新校」。道光本據文選樓本翻刻，因而沿襲了文選樓本的一些錯誤，如01—008條校語「因謁玉爲王」，文選樓本「謁」誤「僞」，道光本同。又如02—024條，文選樓本出文「弛」誤「㢮」，與校語矛盾，道光本仍其誤。再如03—265條校語引經義雜記，文選樓本作「後顏淵篇此見再見」，文意不通，道光本仍之。當然，道光本亦偶有改正文選樓本訛誤處，如03—033條，文選樓本出文「彫」誤「雕」，同樣是與校語矛盾，道光本改正。又如卷六（學海堂本卷一千二十一）顏淵篇「子張問崇德辨惑章」章題，文選樓本「子張」誤「子章」，道光本改正。此外，道光本在翻刻時又產生了一些誤字，如10—095條校語「西京賦夥作敹」之「敹」，道光本誤作「皴」。

咸豐補刊本雖爲道光本之翻刻，亦有改正原本錯誤之處，如03—261「欲極觀仁者憂樂之所至」條，文選樓本、南昌本、道光學海堂本校語皆作「皇本者作仁」，惟咸豐補刊本「仁」作「人」。今檢知不足齋叢書本論語義疏，咸豐補刊本所改是。又如04—074條校語「外黃令高彪碑」，文選樓本「令」誤「今」，此明顯誤字，南昌本、道光學海堂本皆沿之，惟咸豐補刊本改正。亦有知道光本有誤而所改仍欠妥者，如上舉03—265

條「此見再見」，咸豐補刊本「此見」改「此句」，而經義雜記實作「此章」。

除了上舉三種主要版本，十三經注疏校勘記尚有光緒二十四年（一八九八）至二十五年蘇州江蘇書局重刊本。原爲重刊阮本十三經注疏，附「阮氏足本校勘記」（即文選樓本校勘記），後未畢而停工，僅刊成十三經注疏校勘記，以單行本行世。⑥ 論語注疏校勘記尚有日本刻本，據文選樓本翻刻，增刻句讀，長澤規矩也考定爲天保十年（一八三九）至弘化二年（一八四五）間福井藩刊行。⑥

此次整理論語注疏校勘記，以續修四庫全書影印南京圖書館藏嘉慶阮氏文選樓刻本（十三經注疏校勘記之一）爲底本（簡稱「文選樓本」），通校嘉慶南昌府學刻論語注疏附本（簡稱「南昌本」），增入南昌本所補條目，並參校道光九年廣東學海堂刻皇清經解本（簡稱「學海堂本」），撰寫校記。

對於文選樓本與南昌本因底本不同而產生的文字差異，不再一一出校。爲避免繁瑣，校記主要反映二本的實質性差異，對於南昌本增加的沒有太大意義的簡單按斷（如「形近之訛」、「今正」云云）亦不出校。常見的清代避諱字，一律回改。整理不當之處，尚祈方家教正。

張學謙

❶ 潘衍桐兩浙輶軒續錄卷二十五，光緒刻本。 孫詒讓溫州經籍志卷三十五外編下，民國十年刻本。

❷ 劉玉才從稿本到刻本——以周易注疏校勘記成書爲例，古籍形制圖像文本——中日書籍史比較研究學術研討會（北京）論文，二〇一〇年十二月。修改稿改題阮元十三經注疏校勘記成書蠡測，載國學研究第三十五卷，北京大學出版社，二〇一五年。

❸ 部分按語前雖無「〇」區隔，仍可看出非孫同元初稿，

① 乃覆校者增入，實際與○後按語性質一致。參考周易注疏校勘記稿本、謄清本的情況，可能是部分增按按語當時在稿本上僅以空格區分，謄清時則未保留空格，故刊本與前句連排。

② 段玉裁撰，鍾敬華校點經韻樓集卷四春秋左傳校勘記目錄序，上海古籍出版社，二〇〇八年，第六四頁。

③ 段玉裁周禮漢讀考卷三，嘉慶刻本（乾隆五十八年段氏自序，嘉慶元年阮元序）。

④ 蕭穆撰，項純文點校，吴孟復審訂敬孚類稿卷八記方植之先生臨盧抱經手校十三經注疏，黄山書社，一九九二年，第二二一至二二二頁。

⑤ 張鑑等撰，黄愛平點校阮元年譜（即雷塘庵主弟子記）卷二，中華書局，一九九五年，第六五頁。

⑥ 校勘記云：「十行本、閩本、北監本、毛本竝分爲二十卷。按，唐石經分十卷，皇本同。攷之宋史藝文志，卷數正合。今校勘記分卷從之。」（01—080）故關口順撰，水上雅晴譯注十三經注疏校勘記略説云：「論語是以十行本爲校勘材料，但是不能説是以十行本『爲據』的（底本不明）」。（劉玉才、水上雅晴主編經典與校勘論叢，北京大學出版社，二〇一五年，

⑦ 第二二三頁）

⑧ 劉玉才從稿本到刻本——以周易注疏校勘記成書爲例，古籍形制圖像文本——中日書籍史比較研究學術研討會（北京）論文，二〇一〇年十二月。修改稿改題阮元十三經注疏校勘記成書蠡測，載國學研究第三十五卷，北京大學出版社，二〇一五年。

⑨ 張鑑等撰，黄愛平點校阮元年譜（即雷塘庵主弟子記）卷二：「先生弱冠時，以汲古閣本十三經注疏多譌謬，曾以釋文、唐石經等書手自校改。」（第六五頁）

⑩ 王國維魏石經考，觀堂集林史林，中華書局，一九五九年，第九五五至九五九頁。

⑪ 馬衡從實驗上窺見漢石經之一斑、漢熹平石經論語堯曰篇殘字跋，凡將齋金石叢稿，中華書局，一九七七年，第一九九至二一〇頁、第二四七至二四九頁。

⑫ 馬衡收集到的論語殘石見漢石經集存，上海書店出版社，二〇一四年。又一九八〇年洛陽漢魏太學遺址出土漢石經殘石中亦有論語，可辨者十三字，見段鵬琦執筆漢魏洛陽故城太學遺址新出土的漢石經殘石，考古一九八二年第四期，第三八一至三八九頁。

⑬ 唐石經改刻、補刻及拓本情況詳周易注疏校勘記整

⓯ 王昶金石萃編卷一四八「高宗御書石經」條，嘉慶十年刻同治錢寶傳等修補本。馬衡中國金石學概要第四章歷代石刻，凡將齋金石叢稿。

⓰ 阮元兩浙金石志卷八「宋太學石經」條，影印道光四年李澐刻本，浙江古籍出版社，二〇一二年。

⓱ 馬衡中國金石學概要第四章歷代石刻，見兩浙金石叢稿，第八二頁。

⓲ 阮元兩浙金石志卷八「宋太學石經」條。論語子路篇以上以改字爲主，以下又改爲闕避，見兩浙金石論語各石校記，論語注疏校勘記卷一「敬事而信」條（01—129）亦言之。

⓳ 高田宗平根據天平十年（七三八）左右成書的「古記」（令集解所引）對論語義疏的引用，推測論語義疏在天平十年左右就已經傳入日本。見氏著日本古代論語義疏受容史初探（簡亦精譯，陳捷校訂）劉玉才主編從鈔本到刻本：中日論語文獻研究，北京大學出版社，二〇一三年，第一九八至二〇二頁。

⓴ 影山輝國認爲根本在足利本外還參照了別的鈔本，見氏撰論語義疏鈔本與根本刻本的底本，劉玉才主編從鈔本到刻本：中日論語文獻研究，第一六四至一七四頁。

㉑ 藤塚鄰著，童嶺譯皇侃論語義疏及其日本刻本對清朝經學的影響，劉玉才主編從鈔本到刻本：中日論語文獻研究，第四三三至四三四頁。

㉒ 據纂修四庫全書檔案，自乾隆三十七年十一月至乾隆四十年五月，浙江共進呈遺書十四次。浙江採集遺書總錄記錄了前十二次所進之書，各省進呈書目收錄了前十三次呈送清單（其中「續購書」爲第十三次書目，乾隆三十九年十二月進呈，參江慶柏乾隆朝浙江省向四庫館呈送圖書的數目、歷史檔案，二〇〇九年第三期）。論語義疏不見於浙江採集遺書總錄和各省進呈書目，則汪鵬獻書遺書局的時間當在乾隆四十年初，屬於浙江第十四次呈之書（進呈時間當爲乾隆四十年五月）。

㉓ 翟灝四書考異總考三十二「前人考異本」：「武林汪君鵬航海至日本國，竟購得以歸，上遺書局，長塘鮑君廷博綮其副於知不足齋叢書中。」（乾隆刻本）盧文弨皇侃論語義疏序：「新安鮑以文氏……剞劂之費有不逮，浙之大府聞有斯舉也，慨然任之，且屬鮑君以校訂之事。」（知不足齋叢書本論語集解義疏書前）

㉔ 如八佾篇「夷狄之有君，不如諸夏之亡也」義疏。

㉕ 阮元論語古訓敘，論語古訓書前，乾隆六十年刻本。

㉖ 川瀨一馬正平版論語攷，斯文會第十三編第一號，一九三一年。此據橋本秀美日本古代論語學資料及其研究，劉玉才主編從鈔本到刻本：中日論語文獻研究，第三一一至三一二頁。

㉗ 錢曾著，管庭芬、章鈺校證，佘彥焱標點讀書敏求記校證卷一上，上海古籍出版社，二○○七年，第三二頁。

㉘ 讀書敏求記僅錄「道祐居士」跋，據愛日精廬藏書志知有二跋〈張金吾撰，柳向春整理愛日精廬藏書志卷六，上海古籍出版社，二○一四年，第九三至九四頁〉。

㉙ 黃丕烈撰，余鳴鴻、占旭東點校黃丕烈藏書題跋集蕘圃藏書題識卷一「論語集解十卷」，上海古籍出版社，二○一三年，第四三頁。

㉚ 錢曾著，管庭芬、章鈺校證，佘彥焱標點讀書敏求記校證卷一上，第三二頁。

㉛ 張金吾撰，柳向春整理愛日精廬藏書志卷六，第九四至九五頁。

㉜ 顧廣圻著，王欣夫輯顧千里集卷八撫本禮記鄭注考異序：「南雍本，世稱十行本。」（上海古籍出版社，二

○○七年，第一三二頁）

㉝ 元刊明修本十三經注疏的修補、匯印地點實際在福州，詳參程蘇東「元刊明修本」十三經注疏修補匯印地點考辨，文獻二○一三年第二期。

㉞ 李元陽中谿家傳彙稿卷八遊龍虎山云：「余嘉靖丙申使閩，戊戌五月得代出疆」（叢書集成續編第一四二冊影印民國三年刻雲南叢書本，第七○七頁）知李元陽任福建巡按御史在嘉靖十五年至十七年五月間，閩本即刻於此時。

㉟ 莫友芝宋元舊本書經眼錄坿錄一書衣筆識春秋公羊傳註疏，同治獨山莫氏刻本，第五葉右。繆荃孫著，黃明、楊同甫標點藝風藏書續記卷一，上海古籍出版社，二○○七年，第二二九頁。王國維撰，王亮整理傳書堂藏書志，上海古籍出版社，二○一四年，第六二頁。

㊱ 盧上銘、馮士驊辟雍紀事，四庫全書存目叢書史部第二七一冊影印明崇禎刻本，第三○四至三○五頁。

㊲ 錢大昕撰，實水勇校點竹汀先生日記鈔卷一所見古書，遼寧教育出版社，一九九八年，第九頁。

㊳ 原三七汲古閣刻板考稿，東方學報東京第六冊，東方文化學院東京研究所，一九三六年。加藤虎之亮周

禮經注疏音義校勘記引據各本書目解説，無窮會，一九五七年，第十二葉。

㊴ 檢宋蜀刻本論語注疏（十卷，民國十八年中華學藝社珂羅版影印本）及景元元貞本論語注疏解經（十卷，光緒甲辰貴池劉氏玉海堂景刻本）皆作「謂曠蕩無所依據古之矜也廉者謂有廉隅今之矜也忿戾者」，與毛本所補有異文。因未見八行本，暫不知毛本補闕所據。

㊵ 南昌本論語注疏校勘記此四條末謂「今依毛本補正」，阮本論語注疏解經已補足闕文。上09—086條，因十行本末留墨釘或空闕，故阮本翻刻時未據毛本補脱。

㊶ 長澤規矩也汲古閣本注疏の序跋封面に就いて，長澤規矩也著作集第一卷書誌學論考，汲古書院，一九八二年，第四〇至四一頁。

㊷ 宋本十三經注疏併經典釋文校勘記凡例。

㊸ 盧文弨羣書拾補周易注疏，乾隆刻抱經堂叢書本。

㊹ 張鑑等撰，黄愛平點校阮元年譜（即雷塘庵主弟子記）卷二：「先生弱冠時，以汲古閣本十三經注疏多譌謬，曾以釋文、唐石經等書手自校改。」（第六五頁）

㊺ 葉德輝撰，楊洪升點校郋園讀書志卷一，上海古籍出版社，二〇一〇年，第一三頁。

㊻ 蕭穆撰，項純文點校，吴孟復審訂敬孚類稿卷八記方植之先生臨盧抱經手校十三經注疏，黄山書社，一九九二年，第二一三頁。

㊼ 通志堂本經典釋文書末馮斑跋，中華書局影印本，一九八三年，第四三九頁。

㊽ 乾隆五十八年十月初九日臧庸跋，見蕭山朱氏藏王筠轉録陳奂所鈔段校本（陳奂鈔本當出自臧庸自臨之一部）。此據羅四培（即羅常培）段玉裁校本經典釋文跋，圖書季刊，一九三九年第二期，第一四五頁。此文收入羅常培文集第八卷恬庵語文論著甲集，山東教育出版社，二〇〇八年。

㊾ 顧廣圻著，王欣夫輯顧千里集經典釋文三十卷（校本）：「武進臧庸堂在東氏用葉林宗景宋本校，元和顧廣圻臨。近知此人好變亂黑白，當不足據，擬借元本一覆之。壬戌正月記。」（上海古籍出版社，二〇〇七年，第二六六頁）

㊿ 顧廣圻著，王欣夫輯顧千里集經典釋文三十卷（校本）顧氏嘉慶九年跋：「元本今藏香嚴氏。」（第二六八頁）

(51) 顧廣圻著，王欣夫輯顧千里集經典釋文三十卷（校本），第二六六至二六七頁。

(52) 陳鱣經籍跋文，光緒四年葉氏龍眠山房刻本。

(53) 論語注疏校勘記作「僞昌黎論語筆解」，見01—174條〇後按語。

(54) 其中兩處孫同元初校時用翟灝四書考異之説而未標明，〇後按語指出「翟灝之説云爾」（05—061）、「此亦翟灝之説」（05—129）。

(55) 詳孝經注疏校勘記整理説明。

(56) 嘉慶十四年胡克家覆宋本文選李善注行世後，劉寶楠論語正義、潘維城論語古訓集箋仍謂文選注有此五字，可見層層相因之弊。

(57) 關口順原著，水上雅晴譯注十三經注疏校勘記略説，經典與校勘論叢，北京大學出版社，二〇一五年，第二三一、二三三頁。

(58) 阮元撰，鄧經元點校揅經室集三集卷二江西校刻宋本十三經注疏書後阮福案語，中华书局，一九九三年，第六二一頁。

(59) 關口順原著，水上雅晴譯注十三經注疏校勘記略説原註四九，經典與校勘論叢，第二三四頁。

(60) 對於阮本的刊行時間，嘉慶本阮元記、胡稷後記與道光重校本朱華臨跋所言不同，汪紹楹認爲是朱跋所云嘉慶十一年仲春至二十二年仲秋，見氏著阮氏重刻宋本十三經注疏考，文史第三輯，第二七至二八頁。

(61) 以下舉例時所標校勘記卷數，仍以文選樓本爲準。

(62) 阮元撰，鄧經元點校揅經室集三集卷二江西校刻宋本十三經注疏書後阮福案語，第六二一頁。

(63) 阮元撰，鄧經元點校揅經室集三集卷二江西校刻宋本十三經注疏書後阮福案語，第六二一頁。

(64) 偶有漏標「補」字者，如卷七（南昌本卷十四）所增「予告季孫」條。

(65) 夏修恕皇清經解序，道光九年廣東學海堂刻皇清經解書前。

(66) 關口順原著，水上雅晴譯注十三經注疏校勘記略説原註五〇，經典與校勘論叢，北京大學出版社，二〇一五年，第二三四頁。

(67) 長澤規矩也和刻本十三經注疏に就いて，長澤規矩也著作集第一卷書誌學論考，汲古書院，一九八二年，第四九至五〇頁。中譯有蕭志強譯關於和刻本十三經注疏，中國文哲研究通訊第十卷第四期，「中央研究院」文哲研究所，二〇〇〇年。

# 論語注疏校勘記序

春秋、易大傳，聖人自作之文也。論語，門弟子所以記載聖言之文也。凡記言之書，未有不宗之者也。魯、齊、古本異同，今不可詳。今所習者，則何晏本也。臣元於論語注疏舊有校本，且有箋識。又屬仁和生員孫同元推而廣之，於經、注、疏、釋文皆據善本讎其同異，暇輒親訂成書，以詒學者云爾。臣阮元恭記。

## 引據各本目錄

**漢石經十卷** 據洪适隸釋所載石刻殘字。

**唐石經十卷** 唐開成時石刻本。

**宋石經** 宋紹興時石刻本。

**皇侃義疏十卷** 日本寬延庚午根伯修遜志校正付刻。每葉十八行，每行二十字。前有彼國人平安服元喬敍。

**高麗本** 據海寧陳鱣論語古訓本所引。

**十行本二十卷** 每葉二十行，每行二十三字。上邊書字數，下邊書刻工姓名。中有一葉下邊書「泰定四年」年號，知其書雖爲宋刻，元明遞有修補。又玄、徵、弘、桓、慎、殷、樹、匡、敦、讓、貞、懲、崩、完、恒等字，字外並加一墨圈。書中誤字雖多，然其勝於各本之處亦復不少。

**閩本二十卷** 明嘉靖間閩中御史李元陽校刊。每葉十八行，每行二十一字。下邊書字數者，當出於修補之手。雖有訂正十行本之處，然已有不及十行本之善。❶

**北監本** 明神廟間北國子監所刊。行數、字數與閩本同。上邊大書「萬曆十四年刊」六字。字體惡劣，誤字亦多。

**毛本** 明崇禎間汲古閣毛子晉校刊。行數、字數亦與閩本同。下邊大書「汲古閣」三字。雖校正付刊，誤字少於北監本，然較之十行本，其善處遠不可及矣。

❶已，南昌本作「亦」。

# 論語注疏校勘記卷一

## 論語注疏解經序

01—001 論語注疏解經序

翰林侍講學士朝請大夫守國子祭酒
上柱國賜紫金魚袋臣邢昺 等奉
勅校定　毛本無此卅一字。閩本併一行書，刪去「等」字，又改「定」字爲「刊」字。案宋史邢昺傳，咸平二年，昺「受詔與杜鎬、舒雅、孫奭、李慕清、崔偓佺等校定周禮、儀禮、公羊、穀梁春秋傳、孝經、論語、爾雅義疏」。據此，則「等」字、「定」字俱當依十行本爲是。

002 序解　唐石經及經典釋文並作「論語序」。

003 疏　閩本、北監本、毛本「序解」、「疏」併一行寫。又題明校刊重修等姓名。閩本併一行書，刪去「等」字。北監本此二行十行本經、序、註、疏文並頂格寫，閩本、北監本、毛本註、疏文並低一格寫，序文、經文唯第一節頂格寫，其餘亦低一格寫。

004 門人相與輯而論篹　十行本「與」字、「論」字實闕。「篹」亦作「纂」。閩本唯「論」字實闕，「篹」亦作「纂」。案，釋文序錄作「撰」，漢書藝文志作「篹」。「篹」與「撰」通，又與「饌」通。

005 蘊含萬理　北監本「含」誤「舍」。

006 太子太傅夏侯建　釋文序錄「太傅」作「少傅」。

007 齊論者　浦鏜十三經注疏正誤云：「論」下脫「語」字。案，古書引用，或稱「論語」，或止稱「論」，趙岐孟子註凡稱「論」者皆指論語。浦鏜疑有脫字，非也。

008 別有問王知道二篇　北監本作「問玉」。案，朱彝尊經義考曰：「今逸論語見於說文、初

# 論語注疏校勘記

009 學記、文選注、太平御覽等書，其詮玉之屬特詳。疑齊論中所逸二篇，其一乃問玉也，非問王也。考之篆法，三畫正均者爲王，中畫近上者爲王，初無大異，因誤玉爲王耳。王應麟亦云：問王疑卽問玉。豈其然乎？❶

010 少府朱畸　漢書藝文志、釋文序錄並作「宋畸」。

011 有兩子張　北監本「兩」誤「雨」。

012 後漢包咸周氏　北監本「包」誤「色」。

013 考之齊古爲之註焉　十行本、閩本「古」誤「右」，毛本「註」作「注」。

014 敘曰漢中壘校尉劉向　十行本、毛本「校」作「挍」。案，毛本作「挍」者，避明熹宗諱也。後「以能問於不能」章放此。考周禮校人釋文云：「校，戶教反。」字從木。若從手旁作，是比挍之字耳。今人多亂之。據此，則「校尉」字亦當從木，從手作「挍」者非。

015 言魯論語二十篇　唐石經「二十」作「廿」，後「三十」、「三十」字並放此。案說文「廿，二十併也」，「卅，三十併也」，「廿」字放此。漢石經如此，唐石經沿其例。

016 敘曰至傳之〇正義曰　毛本「至」下有「等」字，「正義曰」上不加「〇」，後放此。

017 案漢書百官公卿表云　十行本、閩本「書」誤「魯」。

018 掌北軍壘門內　毛本「北」誤「比」。

019 專精思於經術　漢書劉向傳「精」作「積」。

020 皆孔子弟子記諸善言也　北監本「弟」誤「第」。

021 荅述曰語　北監本「述」誤「述」，不成字。

022 太子太傅　北監本「傅」誤「傳」，下「太傅」

太子太傅　唐石經「太」作「大」。案，釋文出「大子大傅」云「竝音泰」，則字當作「大」。「竝古文省」。

023 古官秩二千石 北監本「千」誤「于」。

024 徵爲博士 北監本「博士」誤「傳山」。

025 賜家塋 北監本「家」誤「冢」。

026 太后賜錢三百萬 ○按，《漢書夏侯勝傳》「三」作「二」。

027 不如親耕 《漢書》「親」作「歸」。

028 蕭望之字長倩 十行本「倩」誤「情」。

029 東海蘭陵人也 閩本「東」誤「柬」。

030 好學齊詩 《漢書》「學」下有「治」字。

031 及宣帝寢疾 北監本「及」誤「反」。

032 天子聞之 北監本「天」誤「大」。

033 哀慟左右 北監本、毛本「慟」作「動」。案，

034 《漢書蕭望之傳》本作「慟」，師古曰：「慟，動也。」

035 孝惠高后 北監本「惠」誤「思」。

036 文帝三年一丞相 《漢書百官公卿表》「三」作「二」，「年」下有「復置」二字。

037 進授昭帝詩 十行本、閩本「詩」誤「時」。

038 琅邪王卿 皇侃義疏本「琅邪」作「瑯琊」。《釋文》出「琅」字云：「音郎，本或作瑯。」案，「瑯琊」乃「琅邪」之俗字，「琅」本作「郎」。唐玄度《九經字樣》云：「郎邪，郡名。郎，良也。邪，道也。以地居鄒魯，人有善道，故爲郡名。今經典相承，郎字玉傍作良，邪字或作耶者，訛。」

039 皆以教授 皇本「授」下有「之」字。七經孟子考文：足利本作「教之」。

此叙齊論語之興 北監本「興」誤「與」。

040 積章而成篇徧也 毛本「徧」上增「篇者」二字。

041 局也 十行本「局」作「侷」。案,張參《五經文字》云:「局從尺下口,作侷與局皆訛。」

042 金璽蟄綬 毛本「蟄」誤「蟄」。

043 成帝綏和元年 十行本「綏」誤「緩」。

044 更名相 漢書百官公卿表「名」作「令」。

045 遷滎陽令 十行本、閩本「滎」作「榮」,北監本「令」誤「今」。案,漢書王吉傳作「雲陽」。

046 魯共王時 皇本「共」作「恭」。案,共、恭古字通。

047 聞鍾磬琴瑟之音 閩本、北監本、毛本「鍾」作「鐘」。案,五經文字云:「鐘,樂器。鍾,量名,又聚也。今經典或通用鍾爲樂器。」○按,漢書魯恭王餘傳「音」作「聲」。

048 形多頭龐尾細 十行本「龐」作「麄」,後鄉黨篇「君子不以紺緅飾」節疏「麄曰紿」同。○按,麄乃龐之俗字。

049 爲世所貴 唐石經避太宗諱,「世」作「廿」,後放此。

050 包氏周氏 皇本「包」作「苞」,後「包氏」竝放此。○按,廣韻「包」下云:「包,裹。亦姓,楚大夫申包胥之後。後漢有大鴻臚包咸。」皇本作「苞」,非也。

051 河內軹人也 北監本「軹」誤「軹」。

052 乞骸就第 漢書張禹傳「骸」下有「骨」字。

053 篇第或異 閩本、北監本、毛本「篇第」誤「篇篇」。

054 欲不爲論念張文 漢書張禹傳無「不」字。○按,宋板漢書有「不」字。

055 餘家浸微 漢書張禹傳「浸」作「寖」。案,

056 包咸字子良　釋文序錄作「子長」。

057 昌魯詩論語　閩本、北監本、毛本「昌」作「倡」。案，古「倡」字或省作「昌」。周禮樂師「遂倡之」註：「故書倡爲昌。」廣雅釋詁一：「昌，始也。」疏中古文罕見，當以作「倡」爲是。○按，後漢書儒林傳「昌」作「習」。

058 爲之訓解　皇本「解」作「說」。○按，下文作「亦爲之訓說」，皇本是也。

059 至順帝時　皇本「時」上有「之」字。

060 南郡大守　唐石經「太」作「大」。案，釋文出「大守」云：「音泰。下大常同。」

061 亦爲之訓說　攷文：「足利本無『之』字。」

062 更名太守　北監本「太」作「大」。

063 延壽九年　十行本、閩本「延」誤「廷」。

064 考之齊古爲之註　皇本「爲」上有「以」字，「註」作「注」。釋文出「爲之註」云：「本又作注。」○按，「注」是。

065 破許慎五經異義　浦鏜云「破疑作駁」，是也。

066 皆爲義說　皇本「爲」下有「之」字。

067 年世未遠　十行本「世」誤「出」。

068 太祖辟羣爲司空西曹屬　魏志陳羣傳「曹」下有「掾」字。○按，「掾」字不當刪。

069 七錄云字文逸　釋文序錄作「文逢」。

070 前世傳授師說　皇本「授」作「受」。

071 不爲訓解　皇本「爲」下有「之」字。

072 今集諸家之善　皇本「善」下有「說」字。

# 論語注疏校勘記

073 滎陽開封人也　閩本「滎」誤「榮」。○案，「滎」字亦非。「滎澤」、「滎陽」字古多从火作「熒」，詳左傳校勘記。

074 太醫太宮令　漢書百官公卿表「宮」作「官」。

075 亡員　閩本、北監本、毛本「亡」作「無」。案，作「亡」與漢書百官公卿表合。✗

076 將謂都郎將以下也　漢書百官公卿表注無「都」字。

077 散騎並乘輿車　漢書百官公卿表重「騎」字。

078 苟彧之子　十行本「彧」誤「或」。

079 駙副也　漢書百官公卿表注「副」下有「馬」字。

080 論語註疏解經卷第一　十行本、閩本、北監本、毛本並分爲二十卷。按，唐石經分十卷，皇本同。攷之宋史藝文志，卷數正合。今按勘記分卷從之。

081 疏　十行本標題如此，後卷放此。閩本、毛本第一行與十行本同，第二行下書「魏何晏集解」，第三行下書「宋邢昺疏」，與疏接寫，「宋邢昺疏」，第四行低一格書「學而第一」，「魏何晏集解」，第四行與閩本、毛本同，後卷放此。北監本第一行下書「學而第一」，第二、三行書明校刊重修等姓名，第四行與閩本、毛本同，後卷放此。

學而第一　何晏集解　邢昺疏　閩本、毛本「弟」誤「第」。✗

082 當弟子論撰之時　閩本「弟」誤「第」。✗

083 第順次也　浦鏜云「順」當「訓」字誤」，非也。

084 由禮貴於用和　十行本、閩本、毛本「由」誤「曰」。

學而時習之章

085 不亦説乎　皇本「説」作「悦」，後並放此。釋文出「亦説」云：「音悦。註同。」案，説文：「説，説釋也。」

從言兌聲。一曰談說。」蓋古人喜悅字多假借作「說」，唯皇本俱作「悅」，而〈先進篇〉「無所不說」、〈子路篇〉「君子易事而難說也」又仍作「說」。

086 馬曰 皇本作「馬融曰」，後放此。

087 男子之通稱 皇本作「男子通稱也」。北監本「通」誤「道」。

088 王曰 皇本作「王肅曰」，後放此。

089 學者以時誦習之 皇本「之」作「也」。

090 所以爲說懌 皇本「懌」下有「也」字。❸

091 有朋自遠方來 《釋文》出「有朋」云：「有或作友，非。」案，《白虎通·辟雍篇》引「朋友自遠方來」，又鄭氏康成注此云「同門曰朋，同志曰友」，是舊本皆作「友」字。

092 包曰 皇本作「苞氏曰」，後放此。

093 同門曰朋 皇本「朋」下有「也」字。

094 君子不怒 皇本作「君子不慍之也」。《攷文》引足利本作「君子不慍」。

095 學業稍成 十行本「學」誤「覺」。

096 則扞格而不勝 十行本「扞」誤「杆」。

097 又文王世子云 北監本「子」誤「于」。

098 弦謂以絲播時 《禮記·文王世子》注作「詩」，是也。

099 於功易也 北監本、毛本「於」誤「初」。案，《禮記·文王世子》注作「於功易成也」。

100 三日中時 十行本、閩本「日」誤「曰」。

101 古之學者爲己 北監本「己」誤「巳」。

102 有子曰 皇本、閩本、北監本、毛本提行寫，唯十行本與上章疏文接寫，後每章首放此。

其爲人也孝弟章

# 論語注疏校勘記

103 **孔子弟子有若** 皇本作「孔安國曰弟子有若也」。案，「孔子」疑「孔曰」之譌。皇本凡「孔曰」皆稱「孔安國曰」。

104 **其爲人也孝弟** 皇本「弟」作「悌」，注及下竝同。案，釋文出「孝弟」云：「本或作悌，下同。」

105 **謂凡在己上者** 皇本「者」下有「也」字。北監本「上」字空闕。

106 **必恭順** 皇本「必」下有「有」字。

107 **基立而後可大成** 皇本「成」下有「也」字。

108 **其爲仁之本與** 攷文引足利本無「爲」字。

109 **先能事父兄然後仁道可大成** 皇本此注作「苞氏曰又作然後仁道可成也」。

110 **其爲仁之本與** 十行本「與」作「歟」。○按，作「與」用假借字。

111 **禮尚謙退** 毛本「尚」作「讓」，非。

112 **巧言令色章**

113 **鮮矣仁** 皇本作「鮮矣有仁」。案包注及疏文，當作「有仁」。

114 **弟子曾參** 皇本「參」下有「也」字。

115 **吾日三省吾身章**

116 **與朋友交而不信乎** 皇本、高麗本「交」下有「言」字。

117 **傳不習乎** 釋文出「傳不」云：「鄭註云：魯讀傳爲專，今從古。」

118 **得無素不講習而傳之** 皇本「之」下有「乎」字。

119 **弟子曾參** 閩本、北監本、毛本「弟子」作「曾子」。案，以前「其爲人也」章疏文例之，當作「弟子」。馬季長注亦作「弟子曾參」。

118 以謀貴盡忠　十行本「謀」誤「講」。

道千乘之國章

119 道千乘之國　皇本、高麗本「道」作「導」。案，《釋文》「道」字云：「音導，本或作導。」

120 道謂爲之政教　皇本作「導者謂爲之政教也」。

121 司馬法　致文引足利本「法」下有「曰」字。

122 通十爲成成出革車一乘　皇本「成」作「城」。

123 其地千成　皇本「千城」下有「也」字。

124 居地方三百一十六里有畸　皇本「畸」作「奇」。案，《釋文》出「有畸」云「田之殘也」，則字當作「畸」。

125 雖大國之賦　《釋文》出「雖大賦」云：「一本或云『雖大國之賦』。」致文引足利本「十井」作「井十」。

126 十井爲乘　致文引足利本「十井」作「井十」。

127 融依周禮包依王制孟子　皇本「融」上有「馬」字，「包」作「苞氏」。

128 敬事而信　宋石經避廟諱，「敬」作「欽」，後放此，唯子路篇以下則闕筆爲「敬」。

129 節用不奢侈　皇本作「節用者，不奢侈也」。

130 故愛養之　皇本「之」下有「也」字。

131 使民以時　唐石經避太宗諱，「民」作「民」，後放此。

132 作事使民　皇本、十行本無「事」字。案，作「作事使民」，文義較明，疏中亦有「事」字。

133 不妨奪農務　皇本「務」下有「也」字。

134 謂公侯之國　閩本、北監本、毛本「謂」誤

## 論語注疏校勘記

135 一爲方千里者百　毛本作「千」，乃「十」字之誤。 ✗

136 方十里者九百得九百乘也　閩本、北監本、毛本「十」誤「千」，「得」誤「謂」。 ✗

137 不以此方百里者一　毛本作「不」，乃「又」字之誤。 ✗

138 居地方三百一十六里有畸　各本「一」竝誤「二」。 ✗

139 司馬法　閩本、北監本、毛本「法」誤「注」。 ✗

140 步卒七十二人　毛本「二」誤「一」。 ✗

141 下云道之以德　閩本、北監本、毛本「云」作「文」。

142 州建百里之國三十　閩本、北監本、毛本「三」誤「二」。 ✗

143 ✗

144 五十里國　《禮記》《王制》「里」下有「之」字。

145 百姓之保障　十行本「障」作「鄣」。案，《說文》：「鄣，紀邑也。」「障，隔也。」「保障」字亦當作「障」。

146 水昏正而栽　十行本、閩本「栽」誤「裁」。

147 於是樹板幹而興作　十行本「幹」誤「斡」。

148 城郭牆壍　十行本「壍」作「塹」。案，依《說文》當作「壍」。

149 弟子入則孝章

150 出則弟　皇本、十行本「弟」作「悌」。案，《釋文》出「則弟」云：「本亦作悌。」

古之遺文　皇本「文」下有「也」字。案，《釋文》引馬註亦有「也」字。

或博愛衆人也　浦鏜云：「『或』疑『故』

## 賢賢易色章

151 則善 皇本「善」下有「也」字，下「其身」下同。

152 若童汪踦也 十行本、閩本「汪踦」誤「注錡」。

## 君子不重章

153 言人不能敦重 皇本作「言人不敢重」。案，「敢」當作「敦」，字形相近而譌。

154 既無威嚴 皇本無「嚴」字。

155 識其義理 皇本「理」下有「也」字。

156 無友不如己者 釋文出「毋友」云：「本亦作『無』，下同。」案，古書無、毋多通用。後子罕篇各本又竝作「毋友」，唯皇本仍作「無」，釋文出「毋友」云：「音無。」

## 慎終追遠章

157 鄭曰 皇本作「鄭玄曰」，後放此。

158 喪盡其哀 皇本「哀」下有「也」字，下「其敬」下同。

159 君能行此二者 皇本「君」上有「人」字。

160 皆歸於厚也 皇本「皆」上有「而」字。

## 夫子至於是邦也章

161 子禽問於子貢曰 釋文出「子貢」云：「本亦作贛。」案，隸釋載漢石經，凡「子貢」字皆作「子贛」，蓋「貢」、「贛」竝當作「贛」。臧琳經義雜記云：「說文貝部：『貢，獻功也。』『贛，賜也。』是『貢』、『贛』不同。依說文當爲『贛』，『贛』即『贛』之譌體。子貢名賜，故字子贛。作『貢』者，字之省借耳。今禮記樂記『子贛問師乙而問焉』，祭義『子贛問曰子之言祭』尚存古本，餘則多爲後人改易矣。」

162 抑與之與 漢石經「抑」作「意」。

論語注疏校勘記

163 弟子陳亢也　皇本此句下有「字子禽也」四字，下「名賜」下有「字子貢也」四字。

164 抑人君自願與之爲治　皇本作「抑人君自願與爲治耶」。

165 夫子溫良恭儉讓以得之　宋石經避諱，「讓」作「遜」，後放此。唯先進篇「其言不讓」但闕末筆。

166 夫子之求之也其諸異乎人之求之與　皇本「與」下有「也」字。攷文引足利本作「夫子之求也，其諸異乎人求之與」。

167 明人君自與之　皇本作「明人君自願求與爲治也」。

168 父没乃觀其行　皇本「行」下有「也」字，下「之道」下同。

169 猶若父存　皇本「存」作「在」。北監本「存」誤「母」。

禮之用章

170 亦不可行也　漢石經無「可」字。

171 亦不可行　皇本「行」下有「也」字。

信近於義章

172 信非義也　皇本作「信不必義也」。

173 故曰近義　皇本作「故曰近於義也」。

174 故曰近禮也　皇本「近」下有「於」字，又此節註作「苞氏曰」。○按，僞昌黎論語筆解此節及上節註並作「馬曰」。

175 亦可宗也　皇本「宗」下有「敬」字。

176 亦可宗敬　皇本「敬」下有「也」字。

君子食無求飽章

177 有所不暇　皇本「暇」下有「也」字。

178 可謂好學也已　漢石經作「可謂好學已矣」，皇本作「可謂好學也矣已」，筆解作「可謂好學也矣」。

179 有道德者　皇本作「有道者謂有道德者也」。

180 正謂問事是非　閩本、北監本、毛本「事」作「其」。案，皇本、筆解俱作「事」，太平御覽四百三亦引作「事」，則作「其」者非。

181 樂道忘飢　閩本、北監本「飢」作「饑」。案，說文「穀不孰爲饑」，「飢，餓也」，則字當作「飢」。

182 遜志務時敏　十行本、閩本「遜志」作「敬遜」。案，後述而篇「志於道」章疏，十行本、閩本、北監本亦作「敬遜」，唯毛本作「孫志」。

183 子貢曰　皇本作「子貢問曰」。案，皇疏云：「子貢問言若有貧者能不橫求何如，故云『貧而無諂』也。」邢疏云：「若能貧無諂佞，富不驕逸，子貢以爲善，故問夫子曰其德行何如。」據此則古本當有「問」字。

184 貧而無諂　十行本、閩本「諂」誤「謟」，後凡「諂」字，二本並誤。案，五經文字云：「謟，諂。上音滔，從舀。下答冉反，從臽，從爪從臼。凡字聲近諂者，皆從臽。曰。凡字聲近諂者，皆從臽。」

185 未足多　皇本「多」下有「也」字。

186 未若貧而樂　皇本、高麗本「樂」下有「道」字。唐石經「道」字旁添。案，唐石經旁添字多不足據，此「道」字獨與古合。攷史記仲尼弟子列傳及皇、邢兩疏亦有「道」字，又下二節孔註及皇、邢兩疏亦註引此文並有「道」字，俱足爲古本有「道」字之證。

187 不以貧爲憂苦　皇本作「不以貧賤爲憂苦」也。

188 如琢如磨　釋文出「摩」字云：「一本作磨。」案，磨、摩正俗字。

189 其斯之謂與　皇本「與」下有「也」字。

190 能自切磋琢磨　皇本「磨」下有「者也」二字，下註「琢磨」下同。

191 告諸往而知來者　皇本「者」下有「也」字。

192 好謂閑習禮容　閩本、北監本、毛本「好」下有「禮」字。案，疏云：「樂謂志於善道，不以貧爲憂苦。好禮相對成文，足證經文本有『道』字，好禮相對成文，足證經文本有『道』字，不知者妄加「禮」字，誤甚。

193 此衞風淇奧之篇　閩本、北監本、毛本「奧」作「澳」。○按，澳，正字。毛詩作「奧」，用古文假借字。

194 象曰瑳　閩本、北監本、毛本「瑳」作「磋」。

195 告諸往而知來者者　閩本、北監本、毛案，古書瑳、磋二字多通用。

本脫下「者」字。

不患人之不己知章

196 不患人之不己知患不知人也　皇本作「不患人之不己知也，患己不知人也」。《釋文》出「患不知也」云：「本或作『患己不知人也』，俗本妄加字。」案，《經義雜記》云：「據《釋文》知古本作『患不知也』，蓋與《里仁》『不患莫己知，求爲可知也』、《先進》『居則曰不吾知也，如或知爾，則何以哉』語意同。今邢疏及集註本皆作『患不知人也』，『人』字亦淺人所加。」❹

197 王肅曰但患己之無能知也　此注唯皇本有之，各本並脫。

爲政第二

爲政以德章

198 而衆星共之　《釋文》出「衆星共」云：「鄭作拱。」○按，拱，正字。共，假借字。

199 包曰　皇本作「鄭玄曰」。

200 猶北辰之不移　皇本「猶」上有「譬」字。〈釋文〉出「猶北辰之不移」云「本或作『譬猶北辰之不移』」，與皇本合。

201 而衆星共之　皇本「之」下有「也」字。

202 案爾雅釋天云　十行本、閩本、北監本「天」誤「文」。

203 中宮太極星　漢書天文志「太」作「天」。

204 所謂琁璣玉衡　毛本「琁」作「璇」。○按，當作「旋」，璇、琁皆俗字。

詩三百章

205 篇之大數　皇本「數」下有「也」字，下「歸於正」下同。

206 篇之大數　十行本「大」誤「夫」。

207 道之以政　皇本、高麗本「道」作「導」，下節同。

道之以政章

208 政謂法教　皇本「教」下有「也」字，下「刑罰」下、「道德」下同。

〈釋文〉出「道之」云：「音導，下同。」○按，〈漢石經〉作「道」，後漢書朱景王杜馬劉傅堅馬傳論，又杜林傳並引作「導之以政」，用假借字。〈漢石經〉作「道」。

209 民免而無恥　閩本「恥」作「耻」，乃恥之俗字。

210 免苟免　皇本作「苟免罪也」。

211 吾十有五而志于學　〈漢石經〉、高麗本「于」作「乎」，皇本「于」作「於」。案，翟灝四書攷異曰：「此經自引詩書外，例用『於』字。今此獨變體爲『于』，疑屬『乎』字傳寫誤。漢石經、論衡實知篇作『乎』，而朱注亦云『志乎此』，可思也。」

吾十有五而志于學章

212 有所成也　皇本「成」下有「立」字。

213 不疑惑　皇本「惑」下有「也」字，下「終始」下、「微旨」下同。

214 知天命之終始　閩本、北監本、毛本作「始終」。

215 耳聞其言　皇本「耳」下有「順」字。

216 從心所欲無非法　皇本「法」下有「者」字。

217 孟懿子問孝章

218 仲孫何忌　皇本「忌」下有「也」字，下「故告之」下、「樊須」下同。

219 我對曰無違　漢石經「無」作「毋」，上「無違」、「無」字闕。

220 恐孟孫不曉無違之意　皇本無「恐」字。

221 卜其宅兆而安措之之屬也　閩本、北監本、毛本「措」作「厝」。案，措，正字。厝，假借字。

222 是無違之理也　毛本「理」誤「禮」。

223 孟武伯問孝章

224 父母唯其疾之憂　閩本「母」誤「毋」，註同。

225 懿子之子仲孫彘　皇本「彘」下有「也」字。

226 唯疾病然後使父母憂　皇本作「唯疾病然後使父母之憂耳」。

227 武伯懿子之子仲孫彘也　十行本、閩本「之」下脫「子」字。

228 子游問孝章

229 子游弟子　皇本「弟子」下有「也」字，下「名偃」下同。

230 不敬何以別乎　漢石經無「乎」字。

231 皆養人者　皇本作「皆能養人者也」。

232 乃至於犬馬　皇本「乃」下有「能」字。

230 食而不愛豕畜之愛而不敬獸畜之 皇本「食」作「養」,「之」下並有「也」字。

231 是謂能養者 毛本「謂」誤「爲」。

232 今之人 十行本「今」誤「令」。

233 同其飢渴 ○按,孫志祖校本云:「同」當作「佝」,形近之譌。

234 字子游 十行本「子」誤「少」。

子夏問孝章

235 謂承順父母顏色 皇本「順」作「望」。

236 乃爲難 皇本「難」下有「也」字,下「父兄」下同。

237 先生饌 《釋文》出「先生饌」云:「鄭作『餕』,音俊,食餘曰餕。」案,馬注「饌,飲食也」,是馬本作「饌」。蓋作「饌」者古論,作「餕」者魯論也。

238 孔子喻子夏 皇本「夏」下有「曰」字。

239 未孝也 皇本作「未足爲孝也」。

240 乃爲孝也 皇本作「乃是爲孝耳」。

吾與回言終日章

241 回弟子 皇本「子」下有「也」字,下「不愚」下同。

242 默而識之如愚 皇本「愚」下有「者也」二字。

243 回也不愚 皇本「愚」下有「也」字。

244 說繹道義 皇本、十行本「繹」作「釋」。《釋文》出「繹」字云「音亦」,則字當作「繹」。○按,《說文》「說」下云「說釋也」,「說釋」即「悅懌」。說、悅,釋、懌皆古今字。作「繹」用假借字。

視其所以章

245 愚無知之稱 十行本「知」誤「智」。

論語注疏校勘記

246 言視其所行用 皇本「用」下有「也」字，下「經從」下同。

247 人焉廋哉人焉廋哉 漢石經脫下「哉」字。

248 言觀人終始 皇本「人」下有「之」字。

249 安所匿其情 皇本作「安有所匿其情也」。

溫故而知新章

250 可以為人師矣 皇本作「可以為師也」。筆〈解此注首有「孔曰」二字，又「師」上亦無「人」也。❺

251 乃欲尸俎 十行本、閩本、北監本「欲」作「勢」，誤。

252 是尋為溫也 十行本、閩本「尋」誤「歸」。

253 無所不施 皇本「施」下有「也」字，下章註「不周」下、「為比」下並同。

君子不器章

254 君子周而不比章

255 孔曰 皇本、高麗本作「孔安國曰」。

學而不思章

256 學而不思則罔 〈釋文〉出「則罔」云：「本又作罔。」案，古「罔」字本省作「网」，此作「冈」，又古文之省。

257 學不尋思其義 皇本作「學而不尋思其義理」。

258 徒使人精神疲殆 皇本無「徒」字，「殆」下有「也」字，下「所得」下同。

攻乎異端章

259 斯害也已 皇本、高麗本「已」下有「矣」字，是也。

260 異端不同歸也 皇本「也」上有「者」字。

誨女知之乎章

261 誨女知之乎 皇本、高麗本、毛本「女」作「汝」，後

立放此。案，《釋文》出「誨女」云：「音汝。後可以意求之。」

261 弟子姓仲名由字子路 皇本「弟」上有「由」字，「子」下、「路」下有「也」字。

262 不知爲不知 皇本「不知」下有「之」字。

子張學干祿章

263 弟子姓顓孫名師字子張 皇本「弟」上有「子張」二字，「子」下、「子張」下有「也」字，下「少過」下、「少悔」下同。

264 雖博學多聞 閩本「博」誤「傅」。

265 慎行其餘則寡悔者 閩本、北監本「行」誤「言」。

266 雖偶不得祿 十行本、閩本「偶」誤「愚」。

267 亦同得祿之道 皇本作「得祿之道也」。

何爲則民服章

268 魯君謚 皇本作「魯君之謚也」。

269 舉直錯諸枉 《釋文》出「錯」字云：「鄭本作『措』，投也。」○按，措，正字，古經傳多假「錯」字爲之。

270 舉正直之人用之 皇本「正」上有「用」字，「人」下無「用之」二字。

271 則民服其上 皇本「上」下有「矣」字。毛本作「則民服其上也」。

272 哀公名蔣 《史記·魯世家》作「名將」，《世本》作「蔣」。

273 魯卿季孫肥 皇本「肥」下有「也」字，下「謚」下、「其上」下同。

274 臨之以莊則敬 皇本「臨」下有「民」字，又「則敬」、「則勸」作「則民敬」、「則民勸」。案，作「臨民」、「則

論語注疏校勘記

275 則民勸勉 皇本作「則民勸也」。

276 或謂孔子曰章 ✕

277 孝乎惟孝 皇本「乎」作「于」。釋文出「孝于」云：「一本作『孝乎』。」案，惠棟九經古義云：「蔡邕石經亦作『于』。故包咸註云：『孝于惟孝，美大孝之辭。』後世儒者據晉世所出君陳篇改『孝于』爲『乎』，以『惟孝』屬下句以合之。若非漢石經及包氏註，亦安從而是正邪？」❻

278 是亦爲政 皇本「政」下有「也」字。

279 奚其爲爲政 釋文出「奚其爲爲政也」云：「一本無『爲』字。」

280 孝乎惟孝 皇本「乎」作「于」，「惟孝」下有「者」字。

281 美大孝之辭 皇本無「大」字，「辭」下有「也」字，下「兄弟」下同。❼

282 政所施行也 文選閒居賦注引此注，「施，行也」下有此五字。

283 與爲政同 皇本作「即是與爲政同耳」。文選閒居賦注引「與」上有「即」字，「同」下有「也」字。

284 今其言 十行本「今」誤「令」。

285 美此孝之辭也 孫志祖云：「此」當作「大」。

286 其餘終無可 皇本「可」下有「也」字，下「駟馬車」下同。

287 小車無軏 案，五經文字云：「軏、軦音月，轅端。」

288 轅端横木以縛軛 皇本「軛」作「枙」，下有
「上說文，下見論語及釋文，相承隷省。」

289 轅端上曲鉤衡　皇本「鉤」作「拘」，「衡」下有「者也」二字。案，鉤、拘古音同第四部，故多通用。周禮巾車「金路鉤」註：「故書『鉤』爲『拘』。杜子春讀爲『鉤』。」

290 大車崇九尺　考工記作「三柯」。

291 加軫與轐　閩本、北監本、毛本「與」誤「興」，「加」誤「如」。十行本「加」字亦誤作「如」。

292 爲衡頸之間　十行本、閩本「間」誤「問」。

293 子張問十世可知也　釋文出「十世可知」云：「一本作『可知乎』，鄭本作『可知』。」

子張問十世章

294 文質禮變　皇本「變」下有「也」字，下「五常」下、「三統」下同。

295 殷因於夏禮所損益　宋石經避宣祖諱，「殷」作「者也」二字。釋文出「柅」字云：「又作輗。」

296 雖百世可知也　皇本、高麗本「可」上有「亦」字。「商」，後放此。漢石經「損」作「掍」。

297 物類相召世數相生　皇本此注作「馬融曰：召作招，世作勢」。

298 故可預知　皇本作「故可豫知也」。案，豫、預古今字。

299 殷則損益之　各本「益之」二字誤倒。

300 世數相生　十行本「世」作「勢」。案，注文及疏末段俱作「世數」，則此不當作「勢」字。

301 若羅網有紀綱之而百目張也　今白虎通作「若羅網之有紀綱而萬目張也」。

302 剛柔相配故人爲三綱　今白虎通「人」上有「六」字。

303 取象日月屈信歸功也　今白虎通「功」下有「天」字。

# 論語注疏校勘記

304 取法五行　今白虎通「法」作「象」。

305 夫婦取象人合陰陽有施　今白虎通作「夫婦法人，取象人合陰陽有施化端也」。

306 臣牽也　北監本、毛本「牽」誤「奉」。

307 以度教子　今白虎通作「以法度教子也」。

308 白虎通云　十行本「云」誤「示」。

309 五性者何　今白虎通「性」作「常」，是也。

310 仁者不忍好生愛人　今白虎通本有作「仁者，不忍也，施生愛人也」。案，白虎通本有作「好」字者，古人所據之本不必盡同今本，且引書亦不盡用元文者，不得援彼改此。浦鏜遽以「好」爲誤字，非也。

311 或於事　今白虎通作「不惑於事」。○按，惑，正字，古多假「或」爲之。

312 明一陽二陰　今白虎通「二」作「三」。

313 事莫不先其質性乃後有其文章也　今白虎通作「事莫不先有質性乃後有文章也」。

314 天有三生三死故士有三王　今白虎通「士」作「土」。毛本「三死」誤「二死」。

315 王特一生死　毛本「一」字空闕。

316 又三正記云　北監本、毛本「正」誤「王」。

317 堯以十二月爲正尚白　十行本「正」誤「王」，「白」誤「日」。

318 女媧以十二月爲正尚白　十行本「正」誤「王」，「白」誤「日」。

319 又木之始　十行本、閩本「木」誤「未」。

320 文法地質法天　十行本、閩本作「文法天，質法地」。○按，非是，下云「周文法地，殷質法天」。

321 殷質法天而爲地正者　十行本、閩本脫「天」字。

322 建丑之月爲地統者　各本脫「地」字，浦鏜校補，下「建寅之月爲人統者」同。

323 以其物出於地　各本「其」作「人」，據浦鏜校改。

324 物生細微　閩本、北監本、毛本作「微細」。

325 故禮緯稽命徵云　閩本、北監本、毛本「徵」誤「殷」。

326 洛子命云湯觀於洛沈璧而黑龜與之書　浦鏜云「予」誤「子」，「璧」誤「壁」，是也。

327 泰誓言武王伐紂　十行本、閩本「泰」誤「秦」。

328 而白魚入於王舟　十行本「入」誤「八」。

329 禪代之後　十行本、閩本「代」誤「伐」。

330 非其祖考而祭之章

331 非其祖考而祭之者　皇本作「是諂以求福也」。

332 是諂求福　皇本作「是諂以求福也」。

01-333 義所宜爲　皇本作「義者所宜爲也」，又下「是無勇」下亦有「也」字。

　　見其義不爲　孫志祖云：其，衍字。

校　記

❶ 「三畫正均者爲玉」之「玉」原誤作「王」，「中畫近上者爲王」之「王」原誤作「玉」，「譌」原誤作「偽」，南昌本均同，今改正。

❷ 南昌本條末增「作榮亦誤也」。

❸ 南昌本條末增「○案，皇本注文有『也』字者甚多，此

❹ 南昌本條末增「此節皇本有『王肅曰但患己之無能知也』十一字注，各本皆脫」。

❺ 也，南昌本作「字」。

❻ 「以惟」二字原誤倒，南昌本同，今據文淵閣四庫全書本九經古義乙正。

❼ 南昌本無「下兄弟下同」五字。

本十去八九，今不悉出」。

# 論語注疏校勘記卷二

## 八佾第三

### 孔子謂季氏章

02—002 八八六十四人　皇本「人」下有「也」字，下「譏之」下同。

002 季桓子僭於其家廟舞之　皇本「季」上有「今」字。

003 金鍾鎛也　毛本「鍾」作「鐘」。閩本「鎛」誤「鏄」。北監本「鍾」亦作「鐘」，「鎛」亦誤「鏄」。

004 重周公故以賜魯　〈禮記祭統〉「重」作「康」。

005 吾何僭哉　〈公羊傳〉「哉」上有「矣」字。

006 下效上之辭　十行本、閩本「效」作「効」。案，「効」乃「效」之俗字。

007 三家者以雍徹　〈釋文〉出「撤」字云：「本或作徹。」案，〈五經文字〉云：「撤，去也。」案，字書無此字，見〈論語〉。

008 三家謂仲孫叔孫季孫　皇本「家」下有「者」字，「季孫」下有「也」字。下「篇名」下、「之後」下同。

009 今三家亦作此樂　皇本「樂」下有「者也」二字。○按，「者」是衍文。

010 天子穆穆　皇本「穆穆」下有「矣」字。

011 天子之容貌　皇本「貌」作「也」。

012 雍篇歌此者　皇本「此」下有「曲」字。

013 而作之於堂邪　皇本「邪」作「耶」，後「邪」字並放此。

014 但家臣而已　十行本「但」誤「伹」。

# 論語注疏校勘記

015 **人而不能行禮樂** 皇本「樂」下有「也」字，下章注「魯人」下、「不如儉」下、「不如哀戚」下、「中國」下竝同。 ×

**季氏旅於泰山章**

016 **季氏旅於泰山** 玉篇云：「祣，祭山川名。」論語作「旅」。廣韻云：「祣，祭山川名。」鄭氏注大司徒云：「旅，陳也。」陳其祭事以祈焉。」按，説文有「旅」無「祣」。○

017 **女弗能救與** 皇本、高麗本「弗」作「不」。 ×

018 **在其封內者** 皇本「者」下有「也」字。下「冉求」下、「而祭之」下同。 ×

019 **時仕於季氏** 皇本無「於」字。 ×

020 **嗚呼** 釋文出「嗚呼」云：「本或作『烏乎』，音同。」 ×

**君子無所爭章**

021 **言於射而後有爭** 皇本「爭」下有「也」字，下「相飲」下、「所爭」下同。 ×

022 **多筭飲少筭** 毛本「筭」作「算」。釋文出「多筭」云：「本今作『算』。」案，五經文字云：「筭，相亂反。作『笇』訛。算，計麻數者。算，先卵反，從昇反。」作『笇』。算，數也。見禮經。」説文：「筭，計麻數者。從竹弄。」算，數也。從竹具。」據此則字當作「筭」。

023 **勝者袒決** 閩本「袒」誤「祖」。 ×

024 **右加弛弓** 毛本作「弛」。○按，禮記射義注作「弛」，是正字。❶

025 **揖如始升射** 十行本、閩本無「始」字。

026 **坐奠於豐下興揖** 儀禮大射儀無「興」誤「與」。

027 **鄉射記曰** 北監本、毛本「記」作「禮」，後「射不主皮」章疏同。○按，作「記」是也。

## 巧笑倩兮章

028 **巧笑倩兮** 皇本、北監本、毛本「笑」作「𥬇」。後陽貨篇「子之武城」章「夫子莞爾而笑」，皇本、閩本、北監本、毛本亦並作「𥬇」。五經文字云：「𥬇，喜也。從竹下犬。」○按，釋文、注中多作「笑」，「竹下犬」非古也。❷

029 **美目盼兮** 唐石經、十行本、閩本、北監本「盼」作「盻」，下竝放此。案，說文：「盼，詩曰『美目盼兮』。从目分聲。」「盻，恨視也。从目兮聲。」音義迥別。毛本改从分作「盼」，是。

030 **文貌** 皇本「貌」下有「也」字。 ✗

031 **繪事後素** 釋文出「繪事」云：「本又作『繢』，畫文也。」案，繪、繢古通用。周禮考工記「凡畫繢之事，後素功」註及文選夏侯常侍誄注竝引作「繢」。

032 **凡繪畫先布衆色** 皇本作「畫繪」，又「色」作「采」。

033 **然後以素分布其間** 皇本無「布」字。 ✗

034 **亦須禮以成之** 皇本「之」作「也」。 ✗

035 **起予者商也** 漢石經無「者」字。

036 **可與共言詩** 皇本「詩」下有「已矣」二字。 ✗

037 **是知凡繪畫先布衆色** 北監本「畫」誤「畫」。 ✗

038 **二國名** 皇本「名」下有「也」字，下「之後」下同。 ✗

## 夏禮吾能言之章

039 **不足以成也** 皇本「成」下有「之」字。 ✗

040 **我不以禮成之者** 皇本「我」下有「能」字，「禮」上有「其」字，非是。 ✗

041 **殷禮言之** 浦鏜云：「禮」下脫「吾能」二字。

## 論語注疏校勘記

042 徵成釋詁文　孫志祖云：今《爾雅》《釋詁》無此文。

043 封殷之後於宋是也　《禮記·樂記》「封」作「投」。

044 為序昭穆　皇本「穆」下有「也」字。《釋文》出「昭穆」云：「《說文》作佋，下同。」

045 列尊卑　皇本「列」作「別」。

046 而魯逆祀　皇本「魯」下有「為」字。

047 禘者二年大祭之名　浦鏜云：「五誤二。」

048 禘祭自既灌已往　閩本、北監本、毛本「已」作「以」。○按，已、以古字通。

049 五年一禘　十行本「五」誤「王」。

050 是知當閔在僖上　十行本「上」誤「土」。

051 或問禘之說章

052 為魯諱　皇本作「為魯君諱也」。

053 如指示掌中之物　皇本「掌」上有「以」字。

054 言其易了　皇本「了」下有「也」字。

055 其如示諸斯乎也者　浦鏜云：「『也』字衍。」

056 祭如在章

057 言我知禘禮之說者於天下之事中　浦鏜云：「『我』疑『若』字誤，『中』字疑衍。」

言事死如事生　皇本「生」下有「也」字，下「百神」下、「不祭」下、下章註「衛大夫」下、「近臣」下、「執政」下、「喻君」下、「衆神」下並同。

不致肅敬於心　皇本「不」上有「故」字，無「肅」字。毛本「於」誤作「其」，疏文可證也。

與其媚於奧章

058 賈執政者　皇本「賈」下有「者」字,「者」下有「也」字。

059 欲使孔子求昵之　釋文出「求昵」云:「亦作暱。」案,昵、暱古字通。五經文字云:「暱、昵,二同尼一反,近也。」

060 微以世俗之言感動之也　皇本「微」上有「故」字。

061 孔子拒之曰　皇本「拒」作「距」。北監本誤作「柜」。五經文字云:「拒與距同。」○按,距,雖距字。說文有「歫」無「拒」,歫即拒也。

062 王孫賈時執國政　北監本「王」誤「玉」。

063 舉於二句　浦鏜云:「『於』疑『此』字誤。」

064 郁郁乎文哉　汗簡云:「古論語『郁』作『彧』。」案,說文:「馘,有文章也。」彧即馘字之省。

065 當從之　皇本作「當從周也」。

066 此章言周之禮文猶備也　浦鏜云:「『猶』當『獨』字誤。」

067 子入太廟章

068 周公廟　皇本「廟」下有「也」字,下「治邑」下、「復問」下同。

069 當更復問　毛本「更」誤「須」。

070 嘗爲季氏吏　十行本、閩本、北監本「吏」誤「史」。

071 射有五善焉　皇本無「焉」字。

子入太廟　唐石經、皇本「太」作「大」,下文及註並同,後並放此。唯本篇「管仲之器小哉」章註「以爲謂之太儉」,皇本亦作「太」。案,釋文出「大」字云「音泰」,則此當作「大」爲是。

射不主皮章

072 一曰和志體和  皇本「和」下有「也」字，下「容儀」下、「中質」下、「舞同」下、「同科」下竝同。

073 天子三侯  皇本「三」上有「有」字。

074 亦兼取和容也  皇本「取」下有「之」字。

075 爲力力役之事  皇本作「爲力爲力役之事也」。

076 云志體和至與舞同  十行本、閩本「與」誤「興」。 ❸

077 行鄉射之禮  十行本「鄉」誤「卿」。

078 無讀爲舞  十行本、閩本「讀」誤「不」。

079 與禮與樂是也  按，周禮注無下「與」字。

080 主將有祭祀之射  北監本、毛本作「主將有郊廟之事」。浦鏜云「主」當作「王」，是也。

081 其節比於樂  北監本「比」誤「北」。

082 卿大夫亦皆有采地焉  十行本「卿」誤「鄉」，「焉」誤「馬」。閩本、北監本「卿」亦誤「鄉」。

083 其將祀其先祖  十行本、閩本「先」誤「無」。

084 又方制之以爲辜  十行本、閩本「辜」誤「牽」。北監本、毛本作「牽」，亦誤。

085 千五十  閩本「千」誤「于」。

086 元謂侯中之大小  毛本「大小」作「小大」，與周禮注不合。

087 鄉射記曰  毛本作「禮」。周禮注作「記」，不誤。 ❹

088 討迷惑者  十行本、閩本「迷」下誤衍

089 射者大禮　闽本「射」誤「躬」。「士」字。❺

090 不大射　十行本「大」誤「犬」。❻

091 子貢欲去告朔之餼羊章

092 有祭謂之朝享　皇本「享」下有「也」字，下「其羊」下同。

093 爾愛其羊　唐石經「爾」作「女」，皇本、高麗本作「汝」。

094 羊存猶以識其禮　皇本作「羊在猶所以識其禮也」，下「遂廢」下亦有「也」字。

095 云禮每月告朔於廟　浦鏜云：據注文，「每」上脫「人君」二字。

096 是用生羊告於廟　十行本、闽本「生」誤「牲」。

097 則謂之朝正　十行本、闽本「正」誤「政」。

098 朝廟朝享朝正　十行本「享」上脫「朝」字。

099 以盡知力之用　毛本「用」誤「周」。闽本、北監本、毛本作「朝廟享廟正」，大誤。❼

100 皆委任焉　十行本、闽本「任」誤「立」。

101 雖則履此事　浦鏜云：「躬誤則。」

102 每月之朝　十行本、闽本「朔」誤「朝」。

103 以故告特羊　十行本「特」誤「時」。

104 王立七廟祖廟　禮記祭法無「祖廟」二字。

朝享自皇考以下　十行本、闽本、北監按，下脫「祖考廟」三字，此蓋因下文誤衍。

事君盡禮章　「朝」誤「廟」。

論語注疏校勘記

105 人以爲諂也　高麗本無「也」字。

106 故以有禮者爲諂　皇本「諂」下有「也」字。

　　定公問君使臣章

107 魯君謚　皇本「謚」下有「也」字。

108 故問之　皇本「之」作「也」。

　　關雎樂而不淫章

109 樂不至淫哀不至傷　皇本「不」上並有「而」字。

110 哀窈窕　十行本「窕」誤「窈」，毛本「窈」誤「窕」。

111 哀公問社於宰我　《釋文》出「問社」云：「鄭本作『主』，云『田主，謂社』。」案，《左氏》文二年經「丁丑，作僖公主」，《正義》云：「《論語》『哀公問主於宰我』，古《論》作『社』，《孔》、《鄭》皆以爲社主。以《張》、《包》、《周》等並爲廟主，故《語》及《孔》、《鄭》皆以爲社主。

　　哀公問社於宰我章

112 使民戰栗　皇本、高麗本「栗」下有「也」字，下注「戰栗」下、「諫止」下、「其後」下並有「也」字。「杜所依用。」

113 不可復解說　皇本作「說解也」。

114 不可復追咎　皇本「追」下有「非」字，「咎」下有「也」字。❽

115 故歷言此三者　皇本無「此」字。

116 故問於弟子宰我也　閩本「問」誤「門」。

　　管仲之器小哉章

117 杜元凱　十行本「元」誤「無」。

118 以爲謂之大儉　皇本「大」作「太」，「儉」下有「乎」字。按，《釋文》出「大儉」云：「音泰。」

119 焉得儉　皇本、高麗本「儉」下有「乎」字。

120 三歸娶三姓女　皇本作「三歸者，娶三姓女

也〉。《釋文》出「取三」云：「本今作娶。」○按，娶，正字，古多假「取」字爲之。❿

121 婦人謂嫁曰歸　皇本「曰」作「爲」。《釋文》出「謂嫁爲歸」云：「一本無『爲』字。本今作『曰歸』。」

122 大夫兼并　皇本作「并兼」。

123 非爲儉　皇本「儉」下有「也」字。

124 然則管仲知禮乎　皇本、高麗本「然」上有「曰」字。

125 便謂爲得禮　皇本作「更謂爲得知禮也」。

126 邦君爲兩君之好　漢石經避高帝諱，「邦」作「國」，後放此。

127 有反坫管氏亦有反坫　毛本「坫」竝誤「玷」。

128 反爵之坫　皇本「坫」下有「也」字，下「是不知禮」下同。

129 人君別內外　皇本作「人君有別外內」。

130 若與鄰國爲好會　皇本「國」下有「君」字。

131 其獻酢之禮　《釋文》出「獻酢」云：「一本作酬。」

132 孰不知禮　皇本「禮」下有「也」字。

133 隱二年公羊傳文　各本「二」誤「三」。

134 在兩楹之間者　毛本「楹」誤「檻」。

135 反此虛爵於坫上　各本「此」誤「坫」。

136 子語魯大師樂曰　閩本、毛本作「太師」。按，子語魯大師樂章

137 樂其可知也　皇本、高麗本「也」下有「已」字。《釋文》出「大師」云：「音泰，註同。」

# 論語注疏校勘記

138 樂官名　皇本「名」下有「也」字，下「如盛」下、「曰縱」下同。

139 五音始奏　皇本「五」上有「言」字。

140 從之純如也　唐石經避憲宗諱，「純」作「紃」，後註亦引作「縱」，當是古論。放此。按，史記孔子世家「從」作「縱」，後漢書班固傳

141 放縱盡其音聲　皇本無「音」字。

142 純純和諧也　皇本「和」上有「如」字。按，史記孔子世家集解引此註，不重「純」字。

143 言其音節明也　皇本「明」上有「分」字。

144 以成　皇本「成」下有「矣」字。

145 言樂始作翕如而成於三　皇本「作」作「於」。史記孔子世家集解引同皇本，「三」下有「者也」二字。

※

146 落繹然相續不絕也　補：北監本、毛本「落」作「絡」。

儀封人請見章

146 儀蓋衞邑　皇本「衞」下有「邑」字，「也」字，下「官名」下、「無道」下、「天下」下同。⓫

147 君子之至於斯也　皇本、高麗本「也」作「者」。

148 弟子隨孔子行者　皇本「弟」上有「是」字，「者」下有「也」字。

149 通使得見　皇本「見」下有「者也」二字。

150 天下之無道也久矣　高麗本無「也」字。

151 極衰必盛　皇本作「極衰必有盛也」。

152 儀封人旣請見夫子　各本竝誤作「請旣」。

子謂韶章

153 又盡善也　嘉定錢大昕養新錄云：漢書董仲舒傳本引「又盡善矣」，上「矣」下「也」，語意不同，當是論語古本。今漢書亦改作「也」，唯宋景祐本是「矣」字，西漢策要與景祐本同。

154 舜樂名　皇本「名」下有「也」字。

155 故盡善　皇本作「故曰盡善也」，下作「故曰未盡善也」。

156 鳳皇來儀　閩本、北監本「皇」作「凰」。○按，皇、凰正俗字。

157 武樂爲一代大事　盧文弨校本改「武」爲「夫」。

里仁第四
里仁爲美章

158 里仁爲美　高麗本「美」作「善」。

159 里者仁之所居　皇本作「里者民之所居也」。

160　案，此當依皇本作「民」。「人之所居也」，當是避唐諱耳。文選潘岳閒居賦註引作「人之所居也」。

161 是爲美　皇本作「是爲善也」。案，義疏云：「文云『美』而註云『善』者，夫美未必善，故鄭深明居仁者里必是善也。」疑邢疏作「美」誤，觀閒居賦註亦引作「善」可證。

162 擇不處仁　案，因學紀聞載張衡思玄賦註引論語「宅不處仁」，謂古文本作「宅」字。九經古義云：「按釋名曰：『宅，擇也，擇吉處而營之。』是『宅』有『擇』義，或古文作『宅』，訓爲『擇』，亦通。」

163 焉得知　皇本、高麗本「知」作「智」，後並放此。案，釋文出「知」字云：「音智，註及下同。」

164 求居而不處仁者之里　皇本「求」下有「善」字。

不得爲有知　皇本「智」下有「也」字。

不仁者不可以久處約章

## 論語注疏校勘記

165 久困則爲非　皇本「非」下有「也」字，下「驕佚」下同。「安仁」下同。

166 知仁爲美故利而行之　皇本作「智者知仁爲美，故利而行之也」。

167 自然安而行之也　毛本「而」誤「正」。

168 自然汎愛施生　十行本、閩本「汎」誤「沉」，毛本「生」誤「性」。

169 唯仁者　閩本、北監本、毛本「唯」作「惟」。○按，論語全書多作「唯」。

170 唯仁者能審人之所好惡　皇本無「所」字，「惡」下有「也」字。

171 無惡也　漢石經、高麗本無「也」字。

172 言誠能志於仁則其餘終無惡　皇本「仁」下有「者」字，無「終」字，「惡」下有「者」字。

### 富與貴章

173 是人之所欲也　此句「也」字及下「是人之所惡也」，兩「也」字疑俱屬後人所加。攷初學記十八、文選幽通賦註引此二段，皆無「也」字。又晉書皇甫謐、王沈二傳並云「富貴人之所欲，貧賤人之所惡」，亦無「也」字。又後漢書李通傳論、陳蕃傳註、晉書夏侯湛傳、文選鮑照擬古詩註、太平御覽四百七十一引此句，亦無「也」字。四書攷異云：「案此『也』字，唐以前人引述悉略去，未必不謀盡同也。古人引書每多節省，況有皇侃義疏可證也。」○按，考異非也。

174 則仁者不處　皇本「處」下有「也」字。

175 此則不以其道得之　皇本作「此則不以其道而得之者也」。

176 苟志於仁矣章

176 不可違而去之　皇本「之」下有「也」字，下「君子」下同。

177 偃仆　皇本「偃」作「僵」，下同。案，《釋文》出「僵」字云：「本今作偃。」

178 不違仁　皇本作「不違於仁也」。

179 言仁不可斯須去身　十行本「去」誤「立」。

180 皆迫促不暇之意　十行本「促」誤「從」。

181 我未見好仁者惡不仁者　漢石經「好仁」下無「者」字。

182 無以尚之爲優　皇本「以」下有「加」字，「優」下有「也」字。

183 有能一日用其力於仁矣乎我未見力不足者　皇本「仁」下有「者」字，「不足者」下有「也」字，註「不足者」下同。

184 蓋有之矣　皇本、高麗本「矣」作「乎」。

185 故云爲能有爾我未之見也　皇本「能」下有「仁」字，「爾」作「耳」，「我」上有「其」字，無「之」字。

186 言人誠能一日用其力脩仁者耳　浦鏜云：「『耳』當『乎』字誤。」

187 人之過也　皇本、高麗本「人」作「民」。

188 人之過也章

189 黨黨類　皇本「類」下有「也」字，下「之過」下同。

190 當恕而勿責之　皇本「勿」作「無」，「之」作「也」。

則爲仁矣　皇本「矣」作「也」。

朝聞道章

191 夕死可矣 漢石經「矣」作「也」。

192 不聞世之有道 皇本「道」下有「也」字。

君子之於天下也章

193 無適也 釋文出「適」字云：「鄭本作『敵』。」九經古義云：「古『敵』字皆作『適』。禮記雜記云：『赴於適者。』鄭注云：『適讀爲匹敵之敵。』史記范睢傳『攻適伐國』、田單傳『適人開户』，李斯傳『羣臣百官皆畔不適』，徐廣皆音『征敵』之『敵』。荀卿子君子篇云：『天子四海之内無客禮，告無適也。』注：『讀爲敵。』」❸

194 義之與比 皇本「比」下有「也」字。

195 唯義之所在也 此註唯皇本有之，各本竝脱。

君子懷德章

196 重遷 皇本「遷」下有「也」字，下「於法」下、「恩惠」下同。

197 君子懷刑 漢石經「刑」作「㓝」。案，説文井部：「㓝，罰辠也。从井从刀。易曰：井，法也。井亦聲。」今經典相承作「刑」。

198 每事依利而行 皇本「行」下有「之者也」三字，下「之道」下有「也」字。

放於利而行章

199 言不難 皇本「難」下有「也」字，下「用禮」下同。

能以禮讓爲國乎章

200 不患莫己知 皇本、高麗本「知」下有「也」字。皇本註「知己」下同。

不患無位章

201 參乎 釋文云：「參，所金反。」九經字樣云：「曑、曑，上説文，下隸省，與參字不同。參音驂，從

202 吾道一以貫之　皇本、高麗本「之」下有「哉」字。

203 故答曰唯　皇本「唯」下有「也」字。

204 思與賢者等　皇本「等」下有「也」字。

見賢思齊焉章

205 見不賢而內自省也　高麗本「不賢」下有「者」字。

206 幾者微也　皇本無「者」字。

事父母幾諫章

207 當微諫納善言於父母　皇本「當」上有「言」字，「父母」下有「也」字。

208 又敬不違　皇本「敬」下有「而」字。

209 勞而不怨　高麗本無「而」字。

※ 台。今經典相承，通作參。」〈孝經〉「參不敏」，〈釋文〉本作「曑」，音「所林反」。

210 見志　皇本志下有「者」字，下「之諫」下有「也」字。

※ 且志不從　補：「且」當作「見」，北監本、毛本並是「見」字。

211 父母在不遠遊　皇本「不」上有「子」字。

父母在章

212 無所改於父之道非心所忍為　皇本「於」作「其」，「心」下有「之」字，「為」下有「也」字。

213 無所改為父之道　浦鏜云：「於誤為。」

父母之年章

214 孔曰　〈釋文〉云：「此章註或云孔註，或云包氏，又作鄭玄語辭，未知孰是。」

215 見其衰老則懼　皇本「懼」下有「也」字。

古者言之不出章

# 論語注疏校勘記

216 古者言之不出　皇本作「古之者言之不妄出也」。高麗本「出」下有「也」字。《四書攷異》云：「包氏註云：『古人之言不妄出口。』據其文，或舊本經原有『妄』字未可知。若上一『之』字，則斷知其流傳訛衍。」○按，皇本「妄」字必因注文而誤衍也。

217 不妄出口爲身行之將不及　皇本作「不妄出口者爲耻其身行之將不及也」。

218 俱不得中　皇本「中」下有「也」字。

219 奢則驕佚招禍　皇本「佚」作「溢」。

220 儉約無憂患　皇本作「儉約則無憂患也」。

221 君子欲訥於言章

　　言欲遲而行欲疾　皇本作「言欲遲鈍而行欲敏也」。

　　德不孤章

222 是以不孤　皇本「孤」下有「也」字。

223 事君數章

　　數謂速數之數　皇本此註作「孔安國曰」，「數」下有「也」字。案，筆解作「包曰」。

02—224 當以禮漸進也　十行本作「斬進也」，「斬」當「漸」字之譌。閩本、北監本、毛本竝脫此字，更非。

## 校記

❶ 出文「弛」原誤作「弛」，與校語矛盾，今據南昌本改正。檢北京市文物局藏元刊明修十行本（此葉爲元刊）、閩本、萬曆監本、毛本皆作「弛」，無異文。又「禮記射義注」五字，文選樓本、南昌本、學海堂本並誤作「禮注射儀注」，今改正。

❷ 出文「笑」字及校語首「笑」字原皆誤作「笑」，今據南昌本改正。

❸ 十行本，南昌本作「北監本」。今檢北京市文物局藏元刊明修十行本（此葉爲元刊）作「興」，万曆監本作「與」，知南昌本誤。

❹「鄉射記」原誤作「鄉射禮」，與校語矛盾，今據南昌本改正。檢北京市文物局藏元刊明修十行本（此葉爲元刊）、閩本作「鄉射記」，萬曆監本、毛本作「鄉射禮」。

❺ 南昌本條末增「○補：案，此『士』字因下『士不大射』誤衍」。

❻ 南昌本條末增「○補：毛本『不』上有『士』字。案，此誤脫」。

❼ 南昌本出文改作「朝廟享朝正」，校語「十行本享上脫朝字」改作「毛本享上有朝字，此誤脫也」。然此下校語明言「閩本、北監本、毛本作朝廟享廟正」，與此矛盾。今檢毛本「享」上實無「朝」字，南昌本誤。

❽ 南昌本無「下注」至「有也字」五字。

❾ 南昌本無「咎下有也字」五字。

❿ 南昌本無「爲之」二字。

⓫ 南昌本無「邑下」至「下同」云云十六字。

⓬ 南昌本無「註不足者下同」六字。

⓭ 攷適代國，南昌本同。史記各本作「政適代國」，文淵閣四庫全書本、皇清經解本九經古義誤作「攻適伐國」，此處又誤作「攷」。

# 論語注疏校勘記卷三

## 公冶長第五

**03-001 子謂公冶長章**

**002 雖在縲絏之中** 皇本、高麗本「縲」作「緤」，〈宋〉石經亦作「緤」。案，字本作「緤」，唐人避太宗諱，改作「絏」。《釋文》出「緤」字云：「本今作絏。」《五經文字》云：「緤本文从世，緣廟諱偏旁，今經典並准式例變。」

**003 冶長** 皇本作「公冶長」。案，孔註下云「姓公冶，名長」，則不當單稱「冶長」。

**004 黑索** 皇本「索」下有「也」字。

**005 故繫之縲絏** 閩本「繫」誤「擊」。

**006 南宮縚** 《釋文》出「韜」字云：「本又作縚。」

**007 言見用** 皇本作「言見任用也」。

**008 在官不被廢弃** 閩本、北監本、毛本「弃」作「棄」，後放此。案，《說文》「𢍛，捐也。弃，古文。𢍛，籀文。」弃、棄蓋古今字。

**009 南宮括** 閩本、北監本、毛本「括」作「适」。案，《史記·弟子列傳》作「括」。

**010 鄭註《檀弓》云** 閩本「檀」誤「壇」。

**011 召其大夫** 北監本「召」誤「君」。

**012 中孫玃生南宮縚是也** 浦鐙云：「獲」誤「玃」。按，《禮記·檀弓上》疏引《世本》作「獲」，故浦子以爲「玃」之誤。然攷《南宮縚之父爲孟僖子，僖子即《左氏》昭公九年經所書「仲孫玃如楚」者也。據此不得以「玃」字爲誤。

**此章明弟子公冶長之賢也** 北監本「此」誤「地」。

子謂子賤章

013 宓不齊 皇本「齊」下有「也」字。

014 安得此行而學行之 皇本「得」下有「取」字。

015 賜也何如 賜也何如章

016 言汝器用之人 皇本作「言汝是器用之人也」。高麗本作「如何」。

017 瑚璉也 案，説文：「槤，胡槤也。」大徐云：「今俗作璉，非。」九經古義云：「『瑚璉』二字从玉旁，俗所作也，當爲『胡連』。春秋傳曰『胡簋之事』，明堂位曰『夏后氏之四連』，皆不从玉旁。據此則槤爲本字，連爲假借，从玉者俗字耳。」○按，韓勑禮器碑「胡輦器用」即胡連也。❶

018 瑚璉黍稷之器 皇本作「瑚璉者，黍稷器也」。

019 宗廟之器貴者 皇本作「宗廟器之貴者也」。

020 故問之曰 北監本「問」誤「間」。

021 子貢雖得夫子 北監本「雖」誤「繼」。

022 此夫子又爲指其定分 十行本「夫」誤「未」。

023 註此論語 閩本、北監本、毛本「註」作「説」。

024 或引有所據 浦鐘云「別誤引」，是也。

025 弟子仲弓名 皇本「名」下有「也」字，下「姓冉」下同。

026 子曰焉用佞 高麗本「佞」下有「也」字。

027 屢憎於人 高麗本作「屢憎民」。

雍也仁而不佞章

論語注疏校勘記

028 不知其仁焉用佞　皇本、高麗本「仁」下、「佞」下有「也」字。

029 數爲人所憎惡　皇本無「惡」字，有「也」字。

030 此章明仁不須佞也　閩本、北監本、毛本「仁」誤「口」。

031 數爲人所憎惡者　十行本、閩本、北監本「爲」誤「謂」。

032 而以不佞爲嫌者　十行本「嫌」誤「謙」。

033 子使漆雕開仕章　閩本、北監本、毛本「彫」作「雕」，註、疏同。案，釋文出「彫」字云：「本或作凋，同。」四書攷異云：「舊經『漆雕』與後章『朽木不可雕』，『雕』俱爲『彫』，『松栢後彫』之『彫』爲『凋』，體義自合，不知何時皆傳寫差。攷十行本此處作『彫』不誤。後「朽木不可彫」，經文已作「雕」，唯註、疏尚作「彫」。「歲寒」章亦作「彫」，與閩本、北監本、毛本同。

○按，依説文當作「琱」，凡琱琢之成文則曰「彫」。今「彫」行而「琱」廢，雕、凋皆假借字。❷

034 開弟子　皇本「子」下有「也」字，下「姓名」「究習」下同。

035 善其志道深　皇本「善」作「喜」，「深」下有「也」字。

036 子使漆彫開仕者　十行本「仕」誤「化」。

037 孔子見其不汲汲於榮禄　十行本「於」字誤重。

038 乘桴浮于海從我者其由　皇本「于」作「於」，「由」下有「也」字。高麗本「也」字同。案，此經例用「於」字，唯爲政篇「吾十有五而志于學」及此兩「于」字變體作「于」。爲政篇「于」字乃「乎」字之譌，此亦疑本作「於」，傳寫者偶亂耳。觀文選嘯賦註引作「於」可證。又「由」下「也」字亦與顏師古漢書地理志

四四

註、太平御覽四百六十七所引合。

039 桴編竹木　皇本「木」下有「也」字，下「曰桴」下、「俱行」下、「過我」下、「於己」下同。

040 大者曰栰　皇本「栰」作「筏」。

041 無所取於桴材　皇本作「言無所取桴材也」。

042 子路聞孔子欲浮海　皇本「浮」上有「乘桴」二字。毛本「子路」誤「孔路」。

043 無所取哉　皇本「所」下有「復」字。

044 古字材哉同　皇本「同」下有「耳」字。

045 水中簰筏　十行本、閩本「簰」誤「簿」，下同。

046 方舫泲桴音義同也　十行本、閩本「桴」誤「浮」。

孟武伯問子路仁乎章

047 可使治其賦也　《釋文》出「賦」字云：「孔云兵賦也，鄭云軍賦，梁武云《魯論》作傅。」

048 兵賦　皇本「賦」下有「也」字，下「之邑」下、「公西華」下、「行人」下同。

049 大夫百乘　皇本作「卿大夫故曰百乘也」。

050 仁則不知　毛本「知」下補「也」字。

051 出戎馬一匹　十行本「戎」誤「戍」，下同。

女與回也孰愈章

052 回也聞一以知十　《釋文》出「聞一」云：「本或作『問』字，非。」

053 吾與女　《釋文》出「吾與爾」云：「『爾』本或作『女』，音汝。」案，《三國志·夏侯淵傳》曰：「仲尼有言：吾與爾不如也。」正作「爾」字，蓋與陸氏所據本合。

054 既然子貢不如　皇本「不」作「弗」。

論語注疏校勘記

055 蓋欲以慰子貢也　皇本「貢」下有「心」字。案，〈筆解〉「也」作「爾」。

056 何敢比視顏回也　北監本「比」誤「此」。

057 故云不如也　浦鏜云：「『不』當作『弗』。」

058 宰予晝寢章
弟子宰我　皇本「我」下有「也」字，下「刻畫」下同，又此註作「苞氏曰」。案，疏述註亦作「包曰」，今本作「孔曰」，疑誤。

059 朽木不可彫也　閩本、北監本、毛本「彫」經、註、疏俱作「雕」。十行本唯經文作「雕」，餘仍作「彫」。案，唐石經、宋石經俱作「彫」，漢書董仲舒傳、論衡問孔篇、詩大雅棫樸正義亦俱引作「彫」，是作「雕」者用假借字。釋文亦作「雕」。

060 糞土之牆　釋文出「糞」字云：「本或作眞，同。」

061 不可杇也　皇本「杇」作「圬」。釋文出「圬」字云：「本或作杇，鏝也。」案，〈史記弟子列傳〉、〈漢書董仲舒傳〉俱作「圬」，蓋論語古本作「圬」。說文：「杇，所以塗也。」「圬」當是正字，「杇」乃「圬」之假借耳。

062 杇鏝也　皇本作「圬，墁也」。十行本「杇」竝誤「朽」。案，釋文出「墁」字云：「或作鏝。」五經文字云：「墁，莫干反。見論語。」經文無「墁」字，當即此註。

063 深責之　皇本「之」下有「辭也」二字。

064 此二者以喻雖施功猶不成　皇本無「此」、「以」二字，「成」下有「也」字。

065 改是聽言信行　十行本「辭」作「辝」。

066 更察言觀行發於宰我之晝寢　皇本「更」上有「令」字，無「之」字，「寢」下有「也」字。

067 此孔子責宰我之辭也　十行本「辭」作「辝」。案，説文：「詞，意內而言外也。」「辭，訟也。」「辝，不受也。」籀文作辝。」據此則

068 此處不當作「辭」。五經文字云：「辭、辤、辝，上說文，中古文，下籀文。經典相承，通用上字。」

069 不可雕琢刻畫　北監本「畫」誤「晝」。

070 託之以設教耳　十行本「耳」誤「卑」。

071 今乃晝寢　十行本「晝寢」二字實闕。

072 故孔子責之　十行本「責」字實闕。

073 聽其所言　十行本「聽」字實闕。

074 雖聽其言更觀其行　十行本「聽」、「觀」二字實闕。

075 宰予弟子宰我　毛本「宰予」二字誤在「弟子」下。

076 朽鏝也　十行本「鏝」字實闕。

077 釋宮云鏝謂之朽郭璞云泥塗也李巡曰塗一名朽　十行本「釋」字、「鏝」字、「璞」字、二「鏝」字並實闕。浦鏜云：泥，塗也。下「鏝」誤「塗」。下「鏝一名朽」、「因謂泥鏝爲朽」，二「鏝」字誤同。

078 塗土之作具也　北監本「土」誤「上」。浦鏜云：「工誤土。」

079 因謂泥塗爲朽　十行本「塗」字實闕。

080 吾未見剛者章

081 申棖魯人　十行本「棖」、「魯」二字實闕。皇本「人」下有「也」字，下「情慾」下，下章註「於己」下同。

082 夫子以時皆柔佞　十行本「佞」誤「㑞」，下同。

083 或對曰申棖者　北監本「棖」誤「根」。

084 質直寡欲　閩本、北監本、毛本「欲」作「慾」。○按，欲，正字。慾，俗字。

083 申棠字周　浦鏜云：「周」上脱「子」字。案，《史記·弟子列傳》本無「子」字，浦鏜疑有脱字者，據《家語》也。然《釋文》引《家語》亦無「子」字，則今本《家語》有「子」字者恐不足據。

084 我不欲人之加諸我也章

吾亦欲無加諸人　高麗本「人」下有「也」字。　✕

085 夫子之文章章

可以耳目循　皇本作「可得以耳目自修也」。

086 夫子之言性與天道　《史記·孔子世家》作「夫子之言天道與性命」。

087 不可得而聞也　皇本、高麗本「也」下有「已矣」二字，是也。按，《漢書》眭兩夏侯京翼李傳贊及《匡謬正俗》並作「已矣」。

088 人之所受以生也　皇本「生」下有「者」字，「之道」下有「也」字。　✕

089 故不可得而聞也　十行本「聞」誤「問」。

090 孝經説曰性者天之質　按，《禮記·中庸》注「天」作「生」，此誤。

091 嘉之會也　十行本「嘉」誤「加」，下「嘉」字同。

092 成就万物　閩本、北監本、毛本作「濟物」。○按，唐人「千萬」字多作「万」。

093 豈造元亨利貞之德也　十行本、閩本「造」誤「迪」。毛本「亨」誤「享」。

094 子路有聞章

子路有聞未之能行　皇本、高麗本無「之」字。　✕

095 未及行　皇本作「未能及得行」。　✕

096 孔文子何以謂之文也章

衞大夫孔圉　皇本作「衞大夫孔叔圉也」。　✕

097 下問謂凡在己下者　皇本「者」下有「也」

098 有所未辯　十行本「辯」作「辨」，後放此。案，五經文字云：「辯、辨，上理也，下別也。經典或通用之。」

099 子謂子產章

100 鄭大夫公孫僑　皇本「僑」下有「也」字。

101 故曰鄭大夫　閩本「夫」誤「天」。

晏平仲章

102 齊大夫　皇本、高麗本「而」下有「人」字。

103 久而敬之　皇本「夫」下有「也」字，下「嬰」字下同。

104 治而清省曰平　北監本、毛本「清省」改「無眚」。案，二本所改蓋據今本周書諡法解致周書舊本本作「清省」，以今本改古本，非也。

臧文仲居蔡章

104 臧孫辰　皇本「辰」下有「也」字，下「守龜」下、「爲山」下、「上梲」下、「奢侈」下竝同。

105 長尺有二寸　十行本「寸」誤「十」。

106 山節藻梲　釋文出「梲」字云：「本又作棳。」○按，「梲」說文訓「木杖」，經典多借用爲「梁上短柱」之「棳」。

107 非時人謂之爲知　皇本「之」作「以」，「知」下有「也」字。

108 彊生哀伯達　十行本「生」誤「註」。

109 彊字子臧　毛本「字」誤「是」。

110 故姓曰臧也　十行本「姓」誤「謚」。

111 道德博厚曰文　北監本、毛本「厚」改「聞」，後「季文子」章疏同。案，周書舊本亦作「厚」，此亦據今本誤改。

## 論語注疏校勘記

112 龜不盈尺　漢書食貨志作「盈五寸」。

113 宋廟謂之梁　十行本、閩本誤作「宋瘤」。北監本「宋」亦誤「奈」。

114 梲侏儒柱也　閩本、北監本、毛本「梲」誤「㭼」。

115 文二年左傳　閩本、北監本、毛本「二」誤「三」。

116 姓鬭名穀字於菟　皇本「穀」作「㝅」。釋文出「名穀」云：「本又作穀。」○按，說文：「穀，乳也。從子𣪊聲。」釋文「穀」字卽「㝅」字之訛。又作「穀」，用假借字。說詳左傳釋文挍勘記。

117 必以告新令尹何如　皇本、高麗本「如」下有「也」字，又此註作「孔安國曰」。

118 崔子弒齊君　釋文出「崔子」云：「鄭註云：『魯讀崔為高，今從古。』」又出「弒」字云：「本又作殺，同。」

119 棄而違之　唐石經避太宗諱，「棄」作「弃」，後放此。

120 皆齊大夫　皇本「夫」下有「也」字，下「去之」下同。

121 捐其四十匹馬　毛本「十」誤「千」。

122 則曰猶吾大夫崔子也　高麗本「則」下有「又」字。

123 違之之一邦　皇本作「違之之至他邦」，高麗本作「違之之至一邦」。案，攷文載足利本作「違之之至一邦」，疑皇本、高麗本竝衍一「之」字。

124 文子辟惡逆去無道　皇本「辟」作「避」，後竝放此。案，釋文出「辟」字云：「音避，本亦作避。」○按，避，正字。辟，假借字。

案，崔為高，今從古。」又出「弒」字云：「本又作殺，同。」案，九經古義云：「王充論衡曰『猶吾大夫高子也』，蓋用魯論語之言。」

五〇

125 皆如崔子　皇本「子」作「杼」。案，釋文出「杼」字云「直呂反」，則陸氏所據本亦作「崔杼」。

126 無有可止者　十行本「止」誤「且」。皇本「者」下有「也」字。

127 三仕爲令尹　十行本「三」誤「二」。

128 從其母畜於郲　十行本、閩本、北監本「母」誤「毋」。

129 郲子田　各本「田」竝誤「毋」。

130 再斯可矣　唐石經作「再思可矣」。皇本、高麗本作「再思斯可矣」。

131 季孫行父　皇本「父」下有「也」字。

132 不必乃三思　皇本作「不必及三思也」。案，「及」字是也。

133 衛大夫甯俞　皇本「俞」下有「也」字。

甯武子章

134 佯愚似實　皇本「佯」作「詳」。案，佯、詳古字通。史記蘇秦傳「詳僵而棄酒」、吳太伯世家「公子光詳爲足疾」，皆以「詳」爲「佯」。

135 爲賦湛露及彤弓不辭　閩本、北監本、毛本「辭」作「辤」。閩本「彤」又誤「肜」。

子在陳章

136 不知所以裁之　皇本、高麗本「之」下有「也」字。

137 狂簡者進取於大道妄作穿鑿以成文章　皇本無「簡」字，「取」作「趨」，「妄」下無「作」字。案，史記孔子世家集解引亦無「簡」字。

138 我當歸以裁之耳　皇本「裁」下有「制」字。案，文選王簡栖頭陁寺碑文註引「不知所以裁製」。

## 論語注疏校勘記

139 伯夷叔齊章 孤竹君之二子 皇本「子」下有「也」字，下「國名」下同。

140 孰謂微生高直章 或乞醯焉 高麗本「或」下有「人」字。釋文出「乞醯」云：「亦作醯。」案，五經文字云：「醯作醯，俗。」

141 非爲直人 皇本「人」下有「也」字。

142 巧言令色足恭章 巧言令色足恭 釋文出「色足」云：「一本此章有『子曰』字，恐非。」

143 便僻貌 皇本作「便僻之貌也」。

144 魯太史 皇本「太」作「大」，「史」下有「也」字，下「詐親」下同。

145 漢書藝文志文也 各本「也」上竝誤衍「者」字。

146 顏淵季路侍章 願車馬衣輕裘 唐石經「輕」字旁註。案，石經初刻本無「輕」字。「車馬衣裘」見管子小匡及外傳齊語，是子路本用成語，後人因雍也篇「衣輕裘」誤加「輕」字，甚誤。錢大昕金石文跋尾云：「石經『輕』字，宋人誤加。」攷北齊書唐邕傳：「顯祖嘗解服青鼠皮裘賜邕，云：『朕意在車馬衣裘與卿共敝。』蓋用子路故事。是古本無『輕』字，一證也。釋文於『赤之適齊』節，音『衣』爲『於既反』，而此『衣』字無音。是陸本無『輕』字，二證也。邢疏云：『願以己之車馬衣裘與朋友共乘服。』是邢本亦無『輕』字，三證也。皇疏云：『車馬衣裘共乘服而無所憾恨也。』是皇本亦無『輕』字，四證也。今註、疏與皇本正文有『輕』字，則後人依通行本增入，非其舊矣。」

147 敝之而無憾 皇本「敝」作「弊」。○按，敝，正字。弊，俗字。

148 不自稱己之善 皇本作「自無稱己之善

149 不以勞事置施於人　皇本「不」作「無」，「人」下有「也」字。 ✗

也」。

150 懷歸也　皇本「歸」作「安」。

151 已矣乎章

152 莫能自責　皇本有「者也」二字。 ✗

十室之邑章

153 不如丘之好學也　高麗本「學」下有「者」字。

雍也第六　十行本、閩本、毛本此下竝有疏文，與各第下同，北監本脫此第下疏文。

154 及仁知中庸之德　毛本「及」誤「入」。

雍也可使南面章

155 雍也可使南面　高麗本「面」下有「也」字。 ✗

156 言任諸侯治　皇本作「言任諸侯可使治國政也」。《釋文》出「諸侯治」云：「一本無『治』字，一本作『言任諸侯治國也』。」

157 伯子書傳無見焉　皇本「焉」作「也」，下「大簡」下有「也」字。 ✗

158 孔曰以其能簡故曰可也　皇本無「孔曰」字。

159 無乃大簡乎　北監本、毛本「大」作「太」。案，《釋文》出「大簡」云：「音泰，下同。」

160 則以此爲秦大夫恐非　孫志祖云：「則」字衍。

哀公問弟子章

161 哀公問弟子孰爲好學　皇本、高麗本「問」下有「曰」字。

162 今也則亡　《釋文》云：「本或無『亡』字，即連下句讀。」 ✗

163 凡人任情　十行本「凡」誤「几」。 ✗

164 顏回任道　皇本「回」作「淵」。✗

165 未嘗復行　皇本「行」下有「也」字。✗

166 有顏回者好學　浦鏜云：「下脫『不遷怒不貳過』六字。」✗

167 未聞更有好學者也　十行本「聞」字與下「顏回任道」「顏」字互易，大誤。✗

168 彼云　十行本「彼」誤「皮」。✗

169 由於學問既篤　毛本「由」作「繇」。✗

170 冉子爲其母請粟　十行本「粟」誤「菜」。✗

171 赤之字　皇本作「赤字也」。✗

172 六斗四升曰釜　皇本「釜」下有「也」字。✗

173 包曰十六斗曰庾　十行本「包」誤「句」。皇本作「十六斗爲庾也」。

174 十六斛曰秉　十行本「十」誤「子」。皇本「曰」作「爲」。✗

175 五秉合爲八十斛　皇本「斛」下有「也」字。✗

176 非冉有與之太多　皇本「有」作「求」，「多」下有「也」字。✗

177 此章論君子當賑窮周急　閩本、北監本「賑」作「振」。案，作「振」是也。顏師古〈匡謬正俗〉云：「振給、振貸字皆作『振』。振，舉救也。俗作『賑』，非。」

178 區十六升　浦鏜云：「斗誤十。」

179 量名以爲籔者　浦鏜云「有誤以」是也。

180 弟子原憲　皇本「憲」下有「也」字，下「邑宰」原思爲之宰章

181 辭辭讓不受　皇本「辭」字不重，「受」下有「也」字。

下、「九百斗」下、「爲黨」下同。

182 子曰毋　十行本、閩本、北監本「毋」誤「母」。

183 禄法所得當受無讓　皇本作「禄法所當受無以讓也」。

184 此章明爲仕受禄之法　十行本脱「仕」字。

185 云孔子爲司寇　浦鏜云：「爲」下脱「魯」字。

186 孔子由中都宰爲司空　閩本、北監本、毛本「由」誤「爲」。

187 由司空爲司寇　浦鏜云：「爲」下脱「大」字。

188 雜文　皇本「文」下有「也」字，下「犧牲」下同。

189 騂赤也　皇本「赤」下有「色」字。

190 不害於子之美　皇本「子」上有「其」字，「美」下有「也」字。

191 中祭祀之犧牲　十行本「犧」誤「儀」。

192 餘人暫有至仁時　皇本「餘」上有「言」字，下

回也其心三月不違仁章

193 復一時而不變移　毛本作「移變」。

194 其餘則暫有至仁時　十行本「暫」作「蹔」。

「不變」下有「也」字。

案，暫、蹔正俗字。

195 果謂果敢決斷　皇本「斷」下有「也」字，下「物理」下同。

196 曰賜也達　皇本、高麗本「曰」上有「子」字，下「曰

論語注疏校勘記

求也藝「上同。❼

197 藝謂多才藝　皇本作「藝謂多才能也」。

季氏使閔子騫爲費宰章

198 費季氏邑　皇本「邑」下有「也」字。

199 而其邑宰數畔　皇本「畔」作「叛」，是正字，古多假「畔」字爲之。

200 聞子騫賢故欲用之　皇本「子」上有「閔」字，「之」作「也」。

201 託使者　皇本作「語使者曰」。案，釋文出「語」字云「魚據反」，是陸氏所據本亦作「語」。

202 善爲我辭焉說令不復召我　皇本「善爲作辭說令不復召我也」，下「重來召我」下、「如齊」下有「也」字。

203 則吾必在汶上矣　釋文出「則吾必在」云：「一本無『吾』字，鄭本無『則吾』二字。」案，《史記·弟子列傳》亦無「則吾」字。

204 昭十二年　各本「二」誤「三」。

205 汶水出泰山萊蕪西南入濟　閩本、北監本、毛本「濟」誤「齊」。

伯牛有疾章

206 伯牛弟子冉耕　皇本「耕」下有「也」字，下「之甚」下同。

207 喪之　皇本「之」作「也」。

208 命矣夫斯人也而有斯疾也斯人也而有斯疾也　《史記·弟子列傳》作「命也夫！斯人也而有斯疾，命也夫」。

賢哉回也章

209 瓢瓠也　皇本「簞笥也」下有此三字，又下「所樂」下有「也」字。案，《正義》亦有此三字，註脱。

210 **非不說子之道** 高麗本「道」下有「也」字。

211 **非不說子之道章**

212 **非力極** 高麗本「極」下有「也」字。

　　**子謂子夏章**

213 **無爲小人儒** 高麗本「無」作「毋」。

214 **將以明道** 皇本「明」下有「其」字，下「其名」下有「也」字，又此註作「馬融曰」。

　　**子游爲武城宰章**

215 **魯下邑** 皇本「邑」下有「也」字，下「皆辭」下、「名」下、「方」下並同。

216 **女得人焉耳乎** 皇本、高麗本「乎」下有「哉」字。案，焉、耳、乎三字連文，已屬不詞，下又增「哉」字不成文，疑「耳」當「爾」字之訛。攷太平御覽一百七十四、二百六十六俱引作「爾」。又張栻論語解、呂祖謙論語說、真德秀論語集編暨論語纂疏、四書通、四書纂疏箋諸本並作「爾」。又今坊本亦作「爾」。蓋「焉爾」者猶「於此」也，言女得人於此乎哉。此者，此武城也。如書作「耳」，則義不可通矣。

217 **焉耳乎** 皇本「乎」下有「哉」字。

　　**孟之反不伐章**

218 **魯大夫孟之側** 皇本「側」下有「也」字，下「其功」下同。

219 **殿在軍後** 皇本「後」下有「者也」二字。

220 **人迎功之** 皇本「功」上有「爲」字。

221 **曰我非敢在後拒敵** 皇本「曰」作「故云」二字，「拒」作「距」，「敵」下有「也」字。○按，「距」別一字，說見前。

222 **馬不能前進** 皇本「進」下有「耳」字。

223 **策捶也** 十行本「捶」誤「埵」。

224 崔如為右燭庸之越馴乘　北監本、毛本「御寇」下有此十字，十行本、閩本無。

225 帥右師　十行本「帥」誤「師」。

226 不有祝鮀之佞章

227 衛大夫子魚也　皇本「子」上有「名」字。

228 宋之美人　皇本作「宋國之美人也」。

229 而反如宋朝之美　皇本「反」作「及」。案，《釋文》出「及如」云：「一本『及』字作『反』，義亦通。」

230 難乎免於今之世害也　皇本「乎」作「矣」，「之世」作「世之」。

231 誰能出不由戶章

232 誰能出不由戶　皇本「戶」下有「者」字。

233 言人立身成功當由道　皇本「人」下有「之」字。

232 譬猶出入要當從戶　皇本「戶」下有「也」字，下章註「質少」下、「之貌」下同。

233 質勝文則野章

234 文質彬彬　《說文》引作「份份」。○按，彬、份古今字。

235 人之生也直章

236 人之生也直　皇本作「人生之直」。

237 言人所生於世而自終者以其正直也　皇本作「言人之所以生於世而自終者，以其正直之道也」。

238 誣罔正直之道而亦生者是幸而免　皇本無「者」字，「免」下有「也」字。

239 知之者章

240 好之者不如樂之者深　皇本「不」上有「又」字，「深」下有「也」字。

## 中人以上章

238 上謂上知之所知也　皇本上「知」字作「智」，「之」下有「人」字，又下「可下」下有「也」字。❽

239 務所以化道民之義　皇本「道」作「導」，又「義」下有「也」字。

樊遲問知章

240 敬鬼神而不黷　皇本「黷」作「瀆」，下有「也」字，下「爲仁」下同。《釋文》出「瀆」字云：「本今作黷。」○按，瀆、黷古今字。

241 問仁曰　皇本「仁」下有「子」字。

242 而後得功　皇本「而」作「乃」。

243 此章明仁知之用也　閩本、北監本、毛本「知」作「智」。

244 不襲黷　十行本「藝」誤「蓺」。

## 知者樂水章

245 如水流而不知已　皇本「已」下有「也」字。

246 日進故動　皇本作「自進故動也」，下「故靜下、故樂」下亦有「也」字。

247 性靜者多壽考　皇本作「性靜故壽考也」。

248 故多壽考也　十行本「考」誤「者」。

249 言齊魯有太公周公之餘化　皇本「化」下有「也」字，下「之時」下同。

齊一變章

250 若有明君興之　皇本「之」下有「者」字。

觚不觚章

251 觚禮器　皇本「器」下有「也」字，下「不成」下同。

252 二升曰觚　《正義》同皇本，「二」作「三」，「觚」下

253　用二爵二觚四觶一角一散　十行本「用」誤「刑」，兩「二」字竝誤「三」，「一散」誤「三散」。閩本、北監本、毛本「二爵」誤「三爵」，「一散」亦誤「三散」。

有「也」字。案，異義引韓詩說及儀禮特牲饋食禮記註、周禮梓人疏俱云二升爲觚。又廣雅釋器亦云：「二升曰觚。」皇本作「三」者，字之訛也。

254　韓詩說　十行本「說」誤「爲」。

255　飲當寡少　閩本、北監本「當」誤「常」。

256　飲不省節　閩本、北監本、毛本「省」作「自」。

257　井有仁焉其從之也　皇本「仁」下有「者」字，「也」作「與」。案，孔註云「有仁人墮井」，則「仁」下當有「者」字。

258　宰我以仁者　皇本「以」下有「爲」字。

259　將自投下　十行本「將」誤「得」。

260　不乎　皇本「不」作「否」。

261　欲極觀仁者憂樂之所至　皇本「者」作「人」，「至」下有「也」字。

262　不肯自投從之　皇本「從」作「救」，「之」下有「也」字，又此節作「苞氏曰」。

263　不可得誣罔令自投下　十行本「罔」誤「固」，「投」誤「役」。皇本「下」下有「也」字，下章註「不違道」下同。

264　不可陷入於井　北監本、毛本「入」誤「人」。

265　君子博學於文　釋文云：「一本無『君子』字，兩得。」案，無「君子」者是。經義雜記云：「集解載鄭註云：『弗畔，不違道。』既言『君子』，不嫌其違畔於道

君子博學於文章

266 後顏淵篇此章再見，正本皆無「君子」字。據釋文知此處古本亦無有者，衍文。顏淵篇釋文云：「博學於文，一本作君子博學於文。」蓋皆後人所加，後篇、朱子皆無。」正義曰：「或本亦有作君子博學於文。」⓫

## 子見南子章

267 予所否者 史記孔子世家「否」作「不」。釋文引鄭康成、繆播訓爲「不」，與史記合。○按，不者，事之不然者也。否者，説事之不然者也。此當作「否」。

268 舊以南子者 皇本「舊」作「等」，「以」下有「爲」字。案，釋文出「等以爲男子者」云：「集解本皆爾。或不達其義，妄去『等』字，非也。今註云：『舊以南子者。』」

269 衞靈公夫人 皇本「人」下有「也」字，下「治道」下同。

270 故夫人誓之 皇本「之」下有「曰」字。釋文出「故孔子云」：「一本作『夫子』。」

271 與之呪誓 釋文出「之祝」云：「本今作『呪』。」○按，祝、呪正俗字。

272 義可疑焉 皇本「焉」作「也」。

273 意欲因以説靈公 閩本、北監本、毛本「使」誤「因」誤「曰」。

274 使行治道

275 中和可常行之德 皇本「德」下有「也」字，下「以」。

## 中庸之爲德也章

276 如有博施於民章

277 如有博施於民而能濟衆 皇本「有」作「能」，「衆」下有「也」字。

君能廣施恩惠 皇本「君」作「若」。

猶病其難 皇本「難」下有「也」字，下「之行」下同。

# 論語注疏校勘記

278 己所欲而施之於人 皇本作「己所不欲而勿施人也」。

03—279 此孔子荅子貢之語也 十行本「之語」誤「諸之」。

## 校 記

❶「今俗作璉」、「瑚璉二字從玉旁」之「璉」原皆作「連」，乃避清高宗太子永璉諱，今據汲古閣本《說文解字》及文淵閣四庫全書本《九經古義》回改。出文「瑚璉也」之「璉」原亦作「連」，檢十行本、閩本、監本、毛本皆作「璉」，無異文，今亦回改。下同。

❷出文作「雕」字，與校語矛盾，南昌本、學海堂本作「彫」，是。

❸南昌本合本章十行本闕字校記七條為一條，但無「璞」字。

❹南昌本無「皇本」至「下同」云云十八字。

❺下「一」字原脫，據通志堂本經典釋文補。

❻南昌本無「下不變下有也字」七字。

❼「上同」原誤作「下同」，南昌本同，今改正。

❽南昌本無「又下可下下有也字」八字。

❾「人」原誤作「仁」，據知不足齋叢書本論語義疏改正。

❿南昌本無「皇本」至「下同」云云十五字。

⓫「此章」原誤作「此見」，南昌本同。嘉慶四年拜經堂刻本經義雜記作「此章」，今據改。

# 論語注疏校勘記卷四

## 述而第七

### 述而不作章

002 04-001 但述之耳 皇本「但」作「袒」。案，筆解亦作「袒」。

003 楚苦縣 十行本、閩本「苦」誤「苦」。

004 默而識之 《釋文》出「默而」云：「俗作嘿。」《五經文字》云：「默與嘿同，經典通爲語默字。」

005 無是行於我我獨有之 皇本作「人無有是行，於我，我獨有之也」。

### 德之不脩章

006 德之不脩學之不講聞義不能徙不善不能改 皇本、高麗本每句下並有「也」字。又高麗本「徙」作「從」。又註「爲憂」下，皇本有「也」字，下章註「之貌」下同。

### 子之燕居章

007 子之燕居 《釋文》出「燕居」云：「鄭本作『宴』。」案，後漢書仇覽傳註引作「宴」，與鄭本合。○按，宴，正字。燕，假借字。

008 久矣吾不復夢見周公 皇本、高麗本「公」下有「也」字。又《釋文》出「不復」云：「本或無『復』字，非。」案，經義雜記云：「據陸氏所見本，知經無『復』字，乃後人援註所增。以經云『久矣吾不夢見』，先時曾夢見，故註云『不復夢見』，『復』字正釋『久矣』字。陸氏反以無『復』字爲非，不審之至。」

009 不復夢見周公 十行本「公」字空闕。皇本

# 論語注疏校勘記

010 欲行其道也　十行本「也」字空闕。案，攷文所載足利本亦無「也」字。

011 故可據　皇本「據」下有「也」字，下「可倚」下有「之」二字。

　　志於道章

012 故曰據　皇本「據」二字。

013 遊於藝　皇本、閩本、北監本、毛本「遊」並作「游」。唐石經亦作「遊」。○按，遊，俗字。

014 無不由也　北監本「由」誤「出」。

015 故曰遊　皇本「遊」下有「也」字。

016 寂然無體不可爲象　閩本空闕二格，脫「無體不」三字。

017 爲本　周禮師氏作「一曰至德以爲道本，二曰敏德以爲行本」，此誤。

018 覆幬持載含容者也　十行本「幬」誤「壽」。

019 六藝謂禮樂射御書數也　十行本「御」作「馭」。案，馭、御古今字。周禮作「馭」。

020 五禮吉凶軍賓嘉也　周禮保氏注「軍賓」作「賓軍」，正義引注同。

021 會意　北監本「會」誤「曾」。

022 轉註指事　十行本、閩本、北監本「指」作「處」。毛本「註」作「注」。○按，周禮注作「處事」。劉歆、班固首象形，次象事，指事即象事也。鄭司農作「處事」，非也。

023 贏不足　閩本「贏」誤「贏」。

　　自行束脩以上章

024 吾未嘗無誨焉　釋文云：「魯讀『誨』爲『悔』，今從古。」

025 則皆教誨之　皇本「之」下有「也」字。

025 此章言己誨人不倦也　北監本「誨」誤「梅」。

026 註孔曰至誨之　十行本「曰」誤「子」。

027 其以乘壺酒　閩本「壺」誤「壹」。

028 不行竟中　北監本「竟」誤「意」。

029 則有玉帛之屬　北監本「帛」誤「市」。

030 故云以上以包之也　十行本上「以」字誤「其」。

031 舉一隅
不憤不啓章
　皇本、高麗本「隅」下有「而示之」三字。案，文選西京賦註引有此三字。又翟公武蜀石經考異云：「『舉一隅』下有『而示之』三字，與李鶚本不同。」據此則古本當有此三字也。

032 則不復也　皇本作「則吾不復也」。高麗本作「則吾不復」。

033 乃後啟發為說之　皇本作「乃後啓發為之說也」，下「教之」下亦有「也」字。❶

034 言人若不心憤憤　北監本「若」誤「芒」。

035 子食於有喪者之側章

036 喪者哀慼　皇本「慼」作「戚」，下「之心」下有「也」字。○按，依説文當作「𢜤」，從心戚聲。假借作「戚」，或作「慼」。

037 子於是日哭章　皇本、高麗本連上為一章。十行本、閩本、北監本、毛本俱別為一章。案，釋文出「子於是日哭則不歌」云：「舊以爲別章，今攷合前章。」

038 子於是日哭　皇本「日」下有「也」字。

一日之中或哭或歌是褻於禮容　皇本、高麗本脫此註。

子謂顏淵章

039 唯我與爾有是夫 閩本、北監本、毛本「唯」作「惟」，說見前。

040 孔子言可行則行 皇本「孔子」作「孔安國曰」。案，「子」當作「曰」。

041 唯我與顏淵同 皇本「同」下有「耳」字。

042 以爲已勇 皇本「勇」上有「有」字。

043 亦當誰與已同 皇本「誰」作「唯」，「同」作「俱」，下「此問」下，「徒博」下，「徒涉」下竝有「也」字。

044 暴虎馮河 皇本、高麗本「馮」作「憑」，註同。《釋文出「馮河」云：「字亦作憑。」〇按，《說文》作「淜」。馮，假借字。憑，俗字。

045 徒搏 閩本「搏」誤「摶」，疏同。

046 用舍隨時 十行本「舍」作「捨」。

富而可求也章

047 雖執鞭之士 《釋文》出「執鞭」云：「或作『硬』，音吾孟反，非也。」

048 吾亦爲之 《釋文》云：「一本作『吾爲之矣』。」

049 富貴不可求而得之 皇本「之」作「者也」二字。

050 雖執鞭之賤職 皇本無「之」字。

051 我亦爲之 皇本「之」下有「矣」字。

052 如不可求 皇本、高麗本「求」下有「者」字。

053 古人之道 皇本「道」下有「也」字。

054 若今卒辟車之爲也 今本《周禮》註同。段玉裁過校宋本《周禮》「今」下有「時」字。

子之所慎章

055 齊 十行本作「齋」。《釋文》云：「齊本或作齋，同。」〇按，古多假「齊」爲「齋」。

056 而夫子獨能慎之 皇本無「獨」字，「之」下有「也」字。

057 則慎其藥劑以治之 十行本「劑」作「齊」。案，劑、齊古字通。《周禮》「劑」皆作「齊」。

058 子在齊聞韶 皇本、高麗本「韶」下有「樂」字。

子在齊聞韶章

059 故忽忘於肉味 皇本無「忘」字，「味」下有「也」字。

060 不圖爲樂之至於斯也 《釋文》出「爲樂」云：「本或作『媽』，音居危反，非。」

061 此齊 皇本作「此此齊也」。案，王註：「不圖韶之至於此。此，齊也。」疑皇本衍一「此」字。

062 後晉趙鞅納蒯瞶於戚城 皇本無「城」字，

夫子爲衛君乎章

063 輒不乎 皇本「不」作「否」。是也。○按，正義亦衍「城」字。

064 吾將問之 《釋文》云：「一本無『將』字。」

065 曰古之賢人也 皇本、高麗本「曰」上有「子」字。

066 又何怨 皇本、高麗本「怨」下有「乎」字。按，《左氏》哀三年傳正義、《史記》伯夷列傳索隱、《文選》江淹雜體詩註引並有「乎」字，疑古本如此。

067 夷齊讓國遠去 皇本「夷齊」作「伯夷叔齊」。

068 故問怨邪 皇本「邪」作「乎」。

069 豈有怨乎 皇本無「有」字。

070 惡行 皇本「行」下有「也」字，又下「矣」字亦作「也」。

飯疏食章

# 論語注疏校勘記

071 飯疏食　皇本「疏」作「蔬」。釋文出「疏」字云：「本或作蔬。」案，説文無「蔬」字，新附始有之。「蔬」乃「疏」之俗字。

072 疏食菜食　皇本「食」下有「也」字，下「爲樂」下、「之有」下及下章註「大過」下竝同。

073 加我數年章

074 加我數年　史記孔子世家「加」作「假」。案，風俗通義窮通卷亦引作「假」。

075 五十以學易　釋文出「學易」云：「魯論作『亦』，連下句讀。」惠棟云：「亦」，今從古。」案，魯論作「亦」連下讀。外黃令高彪碑云：「恬虛守約，五十以斅。」此從魯論，「亦」字連下讀也。斅音效，斅音要。❷

076 故不可有所諱　皇本「諱」下有「也」字，下

077 臨文教學　閩本、北監本、毛本「教」誤「故」。「執字」下同。

078 禮不背文誦　浦鏜云：「『文』字當在『禮』上。」

079 葉公問孔子於子路

葉公問孔子於子路章　唐石經避太宗諱，「葉」字變體作「茟」，後放此。

080 食采於葉　十行本「采」作「菜」。案，攷文所載古本、足利本亦作「菜」。周禮太宰註：「公卿大夫之菜邑。」釋文：「采音菜。」古「采」、「菜」字通，故釋菜本作釋采。

081 未知所以荅　皇本「荅」下有「也」字。

082 不知老之將至云爾　皇本、高麗本「至」下有「也」字。

## 我非生而知之者章

083 好古敏以求之者也　皇本「以」下有「而」字。 ✗

084 言此者勸人學　十行本「言」作「善」。皇本作「言此者勉勸人於學也」，下章註「之屬」下、「弒父」下、「之事」下、「教化」下、「忍言」下竝有「也」字。❸

## 三人行章

085 三人行必有我師焉　唐石經、皇本「三」上有「我」字，「有」作「得」。案，釋文出「我三人行」云：「一本無『我』字。」下出「必得我師焉」云：「本或作『必有』。」與唐石經、皇本合。觀何晏自註及邢昺疏竝云「言我三人行」，即朱子集註亦云「三人同行，其一我也」，當以皇本爲是。

086 故無常師　皇本「師」下有「也」字。 ✗

## 天生德於予章

087 宋司馬　皇本「馬」下有「黎也」二字。

088 天生德者　皇本「德」下有「於予」二字。

089 謂授我以聖性　皇本「性」下有「也」字，「予何」下同。 ✗

090 德合天地　皇本作「合德」。 ✗

091 吉無不利　皇本「吉」下有「而」字。 ✗

092 二三子以我爲隱乎　皇本「隱」下有「子」字。

## 二三子以我爲隱乎章

093 謂諸弟子　皇本「弟子」下有「也」字，下「解之」下、「之心」下同。 ✗

094 聖人知廣道深　十行本「深」誤「探」。

095 吾無行而不與二三子者　皇本「行」上有「所」字。 ✗

096 四者有形質可舉以教　皇本「教」下有「也」字。 ✗

## 子以四教章

097 **聖人吾不得而見之矣章**

疾世無明君 皇本「君」下有「也」字，下「有常」下同。 ✕

098 得見有恒者 宋石經避真宗諱，「恒」作「常」，後放此。

099 亡而爲有 《釋文》出「亡而爲有」云：「亡如字，一音無。此舊爲別章，今宜與前章合。」

100 一竿釣 皇本「釣」下有「也」，下「著綱」下「宿鳥」下同。 ✕

101 爲大網以橫絕流 皇本、閩本、毛本「網」作「綱」。案，疏中並作「大綱」，唯十行本疏後段仍誤作「大綱」。

102 釣謂鉤也 閩本「鉤」誤「釣」。 ✕

103 用線繫鉤而取魚也 十行本、閩本「鉤」誤「釣」。

104 矰矢弗 《周禮》《司弓矢》「弗」下有「矢」字。

105 時人有穿鑿 皇本「人」下有「多」字，下「故云然」下有「也」字。❹

106 蓋有不知而作之者章

107 如此者次於天生知之 皇本作「如此次於生知之者也」。 ✕

108 知之次也 高麗本無「之」字。

109 言時人 十行本、閩本「言」誤「善」。

110 多見擇善而識之 十行本「識」作「志」。案，志、識古今字。

111 互鄉難與言章

門人怪孔子見之 皇本「之」作「也」。 ✕

惡惡一何甚 皇本作「惡惡何一甚也」。 ✕

112 人絜己以進與其絜也 皇本、閩本、北監本、毛本「絜」並作「潔」，註同。唐石經、宋石經俱作「絜」，與十行本合。○按，潔，俗絜字。『絜』。廣韻十六屑云：「潔，清也。經典通用

113 人虛己自絜而來 十行本「自」誤「目」。

114 當與之進 皇本作「當與其進之」，下「之行」下有「也」字。

115 顧歡云 浦鏜云「懽誤歡」，是也。

116 行之即是 皇本作「行之則是至也」。

117 官名 皇本「名」下有「也」字，下「大夫」下、「昭公」下、「弟子」下、「姬姓」下同。

118 孔子曰知禮 皇本、高麗本「曰」上有「對」字。

119 揖巫馬期而進之 皇本「之」作「也」。史記弟子列傳「期」作「旗」。

120 君取於吳為同姓 皇本「取」作「娶」。釋文出「君娶」云：「本今作取。」

121 同姓不昏 皇本「昏」作「婚」。○昏、婚古字通。○按，「昏」當作「昬」，從日氏省。

122 而君取之 皇本作「而君娶吳女」。

123 諱曰孟子 皇本「子」下有「也」字，下「為過」下同。

124 聖人道弘 皇本「人」下有「智深」二字。

125 魯春秋去夫人之姓曰吳 各本「去」誤「云」。

126 必書於冊 十行本「冊」誤「典」。

論語注疏校勘記

127 我荅云　浦鏜云：「此三字當衍文。」案，此因下文誤衍。

128 諱則非諱　浦鏜云：「下『諱』字當『過』字誤。」

129 若受以爲過　十行本「以」誤「而」。

130 而自和之　皇本作「而後自和之也」。

131 子與人歌章

132 凡言文皆不勝於人　皇本「凡言」作「言凡」，「人」下有「也」字。

133 則吾未之有得　皇本、高麗本「得」下有「也」字。

134 身爲君子　皇本作「躬爲君子行」。

135 己未能也　皇本作「己未能得之也」。

言凡文皆不勝於人　北監本「凡」誤「凡」。

136 若聖與仁章

137 孔子謙不敢自名仁聖　皇本「聖」下有「也」字，下「能學」下同。

138 正唯弟子不能學也　釋文出「正唯」云：「魯讀『正』爲『誠』，今從古。」

139 子疾病章

140 子疾病　釋文出「子疾」云：「一本云『子疾病』。」皇本同，鄭本無「病」字。案，集解於子字篇始釋「病」，則此有「病」字非。

141 禱請於鬼神　皇本「神」下有「也」字。

言有此禱請於鬼神之事　皇本「事」下有「乎」字。

誄曰　釋文出「誄曰」云：「說文作『讄』。」「讄，禱也。」「誄，謚也。」或云作『讄』。」案，說文：「讄，禱也。」「誄，謚也。」「讄」或从「福」。論語云：『讄曰：禱爾于上下神祇。』」「讄」或从

142 子路失指　皇本「指」作「旨」，是也，下有「謂」，大祝仍引作「誄」，蓋二字相混已久。❺

143 丘之禱久矣　皇本、高麗本「禱」下有「之」字，下「篇名」下同。❻

144 奢則不孫　皇本「孫」作「遜」，後放此。○按，依說文當作「愻」，論語多假「孫」爲之。「遜」乃「遯」字。釋文出「不孫」云：「音遜。」

145 俱失之　皇本「之」下有「也」字。

146 儉不及禮　皇本作「儉則不及禮耳」。❼

147 君子坦蕩蕩　釋文出「蕩蕩」云：「魯讀『坦蕩』爲『坦湯』，今從古。」

君子坦蕩蕩章

148 寬廣貌　皇本「貌」下有「也」字。毛本「貌」誤「䫉」。

149 多憂懼　皇本「懼」下有「貌也」二字。

子溫而厲章

150 子溫而厲　釋文出「子溫而厲」云：「一本作『子曰屬作列』」皇本作「君子」。案，此章說孔子德行，依此文爲是也。」案，今皇本仍與今本同，不作「君子」，疑有脫誤。觀後子張篇「君子有三變」章義疏云「所以前卷云『君子溫而厲』是也」，則皇本此處當脫一「君」字。❽

泰伯第八

泰伯章

151 威而不猛　皇本無「而」字。

152 此篇論禮讓仁孝之德　閩本、北監本、毛本「讓」誤「樂」。

153 民無得而稱焉　釋文出「民無得」云：「本亦作『德』。」案，後漢書丁鴻傳論引「孔子曰：泰伯三以天下讓，民無德而稱焉」，李註云：「論語載孔子之言也。」

論語注疏校勘記

154 周太王之長子　皇本「長」作「太」，「子」下有「也」字。

155 故無得而稱言之者　皇本「故」下有「民家二字。

又引鄭玄註云：「三讓之美皆蔽隱不著，故人無德而稱焉。」據此，《釋文》所云作「德」者乃鄭君所據之本也。然字雖作「德」，而義仍爲「得」，蓋德、得古字通。

156 少弟季歷　皇本「弟」下有「曰」字。

157 次弟仲雍　北監本「弟」誤「苐」。

158 乃封周章弟虞仲於周之北　北監本「北」誤「比」。

159 恭而無禮章

　畏懼之貌　皇本「貌」下有「也」字，下「畏懼」下、「美者」下、「偷薄」下同。

160 君子篤於親　《汗簡》引《古論語》，「篤」作「竺」。案，竺、篤古今字。

161 絞謂絞刺也　閩本、北監本、毛本上「絞」字誤「故」，「謂」誤「爲」。

162 曾子有疾章

　啟予足　《說文》：「跢，離別也。从言多聲，讀若《論語》『跢予之足』。」○按，段玉裁云：「『跢』當是『啟』誤，或曰當作『哆予之足』，哆猶開也。」

163 不敢毀傷　皇本「傷」下有「之」字。

164 如臨深淵　唐石經避高祖諱，「淵」作「渊」，後放此。

165 言此詩者　北監本、毛本「言此」誤「此言」。

166 喻己常戒慎　皇本「戒」作「誡」。案，誡、戒古字通。

167 恐有所毀傷　皇本「傷」下有「也」字，下「其

168 乃今日後 皇本「後」上有「而」字。

169 言下同。

170 呼之者 皇本無「之」字。 ✗

171 魯大夫仲孫捷 曾子有疾孟敬子問之章 皇本「捷」下有「也」字，下「可用」下、「慢之」下、「於耳」下、「以此」下、「禮」下立同。釋文出「孫捷」云：「本又作踕，同。」 ✗

172 言我將死 皇本「我」下有「且」字。 ✗

173 君子所貴乎道者三 高麗本無「乎」字。

174 能濟蹌蹌 釋文出「蹌蹌」云：「本或作鏘，同。」○按，依說文當作「蹠」。蹌，假借字。鏘，俗字。

175 則人不敢欺詐之 皇本「詐」作「誕」。

176 能順而說之 皇本無「之」字。

177 敬子忽大務小 皇本「忽」作「忘」。 ✗

178 註孟敬子 閩本、北監本、毛本「敬」誤「獻」。 ✗

179 又晉趙孟孝伯疾將死 十行本「疾」作「並」，是也。 ✗

180 苟欲偷生 閩本、北監本「苟」誤「敬」。 ✗

181 以能問於不能章

182 言見侵犯不報 皇本作「言見侵犯而不校之也」，下「顏淵」下有「也」字。❽

183 可以託六尺之孤 可以託六尺之孤章 玉篇人部引作「侂」。案，侂與託古字通。經義雜記云：「據玉篇所引，則論語舊是『侂』字。蓋從言者以言託寄之，從人者以人託寄之，義各不同。今以言，蓋通借字。」

184 幼少之君 皇本「幼」上有「謂」字，「君」下有

183　大節　皇本「節」下有「者」字。　✗

184　奪不可傾奪　皇本作「奪者不可傾奪之也」。　✗

185　君子人也　〈釋文〉出「君子也」云：「一本作『君子人也』」。　✗

186　以周禮鄉大夫職云　閩本「鄉」誤「卿」。　✗

187　野自六尺以及六十有五　十行本、閩本、北監本「五」誤「三」。　✗

188　強而能斷也　皇本「能」下有「決」字，下「遠路」下有「也」字。

189　言仁以爲己任　十行本「仁」誤「士」。

　　興於詩章　✗

190　言脩身當先學詩　皇本「詩」下有「也」字，下「立身」下同。　✗

191　包曰樂所以成性　皇本作「孔安國曰」，「性」下有「也」字，下章註「不能知」下同。⑩　✗

192　好勇疾貧章

193　必將爲亂　皇本「亂」下有「也」字。　✗

194　亦使其爲亂　皇本「亂」下有「也」字，又此節註作「孔安國曰」。

　　如有周公之才之美章

195　使驕且吝　皇本「使」上有「設」字。〈釋文〉出「驕且吝」云「本亦作悋」，俗字。　✗

196　其餘不足觀也已　皇本、高麗本「已」下有「矣」字，是也。

　　周公旦　皇本「旦」下有「也」字。　✗

197 故註者明之　十行本「註」誤「註」。

三年學章

198 不易得也　皇本、高麗本「也」下有「已」字。

199 言必無也　皇本「無」下有「及」字。

200 所以勸人學　皇本作「所以勸人於學也」。　×

篤信好學章

201 言行當常然　皇本「然」下有「也」字，下「欲去」下、「之兆」下同。

202 始欲往　皇本作「謂始欲往也」。　×

203 亂謂臣弒君子弒父　皇本作「臣弒君，子弒父，亂也」。《釋文》出「惡」字云：「古文臣字，本今作臣。」後先進篇「季子然問仲由冉求」章「可謂大臣與」，《釋文》亦出「惡」字云：「古文臣字，本今作臣。」案，唐書所載唐天后撰字中有「惡」字，是天后所撰字非盡出杜撰。○錢大昕說《戰國策》「惡」字乃草書

204 言厚於誠信而好學問也　十行本、閩本「學」誤「樂」。　×

「臣」字之譌。

205 見其亂兆　閩本、北監本、毛本「兆」誤「邦」。　×

206 不居謂今欲去　十行本、閩本、北監本脫「去」字。　×

207 遇閣王　北監本、毛本「王」作「主」。　×

208 不在其位　×

不謀其政　皇本、高麗本「政」下有「也」字，註「其職」下同。

209 魯大師之名　閩本「大」作「太」。皇本「名」下有「也」字。　×

師摯之始章

210 周道衰微　皇本「衰」上有「既」字。

211 洋洋盈耳聽而美之 皇本作「洋洋乎盈耳哉，聽而美也」。

212 宜直 皇本「直」下有「也」字，下「之人」下「謹愿」下、「可信」下同。

213 悾悾慤也 皇本作「悾悾慤慤也」。

214 我不知之 皇本作「故我不知也」。

215 此章孔子疾小人之性 閩本「疾」誤「矣」。

216 狂者進取 閩本「狂」誤「征」。

217 猶恐失之 皇本「之」下有「耳」字。

218 美舜禹也 皇本無「也」字。

219 言己不與求天下而得之 閩本、北監本「言」作「信」。

220 巍巍高大之稱 皇本無「言」字，「之」下有「也」字。

221 唯天爲大 毛本「唯」作「惟」，十行本、閩本、北監本疏中仍作「惟」，說見前。

222 而行化 皇本「化」下有「也」字，下「之稱」下、「巍巍」下同。

223 民無能識其名焉 皇本無「其」字。

224 又著明 皇本作「復著明也」。

225 伯益 皇本「益」下有「也」字，下「十人」下、「文母」下、「堯號」下、「舜號」下、「之閒」下、「至德」下

226 **予有亂臣十人** 唐石經「臣」字旁註。釋文出「予有亂臣十人」，「本或作『亂臣十人』」，非。案，困學紀聞云：「論語釋文『本或作予有亂十人』，左傳叔孫穆子亦曰『武王有亂十人』」，劉原父謂『子無臣母之理』，然本無「臣」字，舊説不必改。」攷皇疏云：「亂，理也。」武王曰：「我有共理天下者，有十人也。」似亦無「臣」字。蓋唐石經此處及左傳襄廿八年「臣」字皆後人據僞泰誓妄增。

227 **亂治也** 皇本「治」作「理」，後放此。

228 **其一人** 皇本「一」上有「餘」字。

229 **此此於周也** 皇本「斯，此也」下有此五字，各本竝脱。

230 **比於周** 皇本「周」上有「此」字。

231 **人才難得** 皇本「人」作「大」。

同。

232 **三分天下有其二** 皇本「三」作「參」。釋文出「參分」云：「一音三，本今作『三』。」案，後漢書伏湛傳、文選典引註竝引作「參」，是古本皆作「參」字。

233 **周之德** 皇本、高麗本無「之」字。

234 **天下歸周者** 皇本「歸」上有「之」字。

235 **周武王曰** 北監本「曰」誤「田」。

236 **布種百穀之官也** 浦鏜云：「播誤布。」

237 **皋陶字廷堅** 北監本、毛本「廷」作「庭」，是也。

238 **食菜於周** 十行本、閩本「采」作「菜」。○按，作「采」與史記世家合。

239 **以魚釣奸周西伯** 十行本、閩本「奸」誤「好」。毛本「魚」作「漁」，是也。

240 **勑知切** 十行本、閩本「勦」下有此三字。○

論語注疏校勘記

241 非虎非熊　北監本、毛本「熊」作「羆」，與《史記》合。

242 猶湯稱殷商也　閩本、北監本、毛本「湯」誤「易」。

243 則如舜氏曰有虞　孫志祖云：「如」當作「知」。

244 今河東大陽山西虞地是也　十行本「大」作「太」。

245 又命文王典治南國江漢汝墳之諸侯　鄭氏詩譜「墳」作「旁」，下同。

246 伯謂爲雍州伯也　閩本、北監本、毛本「雍」誤「殷」。

247 羊容問於子思曰　十行本「子」誤「乎」。

案，此邢昺自爲音釋，或以爲誤衍，非也。説詳《詩經校勘記》。

248 而二公治之　今孔叢子「而」作「使」。

249 受圭瓚秬鬯之錫　十行本「秬」誤「柜」，「錫」作「賜」。

250 故雍梁荊豫徐揚之人　十行本、閩本、北監本「揚」作「楊」，下同。

251 此諸侯爲伯　今孔叢子「此」下有「以」字。

252 孔子推禹功德之盛美　皇本無「美」字。

253 言己不能復閒厠其閒　皇本「其閒」下有「也」字，下「豐潔」下、「祭服」下、「八尺」下同。

254 致孝鬼神　皇本「孝」下有「乎」字。

255 十里爲成　皇本「成」作「城」，後放此。

256 豐多絜靜也　閩本、北監本、毛本「絜」作

禹吾無閒然矣章

○按，作「楊」是也。

北監本「羊」誤「半」。

257 禹則巒惡之 十行本、閩本「巒」作「麓」，俗字。

258 共治溝也 閩本、北監本、毛本「共」誤「其」。

259 三夫爲屋 十行本「夫」誤「天」。

260 成中容一甸 北監本「甸」誤「旬」。

04-261 緣邊十里治澮 十行本、閩本「十」誤「千」。

## 校記

① 南昌本無「下教之下亦有也字」八字。
② 「令」原誤作「今」，南昌本同，今改正。
③ 南昌本無「下章注」至「有也字」云云二十二字。
④ 南昌本無「下故云然下有也字」八字。
⑤ 「或云」二字原誤倒，據通志堂本經典釋文乙正。
⑥ 南昌本無「下篇名下同」五字。
⑦ 南昌本校語脫「儉」字。
⑧ 子曰厲作列，宋本、通志堂本、盧本經典釋文均作「例」。惟段玉裁云「例」當作「列」（見經典釋文彙校），此蓋據段説。
⑨ 南昌本無「下顏淵下有也字」七字。
⑩ 南昌本無「性下有也字下章註不能知下同」十三字。
⑪ 南昌本無「北監本羊誤半」六字。

# 論語注疏校勘記卷五

## 子罕第九

### 子罕言章

05-001 **命者天之命也** 段玉裁云：此當是用董子「命者天之令也」。

002 **寡能及之故希言也** 筆解引無「也」字，又此注作「包曰」。

003 **子罕言利與命與仁** 十行本「罕」誤「希」。 ✕

004 **故希言也** 北監本、毛本「希」作「罕」。 ○

005 **希罕也** 北監本「希」誤「帝」。 ✕

### 達巷黨人章

006 **承之以謙** 皇本作「承以謙也」。 ✕

007 **吾執御** 皇本「御」下有「者」字。 ✕

008 **又復謙指云** 十行本「指」誤「捐」。 ✕

### 麻冕章

009 **古者績麻三十升布以爲之** 十行本「三」誤「二」，「升」誤「斤」。疏中兩「三十升」，「升」並誤「斤」。 ✕

010 **絲易成** 閩本「絲」誤「終」。 ✕

011 **故從儉** 皇本「儉」下有「也」字，下「上拜」下同。

012 **王曰** 後漢書陳元傳註引作「何晏註云」。按，「注」即「集解」字之譌，故引下節注亦不加「王曰」以別之，此處不誤。 ○

013 **下拜然後成禮** 皇本「成」上有「升」字，邢疏

亦有「升」字。○按，有「升」字是也，《後漢書注》可證。

014 麻冕禮也今也純儉　浦鏜云：「恭儉」下脫此八字。

015 纓屬于頰　十行本、閩本「于」誤「干」。　✗

016 升自西階東面　閩本「西」誤「兩」。　✗

017 大史氏右　閩本「右」誤「古」。北監本「氏」作「是」。案，作「是」與《儀禮·覲禮》合，彼注云：「古文『是』爲『氏』也。」

## 子絕四章

018 毋意　十行本「毋」誤「母」，下放此。

019 故不任意　皇本「意」下有「也」字，下「專必」下、「固行」下同。　✗

020 故不有其身　皇本作「故不自有其身也」。　✗

021 常人師心徇惑　北監本「徇」誤「徇」。　✗

## 子畏於匡章

022 陽虎曾暴於匡　皇本「曾」作「嘗」。《釋文》出「嘗暴」云：「本或作曾。」　✗

023 夫子弟子顏剋　皇本、毛本「剋」作「尅」。《釋文》出「顏剋」云：「諸書或作『顏亥』。」　✗

024 時又與虎俱行　皇本「行」作「往」。　✗

025 言文王雖已死　皇本「死」作「没」。　✗

026 此自謂其身　皇本作「此自，此其身也」。　✗

027 故孔子自謂後死　皇本「死」下有「也」字，下「此文」下同。　✗

028 言天將喪此文者　皇本「此」作「斯」。　✗

029 其如予何者　皇本無「其」字。　✗

030 以害己也　皇本「以」作「而」。　✗

031 文王既沒 十行本「文」誤「三」。

032 大宰問於子貢章

033 大夫官名 皇本「名」下有「也」字,下「小藝」下、「多能」下同。

034 言天固縱大聖之德 皇本「縱」下有「之」字。

035 大宰知我乎 皇本、高麗本「我」下有「者」字。

036 牢曰子云章 朱子集注本合前章注疏本别爲一章。

037 故多技藝 皇本「多」下有「能」字,「藝」下有「也」字,又「技」作「伎」。○按,伎訓與,古多假爲「技藝」字。

038 字子開一字張 浦鏜云:「張」上脱「子」字。

039 吾有知乎哉章

040 知者言未必盡今我誠盡 皇本「知」上有「言」字,兩「盡」字下並有「也」字,下「有愛」下同。

041 有鄙夫問於我 皇本「問」上有「來」字。

042 空空如也 釋文出「空空」云:「鄭或作悾悾。」

043 知意之知猶意言意之所知也 浦鏜云:「猶意」之「意」當衍字。

044 言他人之短者 浦鏜云:「短」當「知」字誤。

045 鳳鳥不至章

聖人受命 皇本「聖」上有「有」字。

傷不得見也 皇本無「傷」字。

此章言孔子傷時無明君也 十行本「無」作「无」,下「今天無此瑞」同。

046 聖人受命　浦鏜云「聖」上脫「云」字，是也。

047 燕含　閩本、北監本、毛本「含」作「頷」。

048 飲砥柱　閩本、北監本「飲」誤「欽」。

049 莫宿丹穴　十行本、閩本「丹」誤「舟」。

## 子見齊衰者章

050 冕衣裳者　《釋文》出「冕」字云：「鄭本作弁，云魯讀弁爲絻。今從古，鄉黨篇亦然。」案，說文：「冕，大夫以上服也。從曰免聲。絻，或從糸。」據此則今之作「冕」者，蓋魯論也。

051 冕者冠也　皇本「冠」上有「冕」字，下「之服」下、「成人」下竝有「也」字。

052 瞽盲也　皇本作「瞽者，盲者也」。閩本「盲」誤「肓」，疏同。

053 雖少必作　皇本、高麗本「少」下有「者」字。

054 過之必趨　宋石經「趨」作「趍」。○按，趨、趍正俗字。

055 此夫子哀有喪　十行本「此」誤「北」。

056 恤不成人也　閩本、北監本、毛本脫「也」字。

## 顏淵喟然歎曰章

057 顏淵喟然歎曰　十行本、閩本「歎」作「嘆」，注、疏同。○按，說文歎訓吟，嘆訓吞嘆，二字義別，此當从欠，今人多通用之。

058 喟歎聲　皇本作「喟然，歎聲也」，下「窮盡」下、「形象」下、「序貌」下、「所立」下竝有「也」字。

059 忽焉在後　閩本、北監本、毛本「焉」作「然」，亦作「然」。案，唐石經、宋石經竝作「焉」，又列子仲尼篇、史記孔子世家、後漢書黃憲傳亦俱作「焉」。據此，則十行本作「焉」是。今朱子集注本尚仍其誤。

論語注疏校勘記

060 言恍惚不可爲形象  皇本「恍惚」作「忽怳」。釋文出「惚怳」云：「本今作恍惚。」

061 夫子循循然  案，後漢書趙壹傳注引論語曰：「夫子恂恂然善誘人。恂恂，恭順貌。」疑是鄭注。又致孟子明堂章指及三國志步騭傳、後漢書李膺傳注俱引作「恂恂」。又後漢書郭太傳論林宗「恂恂善導」，宋書禮志載晉袁瓌疏曰「孔子恂恂，道化洙、泗」，北魏書賈思伯傳云「接誘恂恂，曾無倦色」，並用此文，俱作「恂」字。蓋作「循」者古論，作「恂」者魯論、鄭從魯論，故字作「恂」。〇按，翟灝之說云爾。

062 言夫子正以此道進勸人有所序  皇本「進勸人」作「勸進人」，又「所」作「次」，「序」下有「也」字。

063 已竭盡我才矣  十行本「盡」誤「盖」。

064 則又卓然絕異  閩本「異」字空闕。

065 尤不能及夫子之所立也  十行本「尤」作「由」。浦鏜云：「猶誤尤。」案，浦說是也。

子疾病章

066 疾甚曰病  皇本「病」下有「也」字，下、「禮葬」下同。

067 故子路欲使弟子行其臣之禮也  筆解無「故」字，「其」作「爲」。毛本無「也」字。

068 少差曰閒  皇本「少」上有「病」字，「閒」下有「也」字。

069 言子路久有是心非今日也  皇本無「久」字，「非」下有「唯」字。

070 我寧死於弟子之手乎  皇本無「於」字。

071 就使我不得以君臣禮葬  皇本「禮」上有「之」字。

072 以夫子爲大夫官也  十行本「官」誤「君」。

073 乃賣之 十行本「賣」誤「貴」。

有美玉於斯章

074 韞匵而藏諸 十行本「匵」誤「匱」。《釋文》出「匵」字云：「本又作櫝。」二字音義皆同。

075 求善賈而沽諸 漢石經「沽」作「賈」，下同。○按，作「沽」用假借字。玉篇夊部「夃」下引論語曰「求善賈而夃諸」，未知所據何本也。

076 謂藏諸匵中 皇本無「謂」字，「中」下有「也」字，下「之辭」下同。

077 得善賈寧肯賣之邪 皇本無「肯」字。

078 我待賈者也 案，白虎通商賈篇、後漢書張衡傳注、逸民傳注、文選琴賦注並引作「待價」，是俗字。

079 我居而待賈 皇本有「者也」二字。

080 此章言孔子藏德待用也 十行本「德」

081 誤「得」，疏「美德」同。

082 故託玉以諮問也 十行本「玉」誤「土」。

083 藏在匵中 閩本、北監本、毛本「匵」誤「匱」。

084 若人虛心盡禮求之 十行本「盡」誤「盖」，下「盡禮」同。

085 有九種 皇本「種」下有「也」字。

子欲居九夷章

086 君子所居則化 皇本作「君子所居者皆化也」。

087 曰猷夷 按，東夷列傳作「畎夷」。

088 四曰滿節 浦鏜云「飾誤節」，是也。

吾自衛反魯章

089 吾自衛反魯 皇本、高麗本「反」下有「於」字。

089 反魯哀公十一年冬 皇本「哀」上重「魯」字，「冬」下有「也」字，下「正之」下同。案，疏中亦重「魯」字，皇本是也。

090 故雅頌各得其所 皇本「故」下有「曰」字，「所」下有「也」字。

091 胡簋之事 閩本、北監本、毛本「胡」誤「箆」。

092 包曰 皇本作「鄭玄曰」。

093 子在川上章

094 言凡往也者如川之流 皇本「往」下無「也」字，「流」下有「也」字。

095 夫不以晝夜而有舍止也 十行本「夫」誤「天」。

095 故發此言 皇本作「故以發此言也」。

吾未見好德如好色章

096 譬如爲山章

097 此勸人進於道德 皇本「德」下有「也」字，下「善之」下、「薄之」下、「與之」下同。

098 我不以其功少 皇本「功」上有「見」字。毛本、北監本作「未成」。

099 未見一簣 十行本「一」字空闕。

099 顏淵解 皇本「解」上有「則」字。

100 語之而不惰者章

100 故語之而不惰 皇本無「而」字，「下」下「之時」下有「也」字。

101 子謂顏淵章

101 包曰 皇本作「馬融曰」。

102 痛惜之甚 皇本「甚」下有「也」字，下「亦然」下

103 孔子於後歎惜之也　北監本、毛本「惜」誤「息」。　✕

104 後生可畏　後生可畏章

105 謂年少　皇本、高麗本「少」下有「也」字。〈釋文〉出「少年」云：「本今作年少。」

106 斯亦不足畏也已　皇本、高麗本「已」下有「矣」字，是也。

107 法語之言章

108 口無不順從之　皇本「不」上有「所」字。

109 能必自改之乃為貴　皇本無「之」字，「貴」下有「也」字。

謂恭孫謹敬之言　皇本「孫」作「巽」，「言」下有「也」字，「說者」下，「為貴」下同。❷

110 未足可貴　閩本、北監本、毛本「可」作「為」，下同。　✕

111 主忠信章

112 慎所主友　皇本作「慎其所主所友」。

113 皆所以為益　皇本「益」下有「者也」二字。　✕

114 三軍可奪帥也章

115 人心不一　皇本「不」作「非」。　✕

116 可奪而取之　皇本作「可奪之而取」。　✕

衣敝緼袍章

衣敝緼袍　皇本、高麗本「敝」作「弊」。〈釋文〉出「衣弊」云：「本今作敝。」案，〈說文〉「袍」字下引論語亦作「弊」。「敝」者，「弊」之俗，〈說文〉所無。「袍」下引作「弊」者，亦後人妄改也。

與衣狐貉者立　〈汗簡〉引古論語「貉」作「貈」。〈釋文〉出「狐貉」云：「依字當作貈。」案，〈史記弟子列傳〉作

117 枲著 皇本「著」下有「也」字，下「之詩」下、「爲善」下同。「狢」。○按，貉，正字。貉，假借字。貈，俗字。

118 常人之情 十行本「情」誤「清」。

119 唯其仲由也與 浦鏜云：「『唯其』字當誤倒。」

120 此詩邶風雄雉之篇 北監本「邶」誤「耶」。

121 謂今之新縣 北監本「謂今」字誤倒。

122 歲寒然後知松柏之後彫也 皇本「彫」作「凋」，注同。釋文出「後彫」云：「依字當作凋。」○按，釋文是也，彫是假借字。

123 然後知松柏小彫傷 皇本「小」上有「之」字，下「苟容」下有「也」字。

124 不惑亂 皇本「亂」下有「也」字。

125 無憂患 皇本作「不憂患」也。

126 孔安國曰無畏懼也 攷文載古本「勇者不懼」下有此八字。皇本、十行本、閩本、北監本、毛本竝脫。

## 知者不惑章

127 未必能之道 皇本「道」下有「者也」二字，下「之極」下、「爲遠」下竝有「也」字。

## 可與共學章

128 未必能有所立 皇本作「未必能以有所成立者也」。筆解此注作「孔曰」。

129 可與立未可與權 筆解云：「正文傳寫錯倒，當云『可與共學，未可與立。可與適道，未可與權』。」案，詩縣正義及說苑權謀篇、三國志魏武帝紀注、北周書宇文護傳論竝引「可與適道，未可與權」，與筆解說合。

○按，此亦翟灝之說。

130 雖能有所立　筆解無「能」字，亦作「孔曰」。

131 唐棣之華　春秋繁露竹林篇、文選廣絕交論注並引作「棠棣」。

132 栘也　毛本「栘」誤「移」。

133 賦此詩者　皇本無「者」字。

134 以言權道反而後至於大順　皇本「順」下有「也」字。

135 思其人而不自見者　皇本「自」作「得」。

136 未之思也　案，邢疏亦作「得」字。釋文出「未之」云：「或作『末』者，非。」

137 夫何遠之有　皇本、高麗本「有」下有「哉」字。

138 斯可知矣　北監本、毛本「知」作「見」。

139 似白楊　十行本、閩本「似」誤「以」。

140 江東呼夫栘　北監本「呼」誤「乎」。

141 陸機云　毛本「機」作「璣」。機與璣古字通。隸釋載堯廟碑云「據旋機之政」，周公禮殿記云「旋機離常」，「璣」竝作「機」。又文選宋文皇元皇后哀策文注云：「璣與機同。」○按，孫志祖讀書脞錄續編云：梁元帝作同姓名錄，一名璣，字元愷，注本艸者。此二字古人殆通借用之與？錢大昕云：當作陸機。疏作陸機。

鄉黨第十

142 孔子於鄉黨節　案，釋文云此篇「凡一章」，故此篇以分節標之。此節「君在」以下毛本提行，別為一節，與各本異。

143 溫恭之貌　皇本作「溫恭貌也」。

144 辯也　皇本作「言辯貌」。

145 雖辨而謹敬　閩本、北監本、毛本「謹敬」作「敬謹」。

146 和樂之貌　皇本作「和樂貌也」，下「中正之貌」作「中正貌也」，「恭敬之貌」作「恭敬貌也」，「威儀中適之貌」下亦有「也」字。

147 君在視朝也　皇本作「君在者，君視朝也」。

君召使擯節

148 君召使擯　〈釋文〉出「使擯」云：「本又作儐，亦作賓，皆同。」○按，「擯相」之「擯」當從才，從人者乃「儐禮」字。〈釋文〉亦作「賓」者，如〈史記〉「設九賓於庭」是也。

149 有賓客使迎之　皇本「之」下有「也」字，下「變色」下同。

150 色勃如也　案，〈説文〉「孛」下引論語「色艴如也」。〈汗簡〉云：「艴見古論語。」「艴」下引〈論語〉「色艴如也」。

151 足躩盤辟貌　皇本無「足躩」二字，「貌」下有「也」字。〈釋文〉出「盤」字云：「字又作磐。」○按，當作般，假借作盤，俗作磐。

152 左右手　皇本「手」上有「其」字。案，鄭注云：「揖左，人左其手。揖右，人右其手。」疑皇本是。

153 衣前後襜如也　皇本作「故衣前後則襜如也」。

154 翼如也　〈説文〉引作「𧾷翼」。今作「翼」者，𧾷翼之省文。

155 言端好　皇本作「言端正也」。

156 鄭曰　皇本、高麗本作「孔安國曰」。

157 復命白君賓已去矣　皇本無「君」字，「矣」作「也」。

158 如鳥之張翼也　十行本「如」誤「爲」。

159 賓不顧矣　浦鏜云：「矣」下脱「者」字。

160 子男則擯者二人　浦鏜云：「三誤二」。

161 其侯伯立當前侯胡下 案，今本《周禮》大行人竝誤作「前疾」，唯此及《詩·蓼蕭》正義所引不誤。說詳惠天牧《禮說》。

162 主君出直闈東南西嚮立 浦鏜云：西，衍字。毛本作「主公」。

163 使末擯 十行本「末」誤「未」。

164 則主君就擯求辭 浦鏜云：「末」誤「未」。

165 不敢自許人求詣己 浦鏜云：「詣」作「諸」。

166 上擯以至次擯 浦鏜云：「以上脫「傳」字。

167 廟中將幣三享 北監本「三」誤「二」。

168 送賓不復 《儀禮·聘禮》「復」作「顧」。

169 鞠躬如也 案，「躬」又作「窮」。《儀禮·聘禮記》：「執圭，入門，鞠躬焉，如恐失之。」《釋文》作「窮」云：「劉音弓，本亦作躬。」羣經音辨云：「鞠躬，容謹也。」鄭康成說《禮》：「孔子之執圭，鞠窮如也。」是鄭、陸所據本作「窮」。但字雖作「窮」，讀仍如「躬」。蓋「鞠躬」本雙聲字，史、漢中屢見之。《史記·韓長孺傳贊》云：「壺遂之內廉行修，斯鞠躬君子也。」《太史公自序》云：「敦厚慈孝，訥於言，敏於行，務在鞠躬，君子長者。」《漢書·馮奉世傳贊》：「鞠躬履方，擇地而行。」「鞠躬」字鄉黨凡三見，皆訓「謹敬貌」。蓋鞠、躬同見母，猶踧、踖同精母，皆雙聲字也。

入公門節

170 斂身 皇本「身」下有「也」字，下「門限」下「空位」下同。

171 沒階趨進 《釋文》出「沒階趨」云：「一本作『沒階趨進』，誤也」。案，《經義雜記》云：「集注引陸氏曰：『趨下本無進字，俗本有之。』誤。」案，《史記·孔子世家》作「沒階趨進」，《儀禮·聘禮》注引《論語》同。《曲禮》「帷薄之外不趨」正義、《儀禮·士相見禮》疏引竝有「進」字。然則自兩漢以至唐初皆作『沒階趨進』。趨進者，趨前之謂也，進字

論語注疏校勘記　九四

不作入字解。舊有此字非誤。」孫志祖云：「說文引此文亦有進字，見辵部「趨」字注。

172 下盡階　皇本「階」下有「也」字，下「過位」下同。

173 閾門限也　十行本「限」誤「恨」。

174 攝齊升堂　十行本「升」誤「知」。

175 以先時屏氣　十行本「屏」誤「羿」，不成字。

176 袾謂之閾　各本「袾」並誤「秩」。

177 對衣則上曰衣　孫志祖云：「對衣」當作「對文」。

　　執圭節

178 爲君使聘問鄰國　皇本「使」下有「以」字。

179 敬慎之至　皇本「至」下有「也」字。

180 下如授　釋文出「下如」云：「魯讀下爲趨，今從古。」

181 授玉宜敬　十行本「玉」誤「王」，疏同。皇本「敬」下有「也」字，下「忘禮」下、「踵禮」下、「庭實」下、「色和」下同。❸

182 既聘而享用圭璧　十行本「璧」誤「壁」。皇本重「享」字。

183 記爲君使聘問鄰國之禮容也　十行本「使」誤「德」。

184 故顏色愉愉然和說也　閩本、北監本、毛本「說」作「悅」。

185 大宗伯云　十行本、閩本「大」誤「太」。

186 文有龘緆耳　十行本、閩本「龘」作「龐」，俗字。

187 凡圭廣三寸　閩本、北監本、毛本「三」誤「二」。

188 左右各半寸 各本「各」並誤「瑷」。毛本作「寸半」。〇按，禮記雜記下亦作「左右各寸半」。❹

189 外有肉 十行本、閩本「肉」誤「玉」。

190 皆朝於王 十行本「王」誤「玉」，下「執龜玉」，「玉」又誤「王」。

191 則云朝覲宗遇會同於王 毛本「王」誤「玉」。

192 琢圭璋八寸 閩本「琢」誤「琢」。 ✗

193 案覲禮侯氏既見王 各本「王」並誤「正」。 ✗

194 丹漆絲纏竹箭也 閩本、北監本「丹」誤「用」。 ✗

195 大饗其王事與 閩本「饗」誤「嚮」。 ✗

196 示和也 閩本「示」誤「是」。 ✗

197 以鍾次之 北監本、毛本「鍾」作「鐘」。 ✗

198 卿將公事 今儀禮聘禮注「卿」作「鄉」。

199 一入曰緅 案，「緅」乃「纁」字之誤。錢大昕答問云：「爾雅『一染謂之縓』，即孔所云『一入』也。檀弓云『練，練衣黃裏，縓緣』，注云『小祥練冠、練中衣，以黃爲內，縓爲飾』，即孔所云『三年練以飾衣』者也。然則孔本經注皆當作『縓』，不作『緅』矣。攷工記鍾氏『三入爲纁，五入爲緅』，注謂：『染纁者，三入而成。又再染以黑，則爲緅。緅，今禮俗文作爵，言如爵頭色也。』先鄭司農以論語『君子不以紺緅飾』證『五入爲緅』之文，則先鄭所受論語本作『緅』，與孔本異也。自集解采孔氏說，而經文仍從『緅』字，又改注文之『縓』亦爲『緅』。而二文相亂。邢氏知孔讀『緅』爲『縓』，又云『一入曰緅，未知出何書』，此知二五而不知十也。」

君子不以紺緅飾節

200 不以爲領袖緣也 釋文出「領襃」云「字亦作

201 齊服盛色 皇本「齊」作「齋」，下同。《釋文》出「齊服」云「本又作齋」，是正字。

202 以爲飾衣 皇本無「衣」字，下「齊服」下、「浴衣」下竝有「也」字。

203 故皆不以爲飾衣 皇本無「爲」字，「衣」下有「也」字。❺

204 私居服 皇本無「服」字。

205 非公會之服 皇本「服」下有「者也」二字。

206 當暑袗絺綌 皇本「袗」作「縝」，唐石經作「紾」。《釋文》出「袗」字云：「本又作袗，單也。」《五經文字》云：「袗，《論語》作紾，《禮記》作振。」《廣韻》十六軫云：「袗，單衣，或作縝。」又《文選聖主得賢臣頌》注亦引作「紾」。說文訓「袗」爲「玄服」，並無「單衣」之訓。○按，段玉裁云：曲禮引《論語》作「袗」，孔安國

曰：「暑則單服。」《玉藻》：「振絺綌不入公門。」鄭云：「振讀爲袗。袗，襌也。」是「袗」爲正字，「振」、「紾」爲假借字，「縝」俗字。《說文》「紾，元服」，據曲禮、《玉藻》注當云「袗，襌也」。

207 必表而出之 皇本無「之」字，注同。

208 素衣麑裘 案，《釋文》云「麑，鹿子也」，則字當作「麛」。《說文》：「麛，鹿子也。」「麑，狻麑獸也。」兩字義別，然古書多通用。據《禮記玉藻》「麛裘青豻褎」注、《儀禮聘禮》「裼，降立」注，鄭君俱引「素衣麛裘」，是鄭所見本作「麛」，與《說文》合。○按，兒聲、弭聲古音同部。

209 襲裘長短右袂 十行本、閩本、北監本、毛本並連上爲一節。皇本此六字別爲一節，以「私家裘長」以下爲此節注，又加「孔安國曰」四字，《說文》引「襲裘長」作「結衣長」。

210 相稱也 十行本「相」誤「目」。

211 今之被也 皇本無「之」字。

212 狐貉之厚以居 《說文》引「貉」作「貈」，是也，說見前。

213 無所不佩 《釋文》出「不佩」云「字或從王旁」，是俗字。

214 故不相弔也 皇本「吉凶異服」下有此五字，各本俱脫。

215 齊必有明衣 《釋文》出「齊必」云：「本或作齋。」

216 但言紅紫 閩本「但」誤「伹」。

217 故用素衣以裼之 浦鏜云：上當脫「麑裘白」三字。

218 作事便也 閩本、北監本、毛本作「便作事也」。

219 居喪無飾 閩本、北監本、毛本「喪」誤「家」。

220 再染謂之竊 十行本、閩本「竊」誤「窺」。案，《爾雅‧釋器》「竊」作「䞓」。《五經文字》云：「竊與䞓同。」○按，作「竊」假借字。

221 紺帛深青揚赤色 各本「揚」竝誤「楊」。

222 諸侯朝服以日視朝於內朝 毛本「於」誤「爲」。

223 又與玄冠相配 十行本、閩本「又」誤「文」。

224 亦素衣麑裘 閩本、北監本、毛本「麑」作「麛」。

225 又臘祭先祖五祀 閩本、北監本「臘」誤「蠟」。

226 素服以送終 《禮‧郊特牲》「終」下有「也」字。

227 唯褻則否 《禮‧玉藻》無「則」字。

228 要在縫半下 《禮‧深衣》無「在」字。

229 吉主元　十行本「主」誤「王」。

230 吉凶異服○　閩本、北監本「○」上有「也」字，毛本無。○案，注本無「也」字，十行本是。

231 以素爲常　浦鏜云：「裳誤常。」案，浦説非也。説文：「常，下帬也。常或从衣。」今「裳」行而「常」廢矣。

232 其色象焉　北監本「焉」誤「馬」。

233 齊必變食節　改常饌　皇本作「改常食也」，下「常處」下、節」下、「中時」下、「過飽」下、「神惠」下、「祭肉」下、「之餘」下、「必敬」下竝有「也」字。

234 膾不厭細　釋文出「膾」字云「又作鱠」，非也。

235 臭味變　皇本「臭」作「殠」，俗字，下放此。又「變」下有「也」字。❼

236 魚餒而肉敗　釋文出「魚餒」云：「説文云：『魚敗曰餒』。本又作『鮾』字，書同。」○按，説文作「餧」，从食委聲。餒、餧古今字。鮾，俗字。

237 魚敗曰餀　皇本「餀」下有「也」字，又此注作「孔曰」。案，史記孔子世家集解亦作「孔曰」，疑此有脱字。

238 不使勝食氣　説文引「氣」作「既」。案，禮中庸「既廩稱事」，鄭君注：「既讀爲餼」。説文無「餼」字，「氣」即「餼」字，是「既」與「氣」通也。程瑤田通藝録曰：「論語『不使勝食氣』，説文『氣』作『既』，釋之曰『小食也』，引論語以證之。蓋古文『氣息』字作『气』，加『米』則爲『氣稟』字，與『既』字相通。然後世於『氣』字無不讀作『氣息』者，不有説文，則論語『食氣』二字難通其義矣。」

239 不撤薑食　案，石經考文提要引宋本九經「撤」作「徹」。説文無「撤」字，「撤」乃「徹」之俗字。

240 齊禁薰物　北監本、毛本「薰」作「葷」，疏同。〈釋文〉出「葷」字云：「本或作葷，同。本今作薰。」○按，〈釋文〉出「焄」字云：「

241 薑辛而不臭故不去 皇本「臭」作「薰」,「去」下有「也」字。「薰」古多作「薰」,或作「焄」。

242 得牲體 毛本「體」作「體」。

243 歸則班賜 皇本「則」下有「以」字。北監本「班」作「頒」。

244 雖疏食菜羹 皇本、十行本「疏」作「蔬」。❽

245 瓜祭 皇本「瓜」作「苽」。釋文出「瓜祭」云:「魯讀瓜爲必,今從古。」○按,苽,俗字,不成字。

246 嚴敬貌 皇本「貌」下有「也」字,下章注「後出」下同。

247 是褻慢鬼神之餘也 閩本「褻」誤「褻」,

248 雖疏食菜羹 毛本「疏」作「疏」。

249 唯水漿不祭 十行本、閩本「不」誤「之」。

鄉人儺節

250 鄉人儺 釋文出「人儺」云:「魯讀爲獻,今從古。」案,郊特牲「汁獻涗於醆酒」注:「獻讀當爲莎,齊人語聲之誤也。」此讀「儺」爲「獻」,亦聲近之誤。

251 朝服而立於阼階 釋文出「於阼」云:「本或作『於阼階』。」案,釋文是,古本無「階」字。經義雜記云:「此『階』字蓋因注誤衍。禮記郊特牲『鄉人裼,孔子朝服立于阼』注:『裼或爲儺。』知禮記文與論語同,亦無『階』字。」

252 驅逐疫鬼 皇本「鬼」下有「也」字。

253 故朝服而立於廟之阼階 皇本無「而」字、「於」字,「階」下有「也」字。

254 儺索室驅逐疫鬼也 十行本「儺」作「難」,是正字,「儺」乃假借字。

問人於他邦節

論語注疏校勘記

255 敬也 皇本作「敬之也」。

康子饋藥節

256 拜而受之 釋文出「拜而受之」云：「一本或無『而』、『之』二字。」

257 饋孔子藥 皇本作「遺孔子藥也」。釋文出「遺孔子藥」云：「唯季反。本今無此字。」按，廣雅釋詁三：「饋，遺也。」饋、遺俱从貴，聲義本相通。

258 故不敢嘗 皇本無「敢」字。

廄焚節

259 廄焚 唐石經如此。十行本作「廐」，與釋文同。閩本、北監本、毛本作「厩」，大誤。

260 重人賤畜 皇本「畜」下有「也」字。

261 自君之朝來歸 皇本「君」作「魯」，「歸」下有「也」字。

君賜食節

262 乃以班賜 閩本、北監本、毛本「班」作「頒」。○按，頒，假借字。

263 君賜腥 釋文出「賜腥」云：「說文、字林並作胜。」皇本「賜」下有「也」字。

264 薦其先祖 皇本重「薦」字，「祖」下有「也」字。❾

265 君賜生 釋文出「賜生」云：「魯讀生爲牲，今從古。」

266 若爲君嘗食然 皇本「君」作「先」，「然」下有「也」字。釋文出「若爲嘗食然」，云：「一本作『若爲君嘗食然』。」

疾君視之節

267 又先須君命之祭 北監本「先」誤「光」。

268 加朝服拖紳 唐石經「拖」作「扡」。釋文出「扡」字云：「本或作拖。」○按，說文引「朝服袉紳」，即雜記

云「申加大帶於上」是也。袘、拖即手部「拕」字。許所據作「袘」，是假借「袘」爲「拕」也。此在引經說假借之例，聞諸段玉裁云。

269 夫子疾 皇本「疾」下有「也」字，下「大帶」下、「見君」下同。

270 君命召節

271 急趨君命行出而車駕隨之 皇本「命」下有「也」字，「行出」作「出行」，「車」下有「既」字。

272 入太廟節

273 入太廟 唐石經、皇本「太」作「大」。釋文出「大廟」云：「音太。」

274 鄭玄曰爲君助祭也大廟周公廟也 皇本有此註，各本竝脫。

275 廟中禮儀祭器 閩本、北監本、毛本「儀」誤「義」。

276 朋友死節

277 重朋友之恩 皇本「恩」下有「也」字。

278 言無親昵 皇本作「無親昵也」。

279 朋友之饋節

280 不拜者有通財之義 皇本無「者」字，「義」下有「也」字。

281 寢不尸節

282 偃臥四體布展手足似死人 皇本「偃」上有「不」字，「人」下有「也」字，下「難久」下同。

283 居不容 唐石經「容」作「客」，釋文出「居不客」云：「苦百反。本或作容，羊凶反。」案，唐石經作「客」字不誤。經義雜記云：「居不客，言居家不以客禮自處。集解載孔注云『爲室家之敬難久』，謂因一家之人難久以客禮敬己也。」邢疏云：「『不爲容儀』夫君子物各有儀，豈因私居廢乎？是當從陸氏作『客』。」段玉裁曰：「居不客」者，嫌其主之類於賓也。「寢不尸」，惡其生之同於死也。

朋友死節

## 見齊衰者節

**279 見齊衰者** 皇本、高麗本「見」上有「子」字。

**280 素親狎** 皇本作「素相親狎也」，下「相見」下、「衣物」下、「之怒」下、「爲烈」下並有「也」字。

**281 必當以貌禮之** 閩本、北監本、毛本「貌禮」作「禮貌」。皇本「之」作「也」。案，皇本作「貌禮」，邢疏亦作「貌禮」，十行本是。

**282 凶服送死之衣服** 皇本「凶服」下有「者」字，「衣服」下有「也」字。毛本作「衣物」，正義同。○按，皇本亦作「衣物」，「服」字非也。

**283 負版者持邦國之圖籍** 皇本無「者」字，「籍」下有「者也」二字。

**284 敬主人之親饋** 十行本「主」誤「王」。皇本「饋」下有「也」字。⑩

**285 宋華弱與樂轡** 十行本、閩本「宋」誤「朱」。

毛本「轡」誤「輿」。⑪

**286 版是戶籍圖也** 今周禮小宰注無「是」字，「圖」下有「地圖」二字。

## 升車節

**287 必正立執綏所以爲安** 皇本無「必」字，「安」下有「也」字。

**288 車中不內顧** 釋文出「車中不內顧」云：「魯讀車中內顧，今從古也。」案，魯論、古論雖所傳不同，然究以無「不」字爲是。盧文弨鍾山札記云：「文選東京賦云『夫君人者，黈纊垂耳，車中內顧』，李善引魯論及崔駰車左銘『正位受綏，車中內顧』以爲注。又漢書成帝紀贊云：『升車，正立，不內顧，不疾言，不親指顏。』師古注云：『今論語云：車中內顧，不親指。內顧者，說者以爲前視不過衡軛，旁視不過輢轂，與此不同。』然則師古所見之論語亦無『不』字。說者云云，乃包咸注，是包亦依魯論爲説也。」惟集解既從古論，而又采包注以附之，不知者并增「不」字，誤益誤矣。

289 車中不內顧者 皇本「車」作「輿」，閩本、北監本、毛本作「居」。《釋文》出「輿中」云：「一本作車中。」

290 前視不過衡軛 皇本「軛」作「枙」，下有「也」字。

291 傍視不過軥轂 皇本「傍」作「旁」，「轂」下有「也」字，下節注中「下止」下同。

曰山梁雌雉節

292 時哉 《釋文》出「時哉」云：「一本作『時哉時哉』。」

案，皇、邢兩疏文義俱不當重「時哉」。又攷後漢書班固傳注、太平御覽九百十七竝引此文，「時哉」二字亦不重。

293 子路共之 皇本作「供」，注同。《釋文》出「共之」云：「本又作供。」案，共、供古字通。

294 三嗅而作 《玉篇》「䏣」下引作「三䏣而作」。案，《說

校 記

❶ 南昌本出文「未見」作「未成」，校語作「本一字空闕，今補正」。今檢中華再造善本影印北京市文物局藏元刊明修十行本（此葉爲明嘉靖補版，府舒校、張祐），作「未成」，「一」字不闕。

❷ 南昌本無「說者下爲貴下同」七字。

❸ 南昌本無「皇本」至「下同」云云二十一字。

295 而人不得其時 皇本無「其」字。

296 非本意 皇本「非」下有「其」字。案，筆解引此注作「周曰」。

297 故三嗅而作作起也 皇本無二「作」字。

05—298 見雌雉飲啄得所故歎曰 閩本、北監本、毛本作「見雌雉飲啄得其所歎曰」。

《文止有「䏣」字，「嗅」乃「䏣」之俗字。

❹ 南昌本無「毛本作寸半。○按,禮記雜記下亦作左右各寸半」。今檢北京市文物局藏元刊明修十行本(此葉爲明嘉靖補版,府舒校、施永㒺刊)、閩本、萬曆監本、毛本皆作「左右瑗寸半」,無異文。

❺ 南昌本無「下齊服」至「有也字」云云二十六字。

❻ 南昌本無「衣下有字」五字。

❼ 南昌本無「又變下有也字」六字。

❽ 南昌本條末有「説見前」三字。

❾ 南昌本無「祖下有也字」五字。

❿ 南昌本無「饋下有也字」五字。

⓫ 南昌本無「毛本譌誤與」五字。今檢毛本確誤,南昌本脱。

# 論語注疏校勘記卷六

## 先進第十一

**06-001** 此篇論弟子賢人之行　閩本「弟」誤「第」。十行本「此」上誤加一「○」。

### 先進於禮樂章

**002** 孔曰先進後進謂仕先後輩也　皇本、高麗本無「孔曰」字。又皇本「仕」作「士」。案，釋文出「先進」包云：「包云謂仕也。」是陸又以此注爲包注。

**003** 將移風易俗　皇本此段注作「苞氏曰」。❷

### 從我於陳蔡章

**004** 皆不及門也　皇本「也」上有「者」字。

**005** 言弟子從我而厄於陳蔡者　皇本「從」上有「之」字，下「其所」下有「也」字。

**006** 此章孔子憫弟子之失所　十行本「憫」作「閔」。○按，閔、憫正俗字。

### 德行章

**007** 德行　釋文云：「鄭云以合前章，皇別爲一章。」案，攷文載古本「德行」上有「子曰」二字。毛奇齡論語稽求篇曰：「舊有『子曰』字，故史記冉伯牛傳云孔子稱之爲德行。」四書攷異云：「案攷文每云古本，皆以證其與皇本同也。今檢皇侃義疏本，惟別分此爲章，『子曰』字未嘗有。其疏則云：『此章初無「子曰」者，是記者所書，竝從孔子印可而錄在論中也。』二字之無尤確鑿。物觀以彼國別藏寫本謬稱古本，未可援之實史記矣。」

**008** 若用其言語辯説　十行本「辯」作「辨」。

回也非助我者也章

**009** 助益也　皇本「益」上有「猶」字。

010 無發起增益於己 皇本「無」下有「可」字，「己」下有「也」字。

011 凡師資問荅 閩本、北監本、毛本「師」誤「解」。

012 孝哉閔子騫章

013 陳曰 皇本作「陳群曰」，後放此。

014 言子騫上事父母 皇本「騫」下有「爲人」二字，下「之言」下有「也」字。

015 南容三復白圭章

016 三反覆之 十行本「三」誤「二」。

017 故三反覆讀此也 北監本無「也」字。浦鏜云：「反誤三。」

018 季康子問弟子章

019 季康子問弟子 《釋文》出「康子」云：「一本作『季康子』」，鄭本同。」

020 未聞好學者 皇本、高麗本「今也則亡」下有此五字，各本並無。

021 以哀公遷怒貳過 十行本「貳」誤「二」。

022 顏淵死章

023 以爲之椁 皇本「椁」作「槨」，下同。高麗本無此四字。案，《釋文》出「無椁」云：「古廓反。」不爲「之椁」作音，似陸氏所據本亦無此四字。

024 路淵父也 皇本作「顏路，顏淵之父也」。

025 欲請孔子之車 皇本「欲」上有「故」字。

026 鯉也死 高麗本無「也」字。

027 吾不徒行以爲之椁 皇本、高麗本「不」下有「可」字。

028 不可徒行也 皇本、高麗本「不」上有「吾以」二字，無「也」字。

025 言從大夫之後　皇本作「故言吾從大夫之後」。

026 謙辭也　皇本作「是謙之辭也」。

027 魯終不能用孔子亦不求仕　〈孔子世家重「孔子」二字。今〈史記〉

028 則顏回卒時　毛本「回」作「淵」。

029 痛傷之聲　顏淵死子曰噫章　皇本「聲」下有「也」字。下「之甚」下同。「若喪己也」無「也」字。

030 曰有慟乎　顏淵死子哭之慟章　皇本「曰」上有「子」字。

031 不自知己之非哀過　皇本「過」下有「也」字。

032 非夫人之爲慟而誰爲　皇本、高麗本「爲」下有「慟」字。

033 亦當於理　十行本「理」誤「埋」。

034 非失也　各本「失」並誤「不」。

035 禮貧富有宜　顏淵死門人欲厚葬之章　皇本「有」上有「各」字。

036 顏淵貧　皇本「貧」上有「家」字。

037 故不聽　皇本「聽」下有「也」字，下「厚葬」下「之」字。

038 我不得割止　皇本「割」作「制」，「止」下有「也」字。❸

039 故云耳　皇本作「故云爾也」。

040 夫二三子也者　北監本「三」誤「五」。

041 曰敢問死　季路問事鬼神章　朱子集注本無「曰」字。案，皇疏云：

「曰敢問死者，此又問當來之事也。」邢疏云：「曰敢問死者，子路又曰：敢問人之若死，其事何。」如是皇、邢本竝有「曰」字。又匡謬正俗引此文亦有「曰」字。今集注本無「曰」字，誤脫。

042 **故不荅** 皇本「荅」下有「也」字。

043 **子路問承事神** 浦鐘云：「神」上脫「鬼」字。 ✗

044 **閔子侍側**

**閔子侍側章** 皇本「子」下有「騫」字。

045 **冉有子貢** 唐石經「有」作「子」。

046 **樂各盡其性** 皇本「性」下有「也」字，下「之貌」下、「壽終」下同。

047 **若由也不得其死然** 朱子集注載洪氏曰：「漢書引此句，上有『曰』字。」案，漢書敘傳幽通賦云：「固行行其必凶。」顏師注曰：「論語稱『閔子』云

048 **仍舊貫** 釋文出「仍舊」云：「魯讀仍爲仁，今從古。」案，九經古義云：「楊雄將作大匠箴曰『或作長府，而閔子不仁』，用魯論也。」

049 **因舊事則可也** 皇本無「也」字，下「改作」下有「也」字。 ✗

050 **言必有中者** 皇本無「者」字。 ✗

051 **善其不欲勞民改作** 皇本「改」上有「更」字，「作」下有「也」字。 ✗

云：子樂，曰：「若由也，不得其死然。」」蓋集注「漢書」下脫一「注」字耳。又孫奕示兒編曰：「『子樂』必當作『子曰』，聲之誤也。始以聲相近而轉『曰』爲『悅』，繼又以義相近而轉『悅』爲『樂』。知由也不得其死，則子路何樂之有？」今攷文選幽通賦及座右銘兩注竝引「子曰，行行如也。子曰：若由也，不得其死然」，與孫說正合。❹

**魯人爲長府章**

052 玉府掌王之金玉玩好　閩本上「玉」誤「王」,下「王」誤「玉」。

053 由之瑟　由之瑟章

054 子路鼓瑟　皇本、高麗本「瑟」上有「鼓」字。

055 不合雅頌　皇本「頌」下有「也」字,下「解之」下同。

056 未入於室耳　皇本無「於」字。

057 子貢問師與商也孰賢　子貢問師與商也孰賢章　十行本「貢」誤「路」。

皇本「問」上有「曰」字,「賢」下有「乎」字。高麗本亦有「乎」字。

058 言俱不得中　皇本「中」下有「也」字。

059 過猶不及　皇本、高麗本「及」下有「也」字。

060 誰爲賢才　閩本、北監本、毛本「才」誤「不」。

061 卿士　季氏富於周公章　皇本「士」下有「也」字,下「賦稅」下同。

062 而求也爲之聚斂而附益之　皇本「之」作「也」。

063 小子鳴鼓而攻之可也　皇本無「而」字。案,《論衡·順鼓篇》引亦無「而」字。

064 聲其罪以責之　皇本「之」作「也」。

065 弟子高柴　柴也愚章　皇本「柴」下有「也」字,下「之愚」下、「文過」下同。

066 曾子性遲鈍　皇本無「性」字,「鈍」下有「也」字。案,《釋文》明出「鈍也」,是陸氏所據本亦有「也」字。

論語注疏校勘記

067 師也辟　皇本、高麗本「辟」作「僻」，注同。

068 由也喭　書無逸正義引作「諺」。案，説文有「諺」無「喭」，喭乃諺之俗字。

069 失於畔喭　皇本「畔」作「吸」，「喭」下有「也」字。釋文出「吸吸」字云：「吸吸，喭失容。」據此則字不當作「畔」。案，廣韻二十九換：「吸吸，喭失容。」朱子集注本以下別爲一章，各本並連上爲一章。案，釋文云：「或分爲別章，今所不用。」

070 子曰回也其庶乎

071 億則屢中　皇本、高麗本「億」作「憶」，注同。○按，億、憶皆意之俗字。

072 而樂在其中　皇本「中」下有「矣」字。✗

073 子貢雖無數子之病　皇本無「雖」字、「之」字。✗

074 言子路性行剛強　閩本、北監本、毛本「強」作「彊」。

075 王弼云　十行本「王」誤「玉」。✗

076 每能虛中唯回者　浦鏜云：「中」下脱「者」字。❺

077 子張問善人之道章　各本並連下「論迹之俗字。五經文字云：迹，經典或作跡。」

078 不踐迹　釋文出「踐迹」云：「本亦作跡。」案，跡乃篤是與」爲一章，朱子集注本分爲兩章。

079 亦少能創業　皇本「少」上有「多」字。

080 然亦不入於聖人之奧室　皇本「入」上有「能」字，「室」下有「也」字。案，邢疏亦有「能」字、「也」字。

081 謂身無鄙行　皇本「行」下有「也」字。又筆解此節注作「孔曰」。❻

082 以遠小人　皇本「人」下有「者也」二字。✗

083　皆可以爲善人　皇本「人」下有「也」字。 ✗

084　故亦不能入於聖人之奧室也　閩本、北監本、毛本脫「於」字。

085　子路問聞斯行諸章 ✗

086　如之何其聞斯行之　皇本「事」下有「也」字，下「荅異」下、下章注「在後」下、「敢死」下竝同。

087　不得自專　皇本作「不可得自專也」。

088　吾以女爲致死與匡人鬪也　閩本、北監本、毛本「致」作「以」。

089　子畏於匡章 ✗

089　子然季氏子弟　皇本作「季子然，季氏之子弟也」，下「問之」下、「大逆」下竝有「也」字。

090　子弟也 ✗

091　安足大乎　皇本作「安足爲大臣乎」。

092　言二子雖從其主　十行本「主」誤「王」。皇本無「言」字。

093　所以爲賊害　皇本作「所以賊害人也」。 ✗

094　子路使子羔爲費宰章 ✗

094　於是而習之　皇本無「之」字。

095　遂已非而不知窮　皇本「窮」下有「者也」二字。

095　言費邑有民人焉而治之　十行本「民人」作「人民」。

096　祗爲口才捷給　北監本「祗」作「祇」。○按，作「祇」亦非，當作「祗」，後同。

096　子路曾晳章

# 論語注疏校勘記

097 **皙曾參父名點** 皇本作「曾皙，曾參父也，名點也」。

098 **毋吾以也** 十行本「毋」作「母」。皇本「毋」作「無」。《釋文》出「毋」字云：「音無。」又出「吾以」云：「鄭本作『已』。」❼

099 **故難對** 皇本「對」下有「也」字。下「知己」下、「人對」下、「義方」下、「哂笑」下、「而已」下、「起對」下、「之具」下、「之聲」下、「之時」下、「笑之」下、「不讓」下並同。

100 **則何以爲治** 皇本「治」下有「乎」字。

101 **子路率爾而對** 皇本「率」作「卒」，注同。案，率、卒古字通。《莊子‧人間世》注：「率然拊之。」《釋文》：「率本或作卒。」

102 **因之以饑饉** 《釋文》出「饑」字云：「鄭本作飢，同。」○按，「飢」乃「飢餓」字，當作「饑」。

103 **攝迫也迫於大國之閒** 皇本作「攝，攝迫乎大國之閒也」。

104 **可使足民** 皇本、高麗本「民」下有「也」字。

105 **謙也** 皇本作「謙之辭也」。

106 **殷覡曰同** 閩本、北監本、毛本「覡」作「覵」。邢疏作「衆」。毛本「覡」誤「頫」，皇本「覡」作「殷」。《釋文》出「殷覡」云：「本或作見。」據此則字當作「殷」。

107 **諸侯日視朝之服** 皇本作「諸侯日視朝服也」。

108 **謂相君之禮** 皇本作「謂相君禮者」。

109 **故音希** 皇本作「故其音希也」。

110 **鏗爾** 《玉篇》手部「抐」下引《論語》「抐爾，捨瑟而作」，云「與鏗同」。

111 異乎三子者之撰　〈釋文〉出「之撰」云：「鄭作僎，讀曰詮，詮之言善也。」

112 孔曰　毛本「孔」上脫「注」字。

113 鏗者　皇本作「鏗爾者」。

114 於義無傷　皇本「傷」下有「之」字。

115 亦各言其志也　〈釋文〉出「亦各言其志」云：「一本作『亦各言其志也』。」

116 莫春者　皇本「莫」作「暮」。〈釋文〉出「莫春」云：「音暮，本亦作暮。」

117 冠者五六人　皇本「冠」上有「得」字。

118 詠而歸　〈釋文〉出「而歸」云：「如字。鄭本作饋，饋酒食也。魯讀饋爲歸，今從古。」案，論衡明雩篇作「詠而饋」，與古論合。

119 包曰　筆解作「孔曰」。

120 春服既成　皇本「成」下有「者」字。

121 浴乎沂水之上　皇本「乎」作「於」。

122 而歸夫子之門　十行本「夫」誤「天」。皇本無「而」字，「門」下有「也」字。

123 善點獨知時　皇本作「善點之獨知時也」。

124 夫子何哂由也　皇本「夫」作「吾」。

125 曰爲國以禮　皇本「曰」上有「子」字。

126 禮貴讓　皇本「禮」下有「道」字。

127 宗廟會同非諸侯而何　皇本、高麗本作「宗廟之事如會同，非諸侯如之何」。〈釋文〉出「宗廟會同」云：「本或作『宗廟之事如會同』。」又出「非諸侯而何」云：「一本作『非諸侯如之何』。」

128 赤也爲之小孰能爲之大　皇本、高麗本「小」下、「大」下並有「相」字。

129 誰能爲大相 皇本作「孰能爲大相者也」。✕

130 先以此言誘掖之也 十行本「掖」誤「㧕」。

131 千乘之國 浦鏜云：「千」上脱「曰」字。

132 穀不熟爲饑 十行本「饑」作「飢」，下「饑饉」同。案，十行本作「飢饉」與《釋文》所載鄭本合。

133 言欲得方六七十如五十里小國 浦鏜云：「五」下脱「六」字。

134 此赤也之志也 浦鏜云：「上『也』字當衍文。」

135 願學爲焉 閩本、北監本、毛本脱「爲」字。✕

136 注云孔曰晳 十行本「孔」下誤增「子」字。❾

137 曾蒧音點 各本「蒧」竝誤「葳」。

138 周禮春官大宗伯職文 閩本「大」誤「太」。✕

139 王始不巡守 浦鏜云：「如誤始。」✕

140 合諸侯以命政焉 毛本「以」作「而」。✕

141 玉藻曰 十行本、閩本、北監本「玉」誤「王」。✕

142 克己復禮爲仁 皇本「克」作「尅」，下及注同。

143 約身 皇本「身」下有「也」字，下「問之」下、「之目」下同。

144 不在人也 皇本「也」上有「者」字。✕

145 立視五巂 十行本、閩本「巂」誤「雟」。✕

146 言情爲嗜欲所逼　十行本「嗜」作「耆」。○按，古多假耆爲嗜。

147 仲弓問仁章

148 莫尚乎敬　皇本「敬」下有「也」字，下諸侯大夫」下同。

149 失在倨傲　北監本、毛本「在」作「於」，閩本誤「其」。

150 司馬牛問仁章

151 仁者其言也訒　釋文出「也訒」云：「字或作仞。」○按，說文引作「其言也訒」。

152 弟子司馬犂　皇本「犂」下有「也」字。釋文出「馬犂」云：「史記作「犁」，竝云字牛。」

153 斯謂之仁已乎　皇本、高麗本作「斯可謂之仁已矣乎」，朱子集注本作「矣乎」。

154 孔曰行仁難　各本「孔」竝誤「子」。

155 言仁亦不得不難　皇本「難」下有「矣」字。

156 祇此其言也訒　十行本、閩本「祇」誤「秖」，毛本誤「秖」。⑩

157 斯謂之君子已乎　皇本、高麗本作「可謂君子已乎」，朱子集注本作「矣乎」。

158 司馬牛問君子章

159 自省無罪惡　十行本「自」誤「目」，皇本作「内」。

160 無可憂懼　皇本作「無所可憂懼也」。

161 不恐懼　北監本「恐」誤「思」。

162 死亡無日　皇本「亡」作「喪」。

163 我爲無兄弟　皇本「我」下有「獨」字，「弟」下有「也」字。案，邢疏有「獨」字。

164 司馬牛憂曰章

# 論語注疏校勘記

161 皆兄弟也　皇本、高麗本「皆」下有「爲」字。案，鹽鐵論和親章及文選蘇子卿古詩注竝引此文，皆有「爲」字。

162 君子疏惡而友賢　皇本「疏」作「疎」。案，「疎」乃「疏」之俗字。

163 皆可以禮親　皇本「親」下有「也」字。

164 君子敬而無失　北監本「敬」誤「故」。

165 子張問明章

166 漸以成之　皇本作「以漸成人之禍也」。

167 構成其過惡　毛本「構」作「搆」。案，説文無「搆」字，古「構成」字亦作「構」，今以「搆」爲「搆成」字，誤。非其內實　皇本「實」下有「也」字，下「能及」下有「之也」二字。

168 民信之矣　皇本「民」上有「令」字。高麗本「令」作「使」。

169 子貢曰必不得已而去於斯二者何先　皇本無「子貢」二字。

170 民無信不立　皇本「無」作「不」。

171 古今常道　皇本「道」下有「也」字，下「失信」下同。

172 棘子成曰　皇本、高麗本「成」作「城」，注同。

棘子成曰章

173 何以文爲　高麗本作「爲文」。按，漢書古今人表、三國志秦宓傳作「革子成」。

174 衛大夫　皇本「夫」下有「也」字。

175 駟馬追之不及　皇本「及」下有「舌也」二字。

176 虎豹之鞹猶犬羊之鞹　皇本、高麗本「鞹」作

子貢問政章

177 虎豹與犬羊別　皇本「別」下有「者」字。案，邢疏本有「者」字，《釋文》亦明出「別者」字，今注誤脫。

去毛皮也」即引此文，今作「鞟」者，省文耳。

「鞟」，注同。又「之鞟」下有「也」字。案，《說文》「鞟，

178 年饑　皇本「饑」作「飢」。《釋文》出「饑」字云：「鄭本作飢。」說見前。

哀公問於有若章

179 盍何不也　皇本「盍」下有「者」字。✗

180 周法什一而稅　皇本「什」作「十」，下「什二」同。✗

181 為天下之通法　皇本作「為天下通法也」。✗

182 孔曰二謂什二而稅　皇本「稅」下有「也」字。✗

183 什一者天下之中正也　北監本「什」誤字。案，《周禮·匠人》疏引作「鄭曰」。⓳

184 蠻貊無百官制度之費　《公羊》宣十五年✗

「付」。

185 傳注「百官」上有「社稷宗廟」四字。

186 趙岐註云　北監本、毛本「註」誤「詩」。✗

187 雖異名義多少同　十行本「義」作「二」。✗

188 故云皆什一也　今《孟子》注「云」作「曰」。✗

189 又曰方里為井　今《孟子》注「為」作「而」。

子張問崇德辨惑章⓬

190 子張問崇德辨惑　《釋文》出「辨惑」云：「本亦作或。」

191 孔曰　皇本作「苞氏曰」。✗

192 崇德也　皇本無「也」字。✗

193 則徙意而從之　皇本作「則徙意從之也」。✗

193 愛之欲其生惡之欲其死 皇本、高麗本「生」下、「死」下竝有「也」字。

194 亦祇以異 十行本、閩本、北監本、毛本「祇」誤「祇」。唐石經作「祇」。按，五經文字、廣韻亦作「祇」。

195 適足以爲異耳 皇本「足以」作「以足」，下「非之」下有「也」字。

齊景公問政於孔子章

196 當此之時 皇本無「之」字。

197 故以對 皇本作「故以此對也」。

198 吾得而食諸 皇本、高麗本「吾」下有「豈」字。釋文出「吾焉得而食諸」云：「本亦作『吾得而食諸』。」案，史記仲尼世家及漢書武五子傳竝作「豈」，與皇本合。太平御覽二十二引「吾惡得而食諸」。豈、焉、惡三字義皆相近，疑今本「吾」下有脫字。

199 陳氏果滅齊 皇本「齊」下有「也」字。

200 夷生湣孟莊 今史記田完世家「湣」作「潛」。案，湣乃潛之省文。

201 桓子生武子啟 今史記「啟」作「開」，避漢景帝諱也。

202 及釐子乞 今史記「及」作「與」，「釐」作「釐」。案，釐、釐古字通。

203 乞卒子當代之 今史記「當」作「常」，「之」作「立」。

204 白生大公和 十行本、閩本「和」誤「利」。

205 敬仲之如齊 十行本、閩本「如」誤「知」。閩本「大」作「太」。

206 以陳子爲田氏 北監本「子」作「字」。浦鏜云：「氏誤字。」

片言章

207 片言可以折獄者　《釋文》出「以折」云：「魯讀折爲制，今從古。」案，古多假折爲制，《墨子·尚同中》引《書·呂刑》「制以刑」作「折則刑」。

208 唯子路可　皇本「可」下有「也」字，下「豫諾」下同。

209 子路無宿諾　各本並連上爲一章。《釋文》云：「或分此爲別章。」

210 凡聽訟　十行本「訟」誤「訟」。

211 周禮秋官大司寇職云　十行本、閩本「職」誤「聽」。北監本「官」誤「言」。

212 造至也　閩本誤作「至造也」。

213 今券書也　各本「券」並誤「券」，下同。案，《說文》：「券，契也。從刀关聲。」「券，勞也。從力卷省聲。」大徐云：「今俗作倦。」

214 獄者各齎券書　《周禮·大司寇》註「獄」上有

215 與人等　皇本作「言與人等也」，下「在前」下有「也」字。

聽訟吾猶人也章

216 居之無倦　《釋文》出「亦作卷。」案，《九經古義》云：「棟案，卷當作券。漢涼州刺史魏君碑云：施舍不券。鄭氏《攷工記》註云：券，今倦字也。」是正字。

子張問政章

217 無得解倦　皇本「解」作「懈」。《釋文》亦作「懈」，是正字。

218 必以忠信　皇本「信」下有「也」字。

219 必以忠信也　北監本、毛本「以」誤「有」。

博學於文章

220 博學於文　皇本「博」上有「君子」二字。《釋文》出「博學於文」云：「一本作『君子博學於文』。」案，說詳

論語注疏校勘記

〈雍也篇〉。

221 鄭曰　高麗本無此二字。

222 不違道　皇本「道」下有「也」字。

　　季康子問政於孔子章

223 子帥以正　皇本、高麗本「以」作「而」。

224 康子魯上卿　皇本「康」上有「季」字。

　　季康子患盜章

225 苟子之不欲　皇本、高麗本無「之」字。

226 欲多情慾　皇本「慾」作「欲」，下有「之」字。案，《釋文》出「情慾」云：「本今作欲。」說見前。

227 不從其令　皇本「令」上有「所」字，下「所好」下有「也」字。

228 孔曰至所好　十行本誤重「孔」字。

229 不從其令　十行本「令」誤「今」。

230 其所令　北監本「令」誤「今」。

　　季康子問政於孔子章

231 欲多殺以止姦　皇本、高麗本「姦」作「奸」，下有「也」字。案，《五經文字》云：「姦俗作奸，訛。」

232 君子之德風小人之德草　皇本、高麗本「風」下、「草」下有「也」字。案，《漢書·董仲舒傳》及《說苑·政理篇》引此文，亦並有「也」字，與皇本合。

233 草上之風必偃　皇本、高麗本「上」作「尚」。《釋文》出「草尚」云：「本或作上。」案，尚、上古字通。

234 亦欲令康子先自正　皇本「正」下有「也」字，下「於上」下同。

235 就成也　十行本「成」誤「戌」。

　　子張問士章

236 皆能有名譽　皇本「譽」下有「也」字，下「可踰」下、「黨多」下同。

237 夫達也者　皇本、高麗本無「也」字，下「夫聞也者」同。

238 者同。

239 觀顏色　皇本「觀」作「見」。

240 其志慮常欲以下人　皇本「志」作「念」，「人」下有「也」字。

241 此言佞人假仁者之色　皇本作「此言佞人也，佞人假仁者之色」。

242 而不自疑　皇本「疑」下有「者也」二字。

243 言佞人黨多　十行本「佞」誤「俀」，下同。

244 則所在必達也　十行本、閩本「達」誤「遠」。

245 故下可遊焉　皇本作「故其下可遊也」，下「爲善」下、「得報」下竝有「也」字。

樊遲從遊於舞雩之下章

246 無攻人之惡　皇本、高麗本「無」作「毋」。

樊遲問仁章

247 封土爲壇　十行本「土」誤「上」。

248 舉直錯諸枉　《釋文》出「錯諸」云：「或作措，同。」

249 則皆化爲直　皇本「直」下有「也」字。

250 鄉也　皇本、高麗本「鄉」作「嚮」。《釋文》出「鄉也」云：「又作嚮，同。」○按，嚮，俗字。曏，正字。鄉，假借字。

251 富哉言乎　皇本、高麗本「言」上有「是」字。

252 樊遲雖聞舉直錯枉之語　閩本、北監本「聞」誤「問」。

253 是其能使邪枉者　十行本「是」誤「長」。

子貢問友章

忠告而善道之　皇本、高麗本作「忠告而以善導

# 校　記

❶ 南昌本条末增「○補：案，《正義》標起止『孔曰至人也』，是正義本有『孔曰』」。今檢知不足齋叢書本《論語集解義疏》作「苞」，南昌本誤。

❷ 南昌本「苞」作「包」。

❸ 南昌本無「止下有也字」五字。

❹ 顏師注曰，南昌本作「顏師古曰」。

❺ 南昌本條末增「○補：案，『回者』『者』字疑因上脱致誤衍」。

❻ 南昌本「皇本行下有也字」七字。

❼ 南昌本出文同，校語無「十行本毋作母」。

❽ 南昌本無「皇本無而字，門下有也字」十字。

❾ 南昌本出文作「注孔子曰皙」。今檢北京市文物局藏元刊明修十行本（此葉爲明嘉靖補版，候番劉校、蔡

254 不可則止　皇本、高麗本作「否則止」。

255 毋自辱焉　皇本、高麗本「毋」作「無」。《釋文》「毋自」云：「音無。」

256 以是非告之　皇本「之」下有「也」字，下「見辱」下同。

257 以善道導之　皇本無「道」字。

258 毋得強告導之　閩本、北監本、毛本「強」作「彊」。

259 友以文德合　皇本「合」下有「也」字，下「之仁」下同。

260 友相切磋之道　皇本「友」下有「有」字。《釋文》出「有相切磋」云：「本今作友。」

此章以論友　浦鏜云：「『友』下當脱『也』字，『以』當『亦』字誤。」

之。《釋文》出「善道」云：「導也。」案，包注本作「以善道之」，文義較明順。

⑩ 南昌本出文「衹」作「祇」,校語作「北監本祇作衹,是也。閩本亦誤祇。毛本作衹,並非」。今檢北京市文物局藏元刊明修十行本(此葉爲元刊)、閩本作「衹」,萬曆監本、毛本作「祇」,知南昌本所改非是。前 06—090 條校語云「北監本祇作衹。○按,作衹亦非,當作衹,下同」,南昌本或參據此條時誤合○前○後校語。

⑪「南昌本無「皇本稅下有也字」七字。

⑫「張」原誤作「章」,據南昌本、學海堂本改正。

順)作「註孔子曰晳」,閩本、萬曆監本、毛本皆作「註云孔曰晳」(閩本作注)。知文選樓本此條出文據閩、監、毛本,校語脫漏十行本無「云」字。南昌本則脫漏閩、監、毛本異文。

# 論語注疏校勘記卷七

## 子路第十三

### 子路問政章

07—001 先導之以德　釋文出「先道」云：「道，導也。本今作導。」是正字。

002 民忘其勞　皇本「勞」下有「也」字，下「則可」下同。

003 無倦　釋文出「曰毋倦」云：「本今作無。」

004 忘其勞苦也　北監本「苦」誤「若」。

005 人將自舉其所知　皇本「舉」下有「之各舉」三字。

006 則賢才無遺　皇本「遺」下有「也」字。

007 言賢才難可徧知　十行本「徧」誤「偏」。

### 衛君待子而爲政章

008 問往將何所先行　皇本「行」下有「也」字，下「之名」下、「迁遠」下、「濫罰」下、「明言」下、「遵行」下同。

009 子之迁也　釋文出「之迁」云：「鄭本作于。迁，于古字通。禮記文王世子云：『況于其身以善其君乎。』鄭君註：『于讀爲迁。』」案，

010 遠於事　皇本作「疏遠於事也」。

011 野猶不達　皇本「達」下有「也」字。北監本「達」誤「逢」，不成字。

012 孔曰禮以安上　皇本作「苞氏曰」。

013 則民無所錯手足　毛本「錯」作「措」，疏仍作「錯」。釋文出「所錯」云：「本又作錯。」説見前。

\* 衞君待子而爲正  補：案，「正」當作「政」。

014 遠於事也  十行本「事」誤「士」，下「所言之事」誤同。

015 因樂而彰  毛本「彰」作「章」，非也。

016 云二者不行  閩本「二」誤「云」。

017 君子賢人可行不可言作凡人法  浦鏜云：「可行」下脫「此事」二字。

樊遲請學稼章

018 曰吾不如老圃  皇本、高麗本「曰」上有「子」字。

019 樹菜蔬曰圃  十行本「蔬」作「䟽」，非。案，䟽爲疏之俗字。❶

020 言民化於上  皇本「於」作「其」。

021 各以實應  皇本作「各以情實應也」。

022 襁負其子而至矣  《釋文》出「繦」字云：「又作襁，同。」《五經文字》云：「襁作繦者，非。」○按，《五經文字》非也。古「繦緥」字從糸，不從衣。《說文》「襁」字乃淺人不得其解而妄增之。段玉裁說。

023 負者以器曰襁  皇本「襁」下有「也」字。案，《史記·弟子傳》集解引包註作「負子之器曰襁」。

024 請於夫子  十行本「請」作「謂」，非也。

025 孔子怒其不學禮義而學稼種  閩本、北監本、毛本「怒」作「恐」。

026 以信待物  十行本「待」誤「侍」。

027 感化自來  閩本「感」誤「咸」。

028 黍稷麻麥豆也  十行本「麥」誤「夌」。

029 鄭玄周禮註云  各本「玄」竝誤「云」。

030 釋天云  各本「天」竝誤「文」。

031 織縷之  北監本、毛本「之」上有「爲」字。

## 論語注疏校勘記

案，〈釋文〉「縕」下引博物志亦有「爲」字。

032 誦詩三百 誦詩三百章

033 亦奚以爲 〈唐石經〉避順宗諱，「誦」作「誚」。高麗本「爲」下有「哉」字。

034 兄弟也 魯衛之政章 皇本無「也」字。

035 康叔之封 皇本「封」下有「也」字，下「兄弟」下同。

036 子謂衛公子荊章

037 苟爲君子 皇本「子」下有「也」字。

038 終無泰侈之心也 北監本「泰」誤「秦」。
案〈左傳〉襄二十九年 各本竝脱「二」字，依本書補。

子適衛章

039 冉有僕 皇本「有」作「子」。案，〈風俗通義〉十反卷及〈論衡〉問孔篇竝引作「子」。又〈春秋繁露〉仁義法篇亦稱「冉子」，與皇本合。

040 冉有御 皇本「御」下有「也」字。

041 言衛人衆多 皇本「人」作「民」，「多」下有「也」字。

042 王肅曰民富然後教義也衣食足後知辱 〈考文〉所載古本「曰教」下有此十六字，各本俱無。❷

043 苟有用我者章

044 乃有成功 皇本「功」下有「也」字。

045 期月而已可也 皇本「期」作「朞」，註同。

046 期月周月也 十行本上「月」字誤「目」。

謂周一年之十二月也 北監本、毛本無

047 勝殘殘暴之人　皇本作「勝殘者，勝殘暴之人」。　×

048 去殺　皇本「殺」下有「者」字。　×

049 孔子信之　皇本作「故孔子信也」，下章註「乃成」下亦有「也」字。　×

## 冉子退朝章

050 冉子退朝　〈筆解〉作「冉有」。　×

051 謂罷朝於魯君　皇本「君」下有「也」字。　×

052 有所改更匡正　皇本「正」作「政」，下有「也」字。案，〈筆解〉亦作「正」。　×

053 馬曰事者　北監本「曰」誤「目」，不成字。　×

054 凡行常事　皇本作「凡所行常事也」。　×

055 必當與聞之　皇本「之」作「也」。　×

056 時冉有臣於季氏　閩本「氏」誤「子」。　×

057 孔子訝其退朝晚　北監本「訝其」誤「詝莫」。

058 皆論君朝之事　十行本、閩本「君」誤「若」。

059 還私遠君爲退朝　浦鏜云：「『故稱退』誤『爲退朝』。」

060 何晏曰爲仲尼稱孝友　浦鏜云：「『曰』當『以』字誤。」

## 定公問一言而可以興邦章

061 一言不能正興國　皇本「國」下有「也」字，下「而成」下、「見違」下、「喪國」下同。　×

062 可以興國　皇本無「以」字，「國」下有「也」字。　×

論語注疏校勘記

063 **如知爲君之難也** 皇本無「之」字。

064 **如知此** 皇本作「知如此」。

065 **一言而喪邦有諸** 皇本「而」下有「可以」二字。
高麗本亦有「可」字。

066 **唯其言而莫予違也** 皇本、高麗本「而」下有「樂」字。

067 **所言不善** 皇本「所」上有「其」字。

068 **葉公問政章**
此章楚葉縣尹問爲政之法於孔子也。 十行本「尹」作「公」。

069 **舊説云** 皇本「云」作「曰」，下「下邑」下、「不成」下有「也」字。
子夏爲莒父宰章

070 **無欲速** 高麗本「無」作「毋」。《釋文》出「毋欲」云：

071 **無見小利** 皇本「無」作「毋」。
「本今作無。」

072 **小利妨大** 皇本作「見小利妨大事」。

073 **當存大體** 北監本、毛本「存」誤「成」。

074 **則其事不達矣** 十行本「其」誤「具」。
葉公語孔子曰章

075 **吾黨有直躬者** 《釋文》出「直躬」云：「鄭本作
『弓』，云直人名弓。」案，吕氏春秋當務篇引孔子云：
「異哉直躬之爲信也。」淮南氾論訓：「直躬，楚葉縣人也。」高誘註：「直躬，楚葉縣人也。」蓋字雖作
「躬」，亦俱不解爲直身。

076 **直身而行** 皇本「行」下有「也」字，下章註「不行」下同。

＊ 此章明爲直之禮也 補：明監本「禮」作「理」。

077 八十惡　閩本「入」作「八」。

078 何如斯可謂之士矣章

078 有恥者有所不爲　皇本「恥」下無「者」字，「爲」下有「也」字，下「爲次」下、「之聲」下同。

079 鄉黨稱弟焉　皇本、高麗本「弟」作「悌」。釋文出「稱弟」云：「亦作悌。」

080 所欲行必果敢爲之　皇本無「果」字。

081 何足算也　釋文出「算」字云：「本或作笇。」案，鄭君註：「算，數也。」不當作「笇」字。漢書公孫賀傳贊及鹽鐵論大論竝引作「選」，乃「算」之假借字。

082 容斗二升　皇本「升」下有「者也」二字。

083 子貢至算也　十行本「貢」誤「曰」。

084 次此於二者云何　十行本「何」誤「可」，閩本誤「子」。浦鏜云：「『於此』字誤倒。」

085 宗族稱孝焉　十行本「孝」誤「之」。

086 行能得其中者　皇本「者」下有「也」字，下「狷者」下同。

087 取其恒一　閩本、北監本、毛本脫「一」下有「者也」二字。

088 取其恒一也　十行本「一」字空闕。

089 南國之人　皇本「人」下有「也」字，下「之辭」下、「承之」下、「吉凶」下、「不占」下竝同。

090 言巫醫不能治無恒之人　皇本「恒」作「常」，「人」下有「也」字。

091 此章疾性行無恒之人也　閩本、北監本、毛本「疾」作「病」。

## 君子和而不同章

092 小人所嗜好者同　毛本「同」上誤衍「則」字。　×

093 然各爭利　皇本「利」上有「其」字，下「不和」下有「也」字。　×

## 鄉人皆好之章

094 其不善者惡之　高麗本「之」下有「也」字，下同。　×

095 惡惡著　皇本「著」下有「也」字，下章註「驕矜」下同。　×

## 君子易事而難說也章

096 故易事　皇本「事」下有「也」字。　×

097 度才而官之　皇本作「度才而任官也」。　×

098 言君子不責備於一人　閩本「責」誤「貴」。　×

## 剛毅木訥章

099 無欲　皇本「欲」下有「也」字，下「果敢」下、「質樸」下、「遲鈍」下、「於仁」下並同。　×

100 有斯四者　皇本「斯」作「此」。　×

101 斯可謂之士矣　

## 何如斯可謂之士矣章

102 切切偲偲　釋文出「偲偲」云：「本又作愢。」

103 兄弟怡怡　皇本、高麗本「怡怡」下有「如也」字。案，《文選》曹植求通親親表註引「兄弟怡怡如也」。又《初學記》十七、《藝文類聚》二十一、《太平御覽》四百十六引此文，並有「如也」二字，與皇本合。

104 和順之貌　皇本「貌」下有「也」字。　×

## 善人教民七年章

105 包曰　筆解無此二字。

106 即就也戎兵也　皇本作「即戎就兵」。十行本「戎」誤「戍」。❸

107 言以攻戰　皇本作「可以攻戰也」。×

108 以不教民戰章

109 言用不習之民　皇本無「之」字，下「棄之」下有「也」字。

憲問第十四　十行本、閩本、北監本竝連下「克伐怨欲」爲一章，毛本及朱子集註本別爲一章。

109 憲問恥章

110 當食禄　皇本作「當食其禄也」。

111 君無道而在其朝　釋文出「在朝」云：「本今作『在其朝』。」×

112 是恥辱　皇本「辱」下有「也」字，下「勝人」下、「其功」下、「小怨」下、「爲仁」下同。×

113 四者行之難　皇本作「此四者行之難者」。又史記弟子傳集解引此節註作「鄭曰」。

114 左傳僖九年　各本「九」竝誤「元」。

115 夷吾其定乎　北監本「定」誤「宋」。×

116 危行言孫　皇本「孫」作「遜」，註同。釋文出「言孫」云：「音遜。」説見前。

117 順言以遠害　皇本「害」下有「也」字，下章註「有言」下同。

118 德不可以憶中　皇本「憶」作「億」。説詳先進篇「柴也愚」章。×

119 南宫适　南宫适章　釋文出「宫适」云：「本又作括。」唐石經避德宗諱，「适」作「适」。

120 魯大夫　皇本「夫」下有「也」字，下「所殺」下、「壽終」下、「躬稼」下、「皆王」下、「君子」下竝同。

121 羿善射　說文引「羿」作「䍧」。案，汗簡載「羿」之古文爲「䨮」，云出古尚書。「䨮」即「䍧」之變體，蓋古論則作「䍧」也。

122 有窮國之君　皇本無「國」字，「君」下有「也」字。

123 其臣寒浞殺之　毛本「其」誤「共」。

124 因其室而生澆　北監本「生」誤「主」。

125 稷播百穀　皇本「播」下有「殖」字。

126 烝民乃粒　北監本「粒」誤「杦」。

127 及后世　閩本、北監本、毛本「后」作「後」。案，經傳多借「后」爲「後」。

128 世爲先王射官　十行本「官」誤「官」。

129 堯時十日並生　浦鏜云：「出誤生。」

130 羿焉彃日烏解羽　閩本、北監本「烏」誤「鳥」，非也。

131 因夏民以代夏政　十行本「代」誤「伐」。

132 淫放失國　十行本、閩本、北監本「放」誤「於」。

133 羿遂代相　閩本「代」誤「伐」。

134 夷羿收之　十行本、閩本「收」誤「牧」。

135 樹之詐慝　閩本、北監本、毛本「樹」誤「椒」。

136 內外咸服　左氏襄四年傳作「外內」。

137 生澆及豷　毛本「豷」作「殪」。

138 生少康焉　閩本、北監本「生」誤「主」。

139 甚淺能戒之　十行本、閩本「甚」誤作「其心」二字。

140 爲之庖正　十行本、閩本「庖」誤「苞」。

141 以收夏衆　十行本、閩本「收夏」誤「牧畀」。北監本「夏」亦誤「畀」。

142 及少康紹國　十行本、閩本、北監本「及」誤「反」。

＊ 武王誅討　補：北監本、毛本「討」作「紂」。案，紂字是也。

143 猶未能備　皇本「備」下有「也」字，下章註「誨之」下同。

144 君子而不仁者章
而鏤簋朱紘　閩本「紘」誤「絃」。

145 裨諶草創之　高麗本「裨」作「卑」。羣經音辨艸部「卑諶，鄭人也」引鄭康成曰：「卑諶艸創之。」釋文出「草創」云：「依説文，此是『創痍』字，『創制』之字文出艸部。」案，後漢書皇后紀下「卑整」註引風俗通義云：「卑氏，鄭大夫卑諶之後。」是古本作「卑」也。又漢書古今人表作「卑湛」。湛、諶古字通。「草創」乃「艸剙」二字之假借。〇按，依説文當作「煝」，説詳左傳注疏校勘記。

146 鄭大夫氏名也　皇本無「氏」字。

147 於國則否　皇本「於」上有「謀」字。

148 則使乘車以適野　釋文出「乘以」云：「本今作『乘車以』。」

149 而謀作盟會之辭　皇本「辭」下有「也」字，下「審之」下、「之官」下、「孫揮」下、「爲號」下、「敗事」下竝同。

150 行人子羽脩飾之　皇本「脩」作「修」。案，後「脩己以敬」、「脩己以安人」、「脩己以安百姓」及「脩文德」、「脩廢官」，此章「脩飾之」，並從彡作「修」。此外如「德之不脩」、「脩慝辨惑」，仍同今本作「脩」，體例不

151 能畫一。○案，脩訓脯，修訓治，經傳假「脩」爲「修治」字。

152 此章述鄭國大夫之善也  各本「述」誤「迹」。

153 襄三十一年左傳文  北監本「三」誤「二」。

154 公孫揮知四國之爲而辨於大夫之族姓  今《左氏》襄三十一年《傳》「知」上有「能」字，「於」下有「其」字。

155 且使多爲辭令  十行本「且」誤「旦」。

156 及時聘閒問之事  閩本、北監本、毛本「閒問」作「會同」。案，「會同」已見上文，此當依十行本作「閒問」爲是。

或問子產章

古之遺愛  皇本「愛」下有「也」字，下「足稱」

157 猶詩言所謂伊人  皇本「人」下有「也」字，又下，「子西」下、「地名」下同。

158 飯疏食  皇本、高麗本「疏」作「蔬」，註同。《釋文》出「蔬」字云：「本今作疏。」

此註作「鄭玄曰」。❹

159 以其當理也  皇本作「以當其理故也」。

160 惠愛釋詁文  閩本、北監本、毛本「詁」誤「註」。

161 代囊瓦爲令尹  閩本、北監本「代」誤「伐」，毛本「代」作「楚」。

162 貧而無怨難章

王肅曰貧者善怨富者善驕二者之中貧者人難使不怨也  《考文》所載古本有此二十三字，各本俱無。

孟公綽章

163 孟公綽　《釋文》出「公綽」云：「本又作綽。」案，《說文》「綽」或省作「婥」。又《汗簡》云：「婥，見古論語。」是魯《論》作「婥」，古《論》作「婥」也。○按，據《汗簡》改非也，當云「本又作卓」。

164 不可以爲滕薛大夫　皇本、高麗本「夫」下有「也」字。

165 孔曰　閩本、北監本、毛本「曰」上誤衍「氏」字。

166 魯大夫　皇本「夫」下有「也」字，下「晉卿」下、「可爲」下同。

167 故優　十行本「優」誤「憂」。

168 皆晉卿所食采邑名也　十行本「采」作「菜」，說見前。

169 若臧武仲之知　皇本「知」作「智」。高麗本無「子」字。

## 子路問成人章

170 臧孫紇　皇本「紇」下有「也」字，下「大夫」下、「文成」下、「茍得」下、「少時」下同。

171 孟公綽　皇本作「魯大夫孟公綽也」。

172 馬曰魯大夫臧孫紇　閩本「紇」誤「訖」。

173 衛大夫公孫拔　各本「拔」竝誤「枝」。十行本疏中作「拔」，更誤。皇本作「扳」，下有「也」字。《釋文》出「公孫拔」云：「皮八反。」案，《禮記・檀弓》下「公叔文子卒」，鄭君註：「文子，衛獻公之孫，名拔，或作發。」疏引世本亦作「拔」。《困學紀聞》六云：「衛公叔發，註謂公叔文子，論語孔註作公孫拔。」是王伯厚所見本尚作「拔」字。予嘗見倪士毅《四書輯釋》載朱文公《論語註》：「公叔文子，衛大夫公孫拔也。」又引吳氏程曰：「拔，皮八反。俗本作枝，誤。即公叔發。」乃知今世所行

## 子問公叔文子於公明賈章

174 集註本非考亭之舊，王厚齋所見亦是誤本。」據此則集解、集註諸本「枝」字皆形近傳寫之訛。❺

175 文謚 皇本「謚」下有「也」字。 ✕

176 嫌不能悉然 皇本作「嫌其不能悉然也」，「其笑」、「其取」下竝同。 ✕

177 臧武仲以防章

武仲故邑 皇本「邑」下有「也」字，下「要君」下同。 ✕

178 紇非能害也 皇本「能」作「敢」。 ✕

179 敢不辟邑 皇本「辟」作「避」，是正字。

180 訪於臧紇 十行本、閩本「訪」誤「防」。

181 藉除於臧氏 十行本、閩本「藉」誤「籍」。

182 紇非敢害也 〈左氏〉襄二十三年〈傳〉「敢」作「能」。

183 此下皆彼傳文

184 苟守先祀 十行本「祀」誤「祖」。

185 謂召天子 皇本「召」下有「於」字。

186 天王狩於河陽 皇本「於」作「于」。〈釋文〉出「狩」字云：「本亦作守。」

187 責苞茅之貢不入 皇本、北監本、毛本「苞」作「包」，疏同。案，〈五經文字〉云：「包，裹也。經典或借苞字為之。」

188 將數千萬衆 浦鏜云：「十誤千。」

189 棄位出奔 十行本「棄」誤「苑」。

190 因加謂諭 浦鏜云：「諷誤謂。」

191 天王狩于河陽 各本「狩」下衍「獵」字。

192 責苞茅之貢不入 十行本「入」誤「及」。

193 不虞君之涉吾地何故 《左氏》僖四年傳「地」下有「也」字。

194 王祭不共 十行本「王」誤「主」。

* 舡壞而溺 補：北監本、毛本「舡」作「船」，下「膠舡」同。

195 其所包裹而致者 毛本「裹」誤「裹」。

196 祭祀共蕭茅 閩本「蕭」誤「簫」。北監本「共」誤「其」。

197 縮滲也 《周禮·甸師》注作「浚也」。

198 殺襄公
桓公殺公子糾章
《釋文》出「殺襄」云：「本今作弒。」《考文》所載足利本作「弒」，與《釋文》合。○按，述其實則曰殺，正其名則曰弒。注述其實也，則當作「殺」。

199 召忽死之 皇本「之」作「也」，下「之仁」下有「矣」字。

200 言齊桓公九會諸侯 閩本「會」誤「曾」，下同。

201 謂衣裳之會也 十行本「裳」誤「安」。

202 諸夏義安 十行本、閩本「义」誤「义」。

203 僖元年會檉 閩本「檉」誤「挃」。

204 五年會首戴 北監本、毛本「戴」誤「止」。

205 小白傳 各本「傅」並誤「傳」。

206 子糾親也 閩本「親」誤「親」，不成字。

207 管夷吾治於高傒 十行本「傒」誤「傒」。

208 管仲非仁者與章
桓公帥諸侯以尊周室 皇本「帥」作

209 一正天下　皇本「天下」下有「也」字。閩本、北監本、毛本「正」作「匡」。案，此「正」字正釋經文「匡」字，疏中後段各本尚俱作「正」，不誤。唯前段「一正天下也」，今竝誤作「匡」，亟改正。

210 爲不被髮左袵之惠　皇本「爲」作「謂」。閩本、北監本「被袵」誤「被袵」。

211 吾其被髮左袵矣　閩本、北監本、毛本「袵」作「袵」。○按，說文作「袵」，袵乃袵之俗字。

212 皆爲夷狄　皇本「狄」下有「也」字，下「當死」下同。

213 經死於溝瀆中也　閩本「中」上有「之」字。

214 袵謂衣衿　閩本「衿」誤「衿」，下同。

215 正義曰云匡正也　北監本「正」誤「王」。

216 周伯齊桓晉文　閩本「桓」誤「相」。

公叔文子之臣大夫僎章

217 大夫僎　釋文出「大夫僎」云：「本又作『撰』。」案，漢書古今人表又作「大夫選」。古選、撰、僎三字竝通。先進篇「子路曾皙」章「異乎三子者之撰」，釋文云：「鄭作僎。」又漢書食貨志「白撰」，史記平準書本作「白選」。

218 本文子家臣　皇本「臣」下有「也」字，下「公朝」下、「爲文」下同。

219 此章論衛大夫公孫拔之行也　北監本、毛本「拔」誤「枝」。

子言衛靈公之無道也章

220 子言衛靈公之無道也　皇本、高麗本作「子曰衛靈公之無道久也」。釋文出「子曰衛靈公之無道」云：「一本作『子言』，鄭本同。」

221 言雖無道　皇本「言」下有「君」字。

222 何爲當亡　皇本「亡」下有「乎」字。

223 何爲而國不亡乎　北監本、毛本「乎」作「也」。

* 名當其才　補：北監本、毛本「名」作「各」。案，「名」字誤，今訂正。

其言之不怍章

224 則爲之也難　皇本作「則其爲之難」。高麗本作「則其爲之也難也」。

225 怍慙也　十行本「怍」誤「作」。

226 爲之難　皇本「難」下有「也」字。

陳成子弒簡公章

227 陳成子弒簡公　皇本、高麗本「弒」作「殺」，下同。〈釋文〉出「弒簡」云：「本亦作殺，同。音試，下同。」

228 成子　十行本「子」誤「了」。皇本「成」上有「陳」字。

229 故先齊　閩本、北監本、毛本「齊」作「齋」。〈釋文〉出「先齊齊必沐浴」云「亦作齋」，是正字。

230 齋必沐浴　十行本「沐」誤「沐」，疏誤同。皇本「齋」作「齊」，「浴」下有「也」字。

231 告夫三子　唐石經、皇本、高麗本「三」上有「二」字。

232 告夫三子者　皇本、高麗本「三」上有「二」字。

233 之三子告　皇本、高麗本「三」上亦有「二」字。〈釋文〉出「之三子告」云：「本或作『二三子告』，非也。」案，〈釋文〉惟於此句云「本或作二三子告」，且云「非也」。皇本、高麗本於上兩句並有「二」字。據皇疏云「本不應告三子，今君使我告三子」，又云「三子既告孔子曰」，俱無「二」字。今有「二」字者甚誤。

234 我禮當告君　皇本「我」下有「於」字，下「復往」下、「而止」下竝有「也」字。

## 論語注疏校勘記

235 不敢不告也　皇本無「也」字。

236 齊人弑其君壬是也　十行本、閩本「壬」誤「王」。

237 告夫三子者　閩本、北監本、毛本脱「者」字。

238 此云沐浴而朝　十行本「浴」誤「洛」。

239 予告季孫　北監本、毛本「予」作「于」。

\* 齊必沐浴　十行本「齊」作「齋」。

240 傳是史官所錄　北監本「傳」誤「侍」。

241 故傳無文也　閩本「傳」誤「專」。❼

242 勿欺也而犯之　皇本「也」作「之」。

243 當能犯顏諫爭　皇本「顏」下有「色」字，「爭」下有「也」字。

244 此章言事君之道　北監本「章」誤「意」。

245 君子上達章

末爲下　十行本、閩本「末」誤「未」。皇本「下」下有「也」字。❽

246 古之學者爲己章

247 履而行之　皇本作「履道而行之也」，下「言之」下有「也」字。

248 爲人徒能言之　皇本「之」下有「也」字。

249 蘧伯玉使人於孔子章

衛大夫蘧瑗　皇本「瑗」下有「也」字，下「無過」下、「其人」下同。

250 再言使乎者　皇本無「者」字。

而得此君子之名譽乎　北監本「乎」誤「子」。

一四〇

4692

251 **不在其位章** 皇本、閩本、北監本合下「曾子曰君子思不出其位」為一章，毛本「曾子曰」提行別為一章。案，邢疏云「曾子遂曰」，明出一「遂」字，則毛本別為一章是。○按，孫志祖讀書脞錄云：「論語憲問篇子曰：『不在其位不謀其政』，註疏以此二句與下『曾子曰：君子思不出其位』合為一章。蓋曾子引易以證夫子之言，語意本一貫，猶『牢曰：子云，吾不試，故藝』也。集註因泰伯篇有此文，註為重出，而以『曾子曰』自為一章，誤矣。」

252 **不越其職** 皇本「職」下有「也」字。

253 **君子恥其言而過其行**

**君子恥其言而過其行章** 皇本、高麗本「而」作「之」，「行」下有「也」字。○按，潛夫論交際篇「孔子疾夫言之過其行者」亦作「之」字。答問云：「邢叔明疏云：『君子言行相顧，若言過其行，君子所恥也。』」則邢本亦當與皇同。今註疏本乃後人作「務」。案，「務」字是也。

依朱文公本校改，非邢氏之舊矣。

254 **勇者折衝禦侮** 閩本「禦」誤「禦」。

**君子道者三章**

255 **子貢方人**

**子貢方人章** 釋文出「方人」云：「鄭本作謗，謂言人之過惡。」案，方與旁通，謗字從旁，古或與方通借，故鄭本作「謗」。讀書脞錄云：「讀左傳襄十四年『庶人謗』，正義云：『謗謂言其過失，使在上聞之而自改，亦是諫之類也。』昭四年傳『鄭人謗子產』，國語『厲王虐，國人謗王』，皆是言其實事，謂之為謗。但傳聞之事，有實有虛，或有妄謗人者，今世遂以謗為誣類，是俗易而意異也。』始悟子貢方人之義如此」。

256 **賜也賢乎哉夫我則不暇** 皇本作「賜也賢乎我夫哉，我則不暇」。高麗本作「賜也賢乎我夫哉，我則不暇」。○按，皇本、高麗本皆非也。

**而子貢輔比方人** 補：北監本、毛本「輔」作「務」。案，「務」字是也。

## 論語注疏校勘記

257 **不患人之不己知章** 皇本、高麗本作「患己無能也」，註「無能」下有「也」字。

258 **不逆詐章**

259 **或時反怨人** 皇本「人」下有「也」字。釋文出「反怨」云：「本或作冤。」

260 **言先覺人者是** 十行本「是」下九字模糊，下接「所以非賢者」。閩本「是」作「具」，下十字實闕。北監本、毛本亦作「具」，下十字空闕。

261 **不信之人爲之億度** 十行本「度」下五字模糊，下接「人故先覺者」。閩本「之人」下十字實闕。北監本、毛本十字空闕。

**微生畝謂孔子曰章**

262 **微生畝** 唐石經「畝」作「畆」，皇本、北監本作「畝」，十行本作「畞」，閩本作「畒」。案，五經文字云：「畝、畆，上說文，下經典相承隸省。」

263 **丘何爲是栖栖者與** 釋文出「丘何」云：「或作『丘何爲』，鄭作『丘何是』，本今作『丘何爲是』。」

264 **微生姓畝名** 皇本「姓」下、「名」下有「也」字。

265 **孔子曰非敢爲佞也** 皇本、高麗本「曰」上有「對」字。

266 **包曰疾世固陋** 閩本、北監本、毛本「疾」作「病」。又北監本「包」誤「色」。案，邢疏各本並作「疾」，十行本是。

267 **欲行道以化之** 皇本作「欲行道以化人也」。

268 **德者調良之謂** 皇本作「德者謂調良之德也」。

**驥不稱其力章**

**馬尚如是** 十行本「是」誤「定」。

**或曰以德報怨章**

269 何以報德　十行本「德」誤「之」。

270 恩惠之德　皇本「德」下有「也」字，下章註「故問」下、「尤人」下、「天命」下、「知己」下同。

271 此章論酬恩報怨之法也　北監本「怨」誤「㤂」，下章註「而不怨天」亦誤作「㤂」。

272 公伯寮愬子路於季孫　案，作「寮」俗省也。

公伯寮愬子路於季孫章　說文引作「公伯寮」。

273 愬譖也　十行本「譖」誤「讚」。

274 告孔子　皇本「子」下有「也」字，下「子路」下、「日肆」下同。

275 於公伯寮　皇本、高麗本「寮」下有「也」字。

276 吾勢力猶能辨子路之無罪於季孫　本無「力猶」二字。

277 使之誅寮而肆之　皇本「寮」上有「伯」字，「之」作「也」。

278 案左傳哀十二年　按，「十二」乃「十三」之誤。

279 秋官鄉士職云協日刑殺　各本「鄉」誤「卿」。閩本「日」誤「曰」。

280 賢者辟世章　各本竝合下「子曰作者七人矣」為一章，朱子集註本別為一章。

281 賢者辟世　皇本、高麗本「辟」作「避」，是正字，下皆同。

282 世主莫得而臣　皇本作「世主莫得而匡之也」。

283 適治邦　皇本「邦」下有「也」字，下「乃去」下、「接輿」下同。

284 色斯舉矣　皇本「矣」作「也」。

論語注疏校勘記

285 荷蕢 釋文出「荷蕢」：「本又作何，音同。」案，漢書古今人表正作「何蕢」。○按，何、荷正俗字。

子路宿於石門章

286 子路宿於石門晨門曰 皇本、高麗本重「石門」二字，註「爲之」下有「也」字。

287 閽人也 釋文出「閽人」云：「本或作昏，同。」案，周禮天官序官「閽人」註：「閽人，司昏晨以啟閉者。」故字亦可省作「昏」。

※ 爲門人所問 補北監本、毛本「門人」作「閽人」。案，「門」字誤也。

子擊磬於衛章

288 有荷蕢而過孔氏之門者 皇本、高麗本「氏」作「子」。○按，說文引「蕢」作「臾」，據古文論語也。

289 謂硜硜然 皇本「然」下有「也」字。

290 鄙哉硜硜乎 說文：「硁，古文磬。」九經古義下、「不爲」下、「爲果」下同。

291 莫己知也斯己而已矣 各本上兩「己」字竝誤作「已」。案，養新錄云：「今人讀『斯己而已』兩『己』字皆如『以』。考唐石經『莫己』、『斯己』皆作『人己』之『己』，『而已』作『已止』之『已』。釋文：『莫己，音紀，下斯己同。』與石經正合。集解：『此硜硜者徒信己而已。』皇疏申之云：『言孔子硜硜不宜隨世變，唯自信己而已矣。』已與己絕非一字，宋儒誤讀『斯己』爲『以』，未免改經文以就己說矣。」

292 此硜硜者 皇本無「者」字，下「揭衣」下無「也」字。

293 若過水必以濟 皇本「過」作「遇」。

294 以其不能解已之道 皇本無「之」字，「道」

295 下有「也」字。 〈釋文〉出「不解」云：「音蟹，本今作『不能解』。」

296 契憂苦也　今〈小雅大東傳〉作「契契」。

297 衣涉濡褌也　十行本「褌」誤「楎」，閩本、北監本誤作「揮」。

子張曰書云章

298 己百官　皇本作「己己百官也」，下「聽政」下、下章註「易使」下亦有「也」字。

299 天官卿佐王治者　皇本「者」下有「也」字。〈釋文〉出「治也」云：「本今作治者。」

300 默而不言三年矣　北監本、毛本「矣」作「也」。

301 繼世卽位　閩本「卽」誤「旣」。

302 云冢宰天官卿　北監本「冢」誤「家」。

303 佐王治者者　閩本、北監本、毛本下「者」字竝誤「考」。

304 冢宰大宰也　北監本「大」誤「太」。

* 山預曰冢　補：北監本、毛本「預」作「頂」。案，「頂」字是也。

305 始服齊斬　今〈晉書禮志中〉「服」作「同」。

306 春秋晉侯享諸侯　北監本「享」誤「亨」。

307 此皆旣葬除服諒陰之證也　〈晉志〉「陰」作「闇」，下同。

308 書傳之說旣多　〈晉志〉作「先儒舊說往往亦見」。

309 豈可謂終服三年也　〈晉志〉「也」作「邪」。

預又作議曰　閩本、北監本、毛本「又」誤「亦」。

310 既葬除喪而宴樂　毛本「喪」作「服」，晉志同。

311 宴樂以早　晉志「以」作「已」。

* 312 比亦天子喪事　補：北監本「比」作「此」案，「比」字誤。

313 不言喪服三年　晉志作「服喪」。

314 而譏其宴樂早則既葬應除　晉志「早」上有「已」字，「則」作「明」，是也。

315 堯崩　晉志「崩」作「喪」。

316 寢苫枕凷　十行本「苫」誤「苦」，「凷」誤「由」。

317 祔祭於廟　十行本「祔」誤「拊」，閩本誤「柎」。

318 則羣臣莫敢除　閩本「除」誤「陰」。

脩己以敬　皇本「脩」作「修」，下皆同。

　子路問君子章

319 敬其身　皇本「身」下有「也」字，下「九族」下同。

320 孔子恐其未已　閩本、北監本「未」誤「末」。

321 孔子故舊　皇本「舊」下有「也」字，下「夷踞」下、「孔子」下、「賊害」下、「脚脛」下同。

　原壤夷俟章

322 幼而不孫弟　皇本「孫弟」作「遜悌」，說見前。

323 長而無述焉　釋文出「長無」云：「丁丈反。」是陸氏所據本無「而」字。

324 是為賊　皇本「賊」下有「也」字。

325 不脩禮教　十行本「教」誤「敬」。

326 令不踣也　閩本「令」誤「今」。

　闕黨童子章

327 闕黨童子將命 皇本、高麗本「命」下有「矣」字。

328 傳賓主之語出入 皇本「入」下有「也」字，下「有位」下、「在後」下同。

329 違禮欲速成人者 皇本無「人」字，「者」下有「也」字。

330 則非求益也 皇本「也」上有「者」字。

07—331 今吾見此童子 十行本「今」誤「令」。

校 記

❶ 南昌本條末增「蓛又蔬之誤也」。

❷ 日教，南昌本作「曰教之」。按，經文有「之」字，南昌本是。

❸ 南昌本無「十行本戎誤戌」。

❹ 南昌本無「人下有也字」。

❺ 南昌本無「下有也字」。

❻ 南昌本無「浴下有也字」。

❼ 北京市文物局藏元刊明修十行本（此葉爲元刊）亦誤「專」，南昌本出文即作「專」，文選樓本遺漏十行本誤字。

❽ 南昌本無「下下有也字」。

# 論語注疏校勘記卷八

## 衛靈公第十五

08-001 衛靈公第十五

002 皆有恥且格之事　十行本「且」誤「目」。

003 衛靈公問陳於孔子　釋文出「問陳」云:「直刃反，註同。本今作陳。」案,「陣」為「陳」之俗字。家訓書證篇云:「太公六韜有天陳、地陳、人陳、雲鳥之陳。論語曰:『衛靈公問陳於孔子。』左傳:『為魚麗之陳。』俗本多作阜旁車乘之車。蒼、雅及近世字書皆無,惟王義小學章獨阜旁作車,縱復俗行,不宜追改六韜、論語、左傳也。」

004 軍陳行列之法　皇本「法」下有「也」字,下「禮器」下、「為旅」下同。

005 萬二千五百人為軍　十行本「五」誤「三」。

006 軍旅末事　十行本「末」誤「未」,下「末事」誤同。

007 不可教以末事　皇本「不」上有「則」字,「事」下有「也」字。閩本、北監本、毛本「教以」作「以教」。案,筆解亦作「教以」,與邢疏合,作「以教」者非。

008 孔文子之將攻太叔也　十行本「太」作「大」。

009 胡簋之事　十行本「事」誤「可」。

010 籩豆大房　北監本「籩」誤「遵」。

011 殷玉豆　十行本「玉」誤「王」。

012 註鄭曰　閩本脫「註」字。

013 明日遂行章 朱子集注本合上爲一章。

014 在陳絕糧 皇本「糧」作「粮」。《釋文》出「絕糧」云：「音粮。」鄭本作粻，音張，糧也。」○按，糧正字，粻、粮皆俗字。

015 孔子去衛如曹 毛本「去衛」二字空闕。

016 宋遭匡人之難 皇本無「宋」字。

017 故乏食 皇本「食」下有「也」字，下「爲非」下同。

018 君子亦有窮乎 高麗本無「有」字。

019 小人窮斯濫矣 《說文》引「濫」作「㽉」。案，《九經字樣》云：「㽉，今經典相承作濫。」

020 此章記孔子阨於陳也 十行本「阨」誤「路」。

021 但不如小人窮則濫溢爲非 十行本無「溢」字。

022 孔曰至乏食 十行本「乏」誤「之」。「如」誤「好」。

023 賜也女以予爲多學而識之者與章 皇本「然」下有「者」字。

024 然謂多學而識之 皇本「然」下有「也」字，下章註「知德」下有「者也」二字。

025 問今不然 皇本作「一以知之」。本、毛本「問」作「謂」。

026 而一知之 皇本作「一以知之」。

027 此章言善道有統也 十行本「此」誤「一」。

028 是夫子多學而識之也 十行本「夫」誤「天」。

029 知其元 閩本「元」誤「兀」。

030 無爲而治者章

論語注疏校勘記

029 故無爲而治　皇本「治」下有「也」字。

030 子張問行章

031 言不可行　皇本「行」下有「也」字，下「大帶」下同。

032 立則見其參於前也　皇本、高麗本「參」下有「然」字。案，釋文云：「參，所金反。」包註云：「參然在目前。」是古讀如森，不讀如驂，字當作曑，與曾子名同。今作參，隸之變體，竟讀如驂，甚誤。

033 夫然後行　皇本、高麗本「行」下有「也」字。

034 參然在目前　皇本無「目」字。

035 在輿則若倚車軛　皇本「車」作「衡」，「軛」下有「也」字。《釋文》出「枙」字云：「本今作軛。」

036 萬二千五百家爲州誤也　北監本「二」誤「三」。

037 玉藻說帶云　十行本「玉」誤「王」，下同。

038 朱裏終辟　十行本、閩本「終」誤「於」。

＊ 并紃約用組三寸　補：北監本、毛本「紃」作「紐」。案，「紐」字是也。

039 紳居二焉　《禮記玉藻》「二」作「一」。

040 直哉史魚章

041 衛大夫史鰌　皇本「鰌」下有「也」字，下「忤於人」下同。

042 言不曲　皇本作「不曲也」。

043 則可卷而懷之　《唐石經》「之」作「也」。案，後漢書周黃徐姜申屠傳序曰：「孔子稱蘧伯玉『邦無道則可卷而懷也』。」亦作「也」字。

044 則可卷而懷之者　北監本「懷」誤「悝」，不成字。毛本「懷之」二字空闕。

一五〇

4702

043 則韜光晦迹　十行本「迹」作「知」。

044 不與時政　閩本、北監本、毛本無「時」字。

045 亦常柔順　閩本、北監本、毛本「亦」上有「故」字。

＊ 不忤逆校人　補：北監本「校」作「於」。

046 可與言而不與言　閩本、北監本、毛本「不與」下有「之」字。朱子集註本亦有「之」字。案，唐石經、皇本、高麗本、石經考文提要引岳珂本俱無「之」字，疏述經文本無「之」字，則十行本是。

可與言而不與言章

047 所言皆是故無所失者也　皇本有此註，各本竝無。

048 若中人以下　北監本「下」誤「而」。

志士仁人章

049 無求生以害仁　唐石經「仁」作「人」。案，文選曹植贈徐幹詩註及太平御覽四百十九俱引作「人」，與唐石經合。然皇疏云：「無求生以害仁者，既志善行仁，恆欲救物，故不自求我之生以害於仁恩之理也。」又十行本疏述經文亦作「仁」字，則字當作「仁」。

050 無求生以害仁　皇本「以」作「而」。

051 無求生以害仁　閩本、北監本、毛本「仁」作「人」。

052 有殺身以成仁　北監本「成」誤「戊」。

子貢問為仁章

053 友其士之仁者　皇本、高麗本「者」下有「也」字，註「為」下同。

054 將箚問仁　十行本「問」誤「為」。

055 大夫尊　北監本「大」誤「太」。

056 士卑　北監本「士」誤「十」。

顏淵問為邦章

057 取其易知 皇本「知」下有「也」字，下「越車」下、「禮冠」下、「而備」下、「視聽」下、「取之」下、「遠之」下並同。

058 乘殷之輅 《釋文》出「之輅」云：「音路，本亦作路。」是假借字。

059 不任視聽 十行本「視」誤「劉」。

060 木輅也 十行本「木」誤「未」。

061 巾車掌王之五路 十行本「五」誤「曰」。閩本、北監本、毛本「之五」並誤「車曰」。

062 王在焉曰路 十行本「王」誤「玉」。

063 ○正義曰 十行本「正」誤「玉」。

064 周之禮文而備者 閩本、北監本、毛本無「而」字。案，據註文則十行本有「而」字是。

065 司馬彪漢書輿服志云 十行本「馬」誤「焉」。

066 天子白玉珠十二旒 十行本「白玉」誤「曰王」，下「玉十有二」、「玉七」、「又玉名」誤同。

067 三公諸侯青玉珠七旒 ○按，輿服志作「三公諸侯七旒，青玉爲珠」。

068 卿大夫黑玉珠五旒 ○按，輿服志作「卿大夫五旒，黑玉爲珠」。

069 先於驕矜 北監本、毛本「先」作「失」。

070 案今禮圖 十行本「今」誤「令」。

071 以其冕旒垂目 十行本「目」誤「曰」。

072 人無遠慮 皇本、高麗本「人」下有「而」字。

人無遠慮章

073 君子當思患而預防之 皇本「患」作「慮」，

074 君子當思患而預防之　十行本「思」誤「惡」。

075 已矣乎
　　已矣乎章　皇本無「乎」字。

076 知賢而不舉是爲竊位
　　臧文仲其竊位者與章　皇本「知」下有「其」字，無「是」字，「位」下有「也」字。十行本「竊」誤「切」。❶

077 柳下惠是其所食之邑名　浦鏜云：「惠當衍字。」

078 宜爲惠乎　列女傳「乎」作「兮」。

079 責己厚
　　躬自厚章　皇本「責」上有「自」字。

080 所以遠怨咎　皇本「咎」下有「也」字。

081 猶言不曰奈是何
　　不曰如之何章　皇本「何」下有「也」字，下「之何」下同。

082 吾末如之何也已矣　十行本「末」誤「未」。

083 好行小慧
　　羣居終日章　皇本「慧」作「惠」，註同。釋文出「行小慧」云：「音惠，小才知。魯讀慧爲惠，今從古。」案，古多假惠爲慧，如韓詩外傳五云「主名者，其臣惠」，漢書昌邑王傳云「清狂不惠」，列子「逢氏有子，少而惠」是也。

084 謂小小之才知　皇本「之」字。

085 言終無成　皇本「成」下有「功也」二字。

086 君子義以爲質
　　君子義以爲質章　釋文出「爲質」云：「一本作『君

# 論語注疏校勘記

087 鄭曰義以爲質  「義以爲質」，鄭本略同。」案文義「君子」字不當有，〈孝經三才章疏引亦無「君子」字。〈經義雜記〉云：「有者係衍文。蓋先説『義以爲質』四句，然後言『君子哉』，明不當先言君子也。」

088 謂操行  皇本「行」下有「也」字，下「言語」下同。

089 君子病無能焉章  高麗本無此註。

090 包曰君子之人云云  皇本作「不病人不知己也」，下章註「責人」下亦有「也」字。

091 不病人之不知己  皇本「行」下有「也」字。

092 此章戒人脩己也  北監本「戒」誤「成」。

093 君子矜而不爭章

094 義之與比  皇本「比」下有「也」字。

095 義之與比也  十行本「比」誤「此」。

096 君子不以言舉人章

097 故不可以言舉人  皇本「人」下有「也」字。

098 王曰不可以無德而廢善言  皇本、高麗本並無此註。

099 取其善節也  北監本「取」誤「敔」，不成字。

100 當察言觀行  毛本「當」作「常」。

098 有一言而可以終身行之者乎  皇本無「之」字。

099 勿施於人  皇本「人」下有「也」字。

100 言己之所惡勿加施於人  皇本、高麗本並無此註。

一五四

## 吾之於人也章

101 吾之於人也　皇本無「也」字。

102 如有所譽者　皇本「所」作「可」。

103 所譽者輒試以事不虛譽而已　皇本無「者」字，「虛」作「空」，「已」下有「矣」字，下「殷周」下、「而行」下並有「也」字。

104 馬曰三代云云　高麗本無此註。

## 吾猶及史之闕文也章

105 吾猶及史之闕文也　唐石經無「之」字，皇本無「也」字。

106 古之良史　十行本「良」誤「艮」。

107 今亡矣夫　皇本、高麗本「今」下有「則」字。朱子集註本「矣」作「已」。案，宋石經作「矣」，石經考文提要引宋本九經、岳珂本亦作「矣」，今集註本作「已」非。

108 有馬不能調良　皇本「馬」下有「者」字。筆解無「能」字。

109 今亡矣夫者　閩本、北監本「矣」作「已」。

## 巧言亂德章

110 則亂大謀　高麗本無「則」字。

111 則亂大謀　皇本「謀」下有「也」字。

112 巧言亂德　十行本「巧」誤「則」。

## 眾惡之章

113 王曰眾或阿黨比周　北監本、毛本作「或眾」，是也。

＊ 頑嚚不友　補：北監本「嚚」作「罵」，是也。

## 人能弘道章

114 非道弘人　皇本、高麗本「人」下有「也」字。

115 王曰才大者　皇本「才」作「材」，下同。又註「已」非。

116 君子憂道不憂貧　高麗本「貧」下有「也」字。

117 君子謀道不謀食章　首無「王曰」二字，下「弘人」下有「也」字。❷

118 言人雖念耕而不學　皇本「而」下有「與」字。

119 雖不耕而不餒　皇本作「而不飢餓」。

120 此勸人學　皇本作「勸人學也」。

121 故不暇謀於食　十行本「暇」作「假」。

122 故飢餓　閩本、北監本「飢」作「饑」，非也。

123 必失之　皇本「之」下有「也」字，下「其上」下、「後善」下同。

　　則精而不蕩　十行本「蕩」誤「傷」。

124 王曰君子之道深遠　皇本、高麗本無「王曰」二字。

125 不可小了知　皇本「可」下有「以」字，下「可」下同，又下「大受」下有「也」字。

126 君子不可小知章

　　水火及仁　皇本「及」作「與」。

127 民之於仁也章

　　皆民所仰而生者　皇本「者」下有「也」字，下「爲甚」下同。

128 未嘗殺人　皇本有「者也」二字。

129 當仁章

　　言行仁急　皇本作「行仁急也」。

130 君子貞而不諒章

　　貞正　皇本「正」下有「也」字。

131 言不必小信　皇本「小」作「有」，「信」下有「也」

132 曰君以夫公孫段　十行本、閩本「段」誤「叚」，下同。

133 事君敬其事而後其食　事君敬其事而後其食章　〈郡齋讀書志〉載蜀石經作「敬其事而後其禄」。○按，皇疏云：「國家之事知無不爲，是敬其事也。必有纏勳績乃受禄賞，是後其食也。」蜀石作「而後食禄」是依注文妄增也。

134 而後食禄　皇本「而」作「然」，「禄」下有「也」字。

135 敬其職事　毛本「其」作「共」。浦鏜云「共」疑衍，不知其爲誤字也。❸

136 有教無類章

言人所在見教無有種類　皇本無「所」字。

辭達而已矣章

137 孔曰凡事莫過於實辭達則足矣　高麗本無「孔曰」字。皇本「實」下有「足也」二字，下「之辭」下有「也」字。❹

138 師樂人盲者名冕　皇本「者」下、「冕」下竝有「也」字。案文義不當有「也」字，各本俱無。

139 及席　高麗本「席」下有「也」字。

140 歷告以坐中人姓字所在處　皇本「坐」作「座」，「字」下有「及」字，「處」下有「也」字。

141 季氏第十六

揚其衰失　十行本「揚」誤「楊」。

142 季氏將伐顓臾　季氏將伐顓臾章　〈唐石經〉「臾」作「叟」，十行本、閩本作「叓」。❺

143 伏羲之後　皇本「伏羲」作「宓犧」。〈釋文〉出「宓」字云：「音密，又音伏。本亦作伏。」案，〈五經文字〉云：「宓，論語註亦用作宓犧字，音伏。」是唐時〈論語〉註俱作「宓犧」。

144 季氏貪其土地　皇本無「土」字。

145 欲滅而取之　皇本「取」作「有」。

146 來告孔子　皇本「子」下有「也」字。

147 故孔子獨疑求教之　皇本「之」作「也」。

148 使主祭蒙山　皇本「山」下有「也」字，下「域中」下、「之爲」下、「季氏」下、「良史」下、「當止」下、「相爲」下、「之爲」下、「諸侯」下、「大夫」下、「桓子」下同。

149 且在邦域之中矣　〈釋文〉出「邦域」云：「邦或作封。」案，「邦」與「封」古字雖通，然此處疑本作「封」字。孔註云：「魯七百里之封。」邢疏云：「魯之封域方七百里，潁臾爲附庸，在其域中也。」又云：「潁臾爲附庸，在此七百里封域之中也。」皆作「封」字，可證。

150 魯七百里之封　皇本「封」作「邦」。

151 何以伐爲　皇本、高麗本作「何以爲伐也」。

152 虎兕出於柙龜玉毀於櫝中　皇本無「二」「於」字。〈釋文〉出「於匣」云：「本今作柙。」〈五經文字〉云：「柙與匣同，見論語。」○按，柙訓檻，匣訓匱。是柙爲正字，匣爲假借字。

153 櫝匱也　皇本「匱」作「櫝」。案，櫝乃匱之俗字。高麗本「毀」下無「於」字。

154 失虎毀玉豈非典守之過邪　皇本作「失毀非典守者之過邪」。

155 費季氏邑　皇本作「費，季氏之邑也」。

156 後世必爲子孫憂　〈釋文〉出「必爲子孫憂」云：「本或作『後世必爲子孫憂』。」

157 而必爲之辭　皇本、高麗本「必」下有「更」字。

158 患政理之不均平　皇本「理」作「治」，「平」下有「也」字。《釋文》出「政治」云：「本今作理。」

159 則不貧矣　皇本「不」下有「患」字。

160 不傾危矣　皇本「矣」作「也」。

161 而謀動干戈於邦內　《釋文》出「邦內」云：「鄭本作封內。」

162 干楯也　《釋文》出「盾」字云：「又作楯。」

163 不在顓臾　唐石經、高麗本「在」下有「於」字。《隸釋》載漢石經「在」下有「於」字，云：「或作『不在於顓臾』。」

164 而在蕭牆之內也　《文出》「不在顓臾」云：「盉、毛、包、周無於」，又「牆」作「廧」。閩本、北監本、毛本作「墻」。○按，墻，俗牆字。

165 牆謂屏也　皇本「牆」上有「蕭」字。

166 後季氏家臣陽虎　皇本「氏」下有「之」字。

167 言季氏將有征伐之事於顓臾也　十行本「顓」誤「預」。

168 則當自止退也　閩本、北監本、毛本作「退止」。

169 且爾言過矣　十行本「且」誤「日」。

170 自是汝之言罪過矣　十行本「自」誤「目」。

171 以喻主君有闕　北監本「主」誤「王」。

172 言伐顓臾之意　十行本「臾」誤「更」。

173 以舍其貪利之說　十行本「貪」作「探」。

174 不患土地人民之寡少　十行本「土」誤「士」。

175 則當修文德　十行本「文」誤「大」。

176 而在蕭牆之內也　浦鏜云：「也」下

177 至屏而加肅敬焉　十行本「肅」誤「蕭」。

178 實司太暭　毛本「太」作「大」。

179 武陽縣東北是也　十行本、閩本「北」誤「此」。

180 在蒙山下　十行本「下」誤「一」。

181 爾雅云兕似牛　各本「似」誤「野」。

182 青色　十行本「色」作「毛」。

183 紛紛如綏而小　閩本「綏」誤「授」。

184 戈柲六尺有六寸　十行本、閩本「柲」誤「秘」。

185 戈今句矛戟也　浦鏜云「子誤矛」，是也。

186 胡其子　十行本、閩本、毛本「子」誤「子」。

## 天下有道章

187 周幽王爲犬戎所殺　十行本「犬」誤「天」。

188 死於乾侯矣　皇本無「於」字。

189 爲家臣陽虎所囚　皇本「囚」下有「也」字，下「謂家臣」下、「奔齊」下、「由君」下、「非議」下同。

190 陽虎爲季氏家臣　皇本「虎」作「氏」。

191 執國之政命　毛本「命」作「令」。

192 孔曰至乾侯　北監本、毛本作「至侯矣」。

193 幽王之廢后去太子也　「后」上有「申」字。

194 遂殺幽王驪山下　十行本、閩本「驪」作「麗」。

195 盡取周賂而去　閩本「賂」誤「路」。

脱「者」字。

196 云專征伐者 浦鏜云：「專」下脫「行」字。

197 子昭公禂立 十行本「禂」誤「禍」，閩本、北監本、毛本作「稠」。○按，史漢並作「稠」，左傳作「禂」，說詳左傳注疏校勘記二十六。❻

禄之去公室章

198 魯定公之初 皇本「初」下有「也」字，下「平子」下、「季孫」下、「皆衰」下同。

199 孔曰文子云云 皇本、高麗本立作「鄭玄曰」。

200 三桓 皇本「桓」下有「者」字。

201 文公子妃 左氏文十八年傳「欲」上重「襄仲」二字。

202 欲立之 左氏文十八年傳「子」作「二」。

203 友便辟 高麗本「辟」作「僻」。案，馬讀辟爲避，鄭讀辟爲譬。今高麗本作「僻」，蓋與釋文同。今既采馬註，而字又作「僻」，其誤甚矣。

204 巧辟人之所忌以求容媚 皇本作「巧避人所忌以求容媚者也」。

205 面柔也 皇本「柔」下有「者」字。

206 友便佞 說文引「便」作「諞」。案，五經文字云：「諞見周書，與便巧之便同。」

207 便辯也 十行本「辯」作「辨」。

208 謂佞而辨 皇本「辨」下有「也」字。

209 動得禮樂之節 皇本作「動靜得於禮樂之節也」。

210 恃尊貴以自恣 皇本「恣」下有「也」字，下「淫瀆」下、「之道」下同。

211 樂佚遊 《釋文》出「佚遊」云：「本亦作逸，音同。」○按，佚、逸字多通用。

212 出入不節 皇本作「出入不知節也」。

213 謂好沈荒淫溢也 浦鏜云：「溢誤溢。」

214 瀆者媟慢也 十行本、閩本「媟」誤「嫉」。

215 言未及之而言謂之躁 《釋文》出「躁」字云：「魯讀躁爲傲，今從古。」案，荀子勸學篇云：「未可與言而言謂之傲。」鹽鐵論孝養章云：「言不及而言者傲也。」皆用魯論。

216 不安靜 皇本「靜」下有「也」字，下「情實」下同。

217 言及之而不言謂之隱 皇本、高麗本無「而」字。

218 未見君子顏色所趣鄉 皇本、閩本、北監本、毛本「鄉」作「向」。《釋文》出「趣鄉」云：「本又作向。」○按，向者，今之鄉字。

219 猶瞽也 皇本「瞽」下有「者」字。

220 戒之在鬬 唐石經「鬬」誤「鬭」，皇本、十行本、閩本誤「鬭」，北監本、毛本誤「鬭」。❼

221 戒之在得 《釋文》出「在得」云：「或作德，非。」

222 貪得 皇本「得」下有「也」字。

223 君子有三畏章

224 深遠不可易知測 皇本無「知」字，「測」作「則」。

225 故不知畏 皇本「畏」下有「也」字，下「狎之」

下、「侮之」下、下章註「不通」下、「惡疾」下同。

＊ 生而知之者章 補：北監本「不通」作「屈」。

226 有所困禮不通 十行本「義」誤「夫」。

227 君子有九思章

228 孔子至思義 閩本、北監本、毛本「瓫」作「怠」。

229 凡人執事多惰瓫 閩本、北監本、毛本「常」作「當」。

230 君子常思謹敬也

231 當思問以辯之也 十行本「辯」作「辨」。

＊ 若一朝之忿 十行本「一」字空闕。

＊ 齊景公有馬千駟章

231 民無德而稱焉 皇本、高麗本「德」作「得」。又皇本無「而」字。案，得與德字雖通，然此處自當作德。王註云：「此所謂以德爲稱。」正義云：「此章貴德

也。」又云：「及其死也，無德可稱。」又云：「其此所謂以德爲稱者與。」皆以斯字卽指德言，直截自然，若改爲得，頗乖文義。

232 四千四 皇本「四」下有「也」字，下「之中」下同。

233 餓于首陽之下 案，論語「于」皆作「於」，惟此章作「于」。

234 此所謂以德爲稱 皇本「稱」下有「者也」二字。

＊ 陳亢問於伯魚曰章

235 陳亢 說文云：「論語有陳伉。」按，亢字子禽，與爾雅「亢，鳥嚨」詁訓相合，作「伉」似非也。然漢書古今人表陳亢、陳子禽爲二人。段玉裁説。

236 所聞當有異 皇本「異」下有「也」字，下「孔子」下同。

237 未也不學詩無以言 皇本、高麗本「也」下有

# 論語注疏校勘記

238 聞斯二者 皇本「者」下有「矣」字。高麗本「者」作「矣」。

「曰」字,「言」下有「也」字。

239 問一得三 北監本、毛本「問」誤「聞」。

### 邦君之妻章

240 亦曰君夫人 皇本、高麗本「人」下有「也」字。

241 君夫人之稱 皇本「稱」下有「也」字。

242 對異邦謙 十行本「邦」誤「所」。

08—243 諸侯嫡妾不正 《釋文》出「嫡妾」云:「本又作適,同。」

## 校 記

❶ 南昌本無「位下有也字」,條末增「按,此寫者省竊作窈,遂譌爲切,今訂正」。

❷ 南昌本無「下弘人下有也字」。

❸ 據文淵閣四庫全書本十三經注疏「此章言其爲臣事君之法也」條云「其疑衍字」,「敬共職事」條云「共,監本作其」。校勘記所引有誤。

❹ 南昌本無「下之辭下有也字」。

❺ 南昌本條末增「案,奭是正字,省作奭,誤作史」。

❻ 南昌本出文同,校語無「十行本禍誤禍」六字。

❼ 南昌本出文同,校語無「十行本」三字。

# 論語注疏校勘記卷九

陽貨第十七

陽貨欲見孔子章

09—001 欲見孔子使仕　皇本「仕」下有「也」字，下「子豚」下、「相逢」下同。

002 歸孔子豚　〈釋文〉出「歸孔子」云：「如字。鄭本作饋，魯讀爲歸，今從古。」案，歸、饋古今字。〈儀禮聘禮〉注：「今文歸或爲饋。」

003 遇諸塗　〈釋文〉出「塗」字云：「字當作途。」○按，古道塗字多作「涂」，从辵从土皆後出字。

004 言孔子栖栖好從事　北監本、毛本「栖」作「棲」。案，〈說文〉「西」爲本字，或作「棲」。此作「栖」，又爲「棲」之俗字。十行本疏中「栖」字亦作「棲」。

005 不得爲有知　皇本作「不爲有智也」，下「急仕」下亦有「也」字。

006 以順辭免　皇本「免」下有「害也」二字。

007 予與爾言者　十行本「予」誤「子」。

008 仕者當拯溺興衰　十行本「溺」誤「弱」。

009 言孔子年老　十行本「老」誤「者」。

010 言我將求仕　毛本「求」誤「來」。

011 君子慎所習　皇本「習」下有「也」字，下「強賢」下同。

性相近也章

012 唯上知與下愚　皇本「唯」作「惟」，説見前。

013 不可使爲惡　皇本「爲」上有「強」字。案，〈釋文〉爲下「強賢」作音，則此處亦無「強」字。

014 未爲外物所感 十行本「未」誤「夫」。

015 下愚之人 閩本、北監本、毛本「人」作「夫」。

016 此則非如中人性習相近遠也 閩本、毛本「人」上有「之」字。北監本、毛本無「如」字。

子之武城章

017 聞弦歌之聲 皇本「弦」作「絃」。案，《說文》有「弦」無「絃」。

018 子游爲武城宰 皇本「宰」下有「也」字，下同。

019 夫子莞爾而笑 《釋文》出「莞爾」云：「本今作莞。」案，《易夬》《莧陸夬夬》，虞注：「莧，悅也。讀如『夫子莧爾而笑』之『莧』。」是仲翔所見本亦作「莧」字。笑貌」下、「大道」下、「易使」下、「行者」下、「用大道」下同。

020 小人學道則易使也 高麗本無「也」字。

021 言雞乃小牲 十行本「牲」誤「往」。

022 而引昔聞夫子之言以對之 十行本、閩本「昔」誤「焉」。

公山弗擾以費畔章

023 公山弗擾 皇本、高麗本「弗」作「不」。

024 弗擾爲季氏宰 北監本「宰」誤「辛」。

025 而召孔子 皇本「子」下有「也」字，下「東周」下同。

026 何必公山氏之之也 高麗本「之」字不重。

027 無可之則止 皇本「止」下有「耳」字。

028 何必公山氏之適 皇本「適」下有「者也」二字。

029 如有用我者 皇本「用」上有「復」字。

030 此章論孔子欲不避亂而興周道也　十行本「避」誤「壁」。

031 改步改玉　十行本、閩本「玉」誤「王」。

032 九月乙亥　左氏定五年傳「九」上有「秋」字。

033 至十二年　閩本、北監本、毛本「二」誤「三」。

034 子張問仁於孔子章

　孔子曰　高麗本「曰」上有「對」字。

035 不見侮慢　皇本「慢」下有「也」字，下「成功」下同。

036 佛肸召章

　佛肸召　唐石經、十行本「肸」作「肹」，皇本作「肺肹」，後同。案，漢書古今人表作「茀肹」。佛、茀、肺三

037 晉大夫趙簡子之邑宰　皇本「宰」下有「也」字，下「能污」下「二」處下同。

038 孔曰不入其國　皇本「國」下有「也」字。

039 有是言也不曰堅乎　皇本「不」上有「曰」字。

040 涅而不緇　十行本、閩本「涅」作「湼」。案，史記孔子世家及論衡問孔篇俱作「不淄」。淄與緇古字通。後漢書后妃紀云：「恩隆好合，遂忘淄蠹。」以淄爲緇。又隸釋載費鳳別碑有云：「湼而不淄。」史記屈原賈生傳云：「皭然泥而不滓者也。」後漢書隗囂傳亦云：「賢者泥而不滓。」似皆本此，當是古、魯異文。

041 可以染皁　皇本「皁」下有「者」字。

042 故謂之作譬如　浦鏜云：「爲誤謂。」

　由也女聞六言六蔽矣乎章

字皆以音近通借，五經文字云：「肸、肸，上說文，下經典相承隷省。」

043 由也女聞六言六蔽矣乎　皇本無「也」字。

044 謂下六事　皇本無「謂」字，下「仁知」上有「謂」字。

045 未也居吾語女　皇本「居」上有「曰」字。

046 故使還坐　皇本作「故使還座也」。

047 則愚　皇本「愚」下有「也」字，下「適守」下、「之輩」下、「觸人」下同。

048 居猶坐也　十行本、閩本「猶」作「由」。

049 若好直不好學　十行本、閩本「若」誤「浩」。

050 好剛不好學　十行本、閩本「學」誤「之」。

051 小子何莫學夫詩章　皇本以「子謂伯魚曰」以下別爲一章，朱子《集注》本與皇本同。

052 引譬連類　皇本「類」下有「也」字。

053 觀風俗之盛衰　皇本重「觀」字，「衰」下有「也」字。

054 羣居相切磋　十行本「磋」作「瑳」。皇本「磋」下有「也」字，下「上政」下同。❶

055 女爲周南召南矣乎　皇本、高麗本「召」作「邵」，下及注並同。○按，「周召」字當作「召」，「邵」非是。

056 樂得淑女　皇本無「樂」字。

057 如向牆而立　皇本「立」下有「也」字。釋文出「如鄉」云：「又作向，同。」説見前。

058 小子何莫學夫詩者　北監本、毛本「子」誤「人」。

059 註周南至而立　閩本「註」字空闕。

060 王者之風　十行本「王」誤「五」。

061 是以關雎之篇　閩本、北監本、毛本「篇」作「化」。

062 三綱者何謂　今《白虎通》「謂」下有「也」字。

063 禮云禮云章

064 圭璋之屬　皇本作「璋珪之屬也」，下「之屬」下、「治民」下、「而已」下、「易俗」下並有「也」字。

065 鍾鼓云乎哉　皇本、閩本、北監本、毛本「鍾」作「鐘」，注、疏並同。

066 言非但崇此玉帛而巳　十行本「而」誤「不」。

067 深明禮樂之本　十行本脫「禮」字。

068 色厲而內荏章

069 而內柔佞　皇本「佞」下有「者也」二字。

070 其猶穿窬之盜也與　《釋文》出「穿踰」云：「本又作窬，音同。」案，孔注云：「窬，窬牆也。」則字當從「踰」。

---

069 猶小人之有盜心　皇本「心」下有「也」字，下「穿壁」下、「窬牆」下同。

070 鄉原章

071 而為意以待之　皇本「意」上有「己」字。

072 是賊亂德也　皇本「也」上有「者」字，《釋文》出「是敗亂」云：「敗或作賊字。」

073 而見人輒原其趣嚮　皇本「嚮」作「向」。《釋文》出「趣鄉」云：「本今作向。」説見前。

074 言此所以賊德也　十行本無「也」字。

075 一曰　北監本脫「一」字。

076 德之棄也　高麗本無「也」字。

077 道聽而塗説章

078 則傳而説之　皇本「之」下有「也」字。

## 鄙夫章

077 鄙夫可與事君也與哉　《釋文》出「與哉」云：「本或作無哉。」

078 言不可與事君　皇本「君」下有「也」字，下「得之」下、「俗言」下同。

079 其未得之也患得之　高麗本無「之」字。

080 苟患失之　高麗本無「也」字。

081 言其邪媚無所不為　皇本無「其」字，「為」下有「也」字。

082 則用心顧惜　十行本「顧」作「固」。

083 古者民有三疾章

　　與今時異　十行本「今」誤「令」。皇本「異」下有「也」字，下「所據」下、「廉隅」下、「多怒」下同。

084 肆極意敢言　皇本「言」下有「之也」二字。❷

085 古之矜也廉　《釋文》出「廉」字云：「魯讀廉為貶，今從古。」

086 謂無所依據太放浪也古之矜也廉戾者謂有廉隅自檢束也今之狂也蕩者　此三十字毛本有之。十行本「今之狂也蕩者」下即接「謂忿怒而多咈戾」。閩本有上「謂」字，以下二十九字竝空闕。北監本亦有上「謂」字，以下二十九字竝空闕。

## 巧言令色章

087 子曰巧言令色鮮矣仁　唐石經此九字旁注。

088 王曰巧言無實令色無質　皇本、高麗本無此節經注。

089 惡紫之奪朱也章

　　惡紫之奪朱也　高麗本無「也」字，下「雅樂」下同。

090 惡其邪好而奪正色　皇本「色」下有

091 惡其亂雅樂　皇本「亂」作「奪」，「樂」下有「也」字。　✕

092 惡利口之覆邦家者　皇本「者」作「也」。高麗本無「者」字。

093 傾覆國家　皇本作「傾覆其國家也」。

094 謂青赤黃白黑　十行本「黃」誤「田」。浦鏜云：「謂」上脫「正」字。

095 綠紅碧紫騅黃色是也　浦鏜云：「色」字衍。

096 東爲木　十行本「東」誤「策」。

097 木克土　十行本、閩本「克」作「刻」，下同。

098 中央土土色黃　十行本「土」竝誤「上」。浦鏜云：「央」下脫「爲」字。

099 土克水　十行本「土」誤「士」。　✕

100 故欲無言　皇本「言」下有「也」字。

101 天何言哉　《釋文》出「天何言哉」云：「魯讀天爲夫，今從古。」　✕

102 子貢聞孔子不欲言　北監本、毛本「聞」誤「問」。

103 孺悲欲見孔子章　《釋文》出「孺悲」云：「字亦作𢓡。」案，《五經文字》云：「𢓡，經典及《釋文》或作𢓡，與孺同。」　✕

104 孔子辭以疾　皇本、高麗本「以」上有「之」字。

105 故辭之以疾　皇本無「之」字。

106 爲其將命者不已　皇本「已」上有「知」字。　✕

107 所以令孺悲思之　皇本「之」作「也」。

108 將猶奉也　北監本「奉」誤「舉」。

　　宰我問三年之喪章

109 期已久矣　釋文出「期已久矣」云：「一本作其。」

110 周書月令有更火之文　皇本無「之文」二字。

111 食夫稻衣夫錦　皇本、高麗本「稻」下、「錦」下有「也」字。案，世說規箴篇引此文亦竝有「也」字。

112 安女安則爲之　皇本「女」上有「曰」字。

113 子生於三歲　十行本「三」作「二」。皇本「於」作「未」。

114 爲父母所懷抱　皇本「抱」下有「也」字，下「庶人」下同。

115 天下之通喪也　史記弟子列傳「喪」作「義」。

116 於其父母乎　漢石經無「乎」字。

117 欲報之恩　皇本「恩」作「德」。

118 宰我嫌其三年太遠　十行本作「期月大遠」，疑誤。

119 惟在喪則皆不爲也　十行本「惟」誤「推」。

120 一期之閒　十行本「閒」誤「問」。

121 新穀已成　毛本「已」作「既」。

122 其辭今亡　十行本「今」誤「令」。

123 註孔曰自天子達於庶人　閩本脫「註」字。

124 天下之通喪也　禮記三年閒「通」作「達」。十行本疏後述經文又作「達喪」。

125 先王制禮也　今禮記檀弓「王」下有「之」字。

126 不至者　今禮記檀弓「至」下有「焉」字。

127 有三年之愛乎者　浦鏜云：「愛」下脫「於其父母」四字。

飽食終日章

128 不有博弈者乎　皇本、十行本、閩本「弈」竝作「奕」。閩本疏中仍作「弈」，十行本疏中唯「說文」下作「弈」。按，當作「弈」，从廾亦聲。

129 馬曰　高麗本無「馬曰」字。

130 善生淫欲　皇本「欲」作「慾」，下有「也」字。〈釋文出「淫慾」云：「本今作欲。」〇按，欲、慾古今字。

131 局戲也　十行本「局」誤作「㝷」。

132 古者烏曹作簿　閩本「烏曹」誤「烏曾」。十行本作「曾」，亦非。案，廣韻十九鐸、衆經音義八、藝文類聚七十四引世本竝作「烏曹」。〈說文作「烏冑」，段玉裁說文注已正其誤。

133 夫子爲其飽食終日　十行本「終日」誤「之之」。

134 猶勝乎止也　十行本「止」作「上」。

君子尚勇乎章

135 君子義以爲上者　十行本「以」誤「而」。

136 言君子不尚勇而上義也　北監本、毛本「上」作「尚」。

君子亦有惡乎章

137 子貢曰　皇本、高麗本「曰」上有「問」字。

138 君子亦有惡乎　漢石經無「亦」字，下「有惡」無「惡」字。

139 所以爲惡　皇本「惡」下有「也」字，下「謗毀」下、「陰私」下同。

140 惡居下流而訕上者　漢石經無「流」字。案，皇

# 論語注疏校勘記

141 惡果敢而窒者　〈釋文〉出「而窒」云：「〈魯讀〉窒爲絞。」案，敦聲、交聲古音同部，故得通借。

142 賜也亦有惡乎　皇本、高麗本「乎」作「也」。

143 惡徼以爲知者　〈釋文〉出「徼以」云：「鄭本作絞。」案，敦聲、交聲古音同部，故得通借。

144 抄人之意　皇本「抄」上有「惡」字，下「已有」下有「也」字。❸

145 禮毋勸說　十行本「勤」作「抄」。北監本「毋」誤「母」。○按，段玉裁云：曲禮「勤」字從刀不從力。

疏云：「又憎惡爲人臣下而毀謗其君上者也。」邢疏云：「謂人居下位而謗毀在上，所以惡之也。」是皇、邢兩本亦無「流」字。〈九經古義〉云：「當因子張篇『惡居下流』涉彼而誤。」〈鹽鐵論〉「大夫曰：文學居下而訕上」，〈漢書朱雲傳〉云「小臣居下訕上」，是漢以前皆無「流」字。

146 遠之則怨　皇本「怨」上有「有」字。

147 若文母之類　十行本「母」誤「毋」。

148 年四十而見惡焉　漢石經作「年卅見惡焉」。

149 年四十而見惡焉章

150 終無善行　皇本「行」下有「也」字。

151 紂之諸父　皇本「父」下有「也」字，下「寧民」下同。

微子第十八

152 微子去之章

153 微子見紂無道　北監本「微」誤「教」。

154 比干以諫見殺　皇本作「以諫而見殺也」。北監本「比」誤「此」，「殺」誤「教」。

155 殷有三仁焉　〈筆解〉「殷」作「商」。

154 仁者愛人　皇本「仁」上有「馬融曰」三字。〈筆解〉引下二句作「孔曰」。

155 三人行異而同稱仁　皇本「行」下有「各」字。〈筆解〉無「稱」字。

156 其時猶尚爲妾　十行本、閩本「猶」作「九」，非。○按，今本呂氏春秋無「其時猶」三字。

157 改而爲妻後生紂　案，呂氏春秋「改」作「己」，「後」作「而」，是也。

158 紂之父欲立微子啓　○案，呂氏春秋「父」下有「紂之母」三字，「立」作「置」，下同。

159 比干是紂之親　今家語作「比干於紂親」。

160 知比干是紂之諸父耳　北監本「干」誤「于」。

161 乃與太師謀遂去　史記殷本紀「太師」下有「少師」二字。

162 吾聞聖人心有七竅　十行本「竅」誤「窮」。

163 孔曰士師典獄之官　皇本「官」下有「也」字，下「三黜」下同。案，孟子公孫丑疏引作「鄭曰」。

164 所至之國　皇本「所」上有「於」字。

165 何必去父母之邦　閩本「母」誤「毋」，疏同。

166 季氏爲上卿最貴　史記孔子世家集注引「上卿」作「正卿」。

167 言待之以二者之閒　皇本「閒」下有「也」字。

168 故云吾老不能用　皇本作「老矣不能用也」。〈筆解〉此注作「孔曰」。

169 異日　十行本「日」誤「曰」。

170 齊人歸女樂章　齊人歸女樂　釋文出「齊人歸」云：「鄭作饋。」案，説見陽貨篇。

171 廢朝禮三日　皇本「日」下有「也」字。

172 粥羔豚者弗飾賈　閩本「飾」誤「節」。

173 齊人聞之而懼曰　史記孔子世家無「之」字，下「致地」下有「焉」字，「犂鉏」下有「曰」字。

174 陳女樂馬於魯城南高門外　十行本「馬」誤「焉」。史記孔子世家「馬」上有「文」字。

175 則吾猶可以止　十行本「猶」作「九」，「止」誤「正」。

176 夫子則非罪　北監本「夫」誤「失」。

177 彼婦人之口　北監本、毛本無「人」字，下「彼婦人之謂」亦無「人」字，又「謂」作「謁」。

178 以羣婢故也　史記孔子世家無「故」字，「也」下有「夫」字，下「適衛」下無「矣」字。

179 楚狂接輿歌而過孔子　高麗本「孔子」下有「之門」二字。閩本「狂」誤「往」，下同。案，高麗本有「之門」二字頗與古合。蓋接輿乃楚狂之名，過孔子者，過孔子之門也。莊子人間世言「孔子適楚，楚狂接輿遊其門」，正指此事。故鄭君注「孔子下」云「下堂出門」，最爲明確。包咸以「下」爲「下車」，甚誤。

180 楚人　皇本「人」下有「也」字，下「鳳鳥」下、「諫止」下、「下車」下同。

181 欲以感切孔子　皇本作「以欲感切孔子也」。

182 何德之衰　〈漢石經〉「何」下有「而」字，「衰」下有「也」字，下「可諫」、「可追」下並同。唐石經唯「衰」下有「也」字。案，莊子人間世作「何如德之衰也」。「如」與「而」古字通。

183 鳳鳥待聖君乃見　皇本「君」下有「而」字，下「隱居」下有「也」字。

184 已而已而今之從政者殆而　〈釋文出「殆而」〉云：「魯讀『期斯已矣。今之從政者殆』，今從古。」

185 已而已而者　皇本不重「已而」字。

186 傷之深也　皇本「深」作「甚」。

187 來者猶可追　十行本「猶」作「九」，下同。

188 趨而辟之　十行本「趨」作「趍」，下同。

189 津濟渡處　皇本「處」下有「也」字，下「之貌」下，「易之」下同。

190 夫執輿者爲誰　〈漢石經〉「輿」作「車」，「誰」下有「乎」字。

191 曰是也曰　〈漢石經〉無「也」字，下「曰」字。皇本、高麗本上「曰」上有「對」字。

192 自知津處　皇本「處」下有「也」字。〈釋文出「處」也〉云：「本今無也字。」

193 是魯孔丘之徒與　〈釋文出「孔子之徒與」〉云：「一本作『子是』，本今作『孔丘之徒與』。」案，史記孔子世家作「子孔丘之徒與」。

194 滔滔者　〈釋文出「滔滔」〉云：「鄭本作悠悠。」案，史記孔子世家亦作「悠悠」。文選晉紀總論注引孔注云：「悠悠者，周流之貌也。」鄭作「悠悠」，亦從古論，今注中仍作「滔滔」，當是何晏從魯論妄改。

195 從辟人之法　皇本「法」下有「也」字。

論語注疏校勘記

196 則從辟世之法　皇本「法」下有「者也」二字。

197 耰而不輟　漢石經「耰」作「櫌」。案，說文亦引作「櫌」，與漢石經合。五經文字云：「櫌音憂，覆種。見論語。經典及釋文皆作耰。」

198 子路行以告夫子憮然　漢石經無「行」字，而誤衍也。皇侃疏已有「行」字。

199 鳥獸不可與同羣　皇本、高麗本「羣」下有「也」字。

200 隱於山林是同羣　皇本作「隱居於山林，是與鳥獸同羣也」。○按，文選劉孝標廣絕交論注引「隱居山林，是同羣也」。

201 言凡天下有道者　皇本、高麗本「言」上有「孔安國曰」。

＊ 有恐非是　補：明監本「有」作「又」。

196 是與　浦鏜云：當爲「是魯國孔丘之徒與」八字。

202 夫子憮然者憮失意貌　十行本「憮」訛誤「撫」。

203 謂不達己意　十行本「謂」誤「其」。

204 鳥獸不可與同羣者　十行本「鳥」誤「烏」，下竝誤。閩本下「山林多鳥獸」，「鳥」字亦誤「烏」。

205 兩人並發之　今周禮攷工記注「並」作「併」。

206 今之耝歧頭兩金　閩本、北監本、毛本「歧」作「岐」。○按，岐、歧正俗字。

207 子路從而後章

208 以杖荷蓧　皇本「蓧」作「篠」。釋文出「蓧」字云：「本又作條，又作莜。」案，說文、玉篇並引作「莜」。是莜爲本字，蓧爲假借字，條又爲蓧之省文。史記孔子

209 丈人老人也 北監本「丈」誤「文」。皇本作「老者也」。

210 篠竹器 皇本「器」下有「名也」二字。

211 不分殖五穀 閩本、北監本、毛本「殖」作「植」，疏同。

212 植其杖而芸 漢石經「植」作「置」，「芸」作「耘」。釋文出「而芸」云：「音云。多作耘字。」案，植、置古字通。耘為本字，芸乃假借字。

213 除草曰芸 皇本「芸」下有「也」字，下「以荅」下、「不在」下、「二子」下、「倫道」下、「之義」下同。

214 君臣之義如之何其廢之 漢石經作「君臣之禮如之何其廢之也」。皇本作「如之何其可廢也」。

215 欲絜其身 皇本、閩本、北監本、毛本「絜」作「潔」。案，潔乃絜之俗字。

案，後漢書申屠蟠傳注亦作「其可廢也」。

216 道之不行 皇本、高麗本「行」下有「也」字。

217 不必自己道得行 皇本作「不必自道得行也」。

218 自己知之 皇本「之」下有「也」字。

219 見子之士 補：明監本「士」作「事」，是也。

220 朱張 釋文出「朱張」云：「鄭作『侏張』，云音陟留反。」案，鄭氏不以「朱張」為人姓名，故讀朱如周，朱、周一聲之轉。書「譸張為幻」，本或作「侜張」，亦作「侏張」。此言逸民之行皆不合於正，故云「侏張」。猶師古注「夷逸」謂「竄於蠻夷而逃」，亦不以為人姓名也。

逸民章

○按，下無謂「朱張」之語。

221 節行超逸也　皇本「也」上有「者」字。

222 皆逸民之賢者　皇本「者」下有「也」字，下「之朝」下、「世務」下、「所在」下同。

223 不辱其身　皇本、高麗本「身」下有「者」字。

224 其斯而已矣　漢石經作「其斯以乎」。案，已、以古字通。

225 如此而已　皇本「已」下有「矣」字。

226 謂虞仲夷逸　漢石經「逸」作「佚」。案，前「夷逸」字闕。○按，二字古多通用。

227 身中清　史記孔子世家「身」作「行」。

228 廢中權　北監本「權」誤「糎」。

229 合於權也　北監本「合」誤「舍」。

230 降志辱身矣　十行本「矣」下誤衍「者」字。

231 中倫中慮　十行本誤作「中慮也」三字。

232 放置言語　北監本「放」作「故」。

233 應於純絜　十行本、北監本、毛本「絜」作「潔」。

234 荀卿以比孔子　十行本「比」誤「此」。

235 摯干皆名　皇本「皆」作「共」，「名」下「章名」下、「叔名」下、「河內」下、「皆名」下同。

236 入於河　唐石經、皇本「於」作「于」，下「入於海」、「入於漢」同。

237 播鼗武　皇本、高麗本「鼗」作「鞉」。釋文出「鼗」字云：「亦作鞉。」案，說文「鞀」或從兆作「鞉」，或從鼓從兆作「鼗」。此作鼗，乃鼗之變體。

238 播搖也　皇本「搖」上有「猶」字。

239 禮壞樂崩　皇本「壞」作「毀」。 ✕

240 大師樂官之長　十行本、北監本「大」作「太」。

241 亞飯干適楚者　閩本「飯」誤「飲」，下同。 ✕

242 鼗如鼓而小　十行本「鼗」誤「人」。

243 周公謂魯公曰

周公謂魯公曰章

244 周公之子伯禽　皇本「禽」下有「也」字，下「於魯」下、「聽用」下、「之事」下同。

245 君子不施其親　釋文出「不弛」云：「本今作施。」案，施、弛古字通。禮記孔子閒居引詩「弛其文德」，注「弛」作「施」。周禮遂人「與其施舍」，注云：「施讀為弛。」

246 不以他人之親易己之親　十行本「不」誤「入」。皇本作「不以他人親易其親也」。

247 怨不見聽用　皇本「用」下有「也」字，下「之事」下同。 ✕

248 施不易也　孫志祖云：「不」字當衍。

249 無此惡逆之事　十行本「事」誤「士」。毛本「惡」字模糊。❹

周有八士章

250 生八字　皇本「生」作「得」。案，釋文明出「生」字，是陸氏所見本亦不作「得」字。

251 皆爲顯士　閩本、北監本、毛本「士」作「仕」。 ✕

252 故記之爾　皇本「爾」作「耳」。

09—253 偏生子而乳之　十行本「偏」誤「徧」。

校　記

❶ 南昌本無「皇本磋下有也字，下上政下同」。

❷南昌本無「皇本」至「下同」云云十八字。
❸南昌本無「下己有下有也字」。
❹南昌本無「毛本惡字模糊」。

# 論語注疏校勘記卷十

## 子張第十九

**10-001** 或辯揚聖師之德　十行本「辯」作「辨」，「師」誤「帥」。

**002** 不愛其身　皇本「身」下有「也」字。

士見危致命章

**003** 有祭事　毛本「事」誤「祀」。

**004** 當盡其哀　浦鏜云：「思誤當。」

執德不弘章

**005** 言無所輕重　皇本「重」下有「也」字。

子夏之門人章

**006** 問與人交接之道　皇本「道」下有「也」字。

**007** 其不可者拒之　漢石經、皇本、高麗本「拒」作「距」，下竝同。釋文於「賢與」後出「距」字云：「本今作拒，下同。」說見前八佾篇。

**008** 異乎吾所聞　高麗本「聞」下有「也」字。

**009** 我之大賢與　高麗本無「之」字，下「我之不賢與」亦無「之」字。

**010** 如之何其拒人也者　十行本「者」誤「有」。

雖小道章

**011** 謂異端　皇本「端」下有「也」字，下「不通」同。

**012** 亦必有小理可觀覽者焉　十行本「小」誤「少」。

日知其所亡章

013 日知其所未聞　皇本「聞」下有「也」字。

014 使月無忘已能　十行本、閩本「已」作「也」。

015 博學而篤志章

016 廣學而厚識之　皇本「之」下有「也」字。

017 切問於己所學未悟之事　皇本「未」上有「而」字，「事」下有「也」字。閩本「悟」誤「惧」，疏同。

018 思己所未能及之事　皇本作「近思於己所能及之事也」。

019 汎問所未學　皇本「汎」上有「若」字。

020 則於所習者不精　皇本「習」作「學」。

021 所思者不解　皇本作「於所思者不解也」。

百工居肆章

022 猶君子學以致其道　皇本「致」作「立」，「道」下有「也」字。❶

023 以飭五材　閩本、北監本、毛本「材」作「財」。案，作「材」與周禮攷工記合。

小人之過也章

024 小人之過也必文　皇本「必」下有「則」字。案，作「必則」文義頗難通。攷文所載古本作「則必」，古文與皇本悉合，此亦疑作「則必」，今皇本誤倒。❷

025 不言情實　皇本作「不言其情實也」。

君子有三變章

026 彊爲辭理　毛本「彊」作「强」。

027 望之儼然　皇本「儼」作「嚴」。釋文出「儼然」云：「本或作嚴，音同。」案，古多借嚴爲儼。《公羊桓二年傳》注「儼然人望而畏之」，釋文亦云：「儼本又作嚴。」

厲嚴正　皇本「正」下有「也」字。

## 君子信而後勞其民章

**028 則以爲厲己也** 釋文出「厲」字云：「鄭讀爲賴。」

**029 厲猶病也** 皇本無「猶」字。

**030 則以爲謗己也** 高麗本「也」作「矣」。

**031 此章論君子使下事上之法也** 閩本、北監本、毛本作「事上使下」。案，「使下」指「信而後諫」。據經文前後，十行本爲是。

**032 小德不踰法** 閩本、北監本、毛本「德」下有「則」字，是衍文。

**033 故曰出入可** 皇本「可」下有「也」字。

**034 子游曰** 漢石經「游」作「斿」。案，《九經古義》云：

## 子夏之門人小子章

**035 當洒埽** 皇本、閩本、北監本、毛本「埽」作「掃」。釋文出「洒掃」云：「上色買反，又所綺反。正作灑。下素報反。本今作埽。」案，《五經文字》云：「灑，經典。下素報反。本今作埽。」案，《五經文字》云：「灑，經典或借洒爲灑埽字。」「埽，經典及釋文多作掃。」是俗字。

**036 抑末也** 釋文出「末」字云：「本末之末字。或作未，非也。」

**037 但當對賓客** 皇本「但」下有「於」字。

**038 不可無其本** 皇本「本」下有「也」字，下「之何」下、「之聲」下、「大道」下、「以次」下、「而已」下同。

**039 言先傳業者** 皇本「傳」下有「大」字。

「說文云：『斿，旌旗之游。從於汙聲。讀若偃。古人名斿，字子游。』『游，旌旗之流也。從於汙聲。』游與斿通。大宰九貢『八曰斿貢』，注云：『斿讀如囿游之游。』漢武班碑亦以斿爲游。」

論語注疏校勘記

040 焉可誣也 案，《九經古義》云：「《漢書薛宣傳》云：『君子之道，焉可憮也。』蘇林曰：『憮，同也，兼也。』晉灼曰：『憮音誣。』師古曰：『《論語》載子夏之言。謂行業不同，所守各異，唯聖人爲能體備之。』家君曰：『蘇解得之。』據此，是古本有作「憮」者，當是古、魯異傳。

041 其唯聖人乎 閩本、北監本、毛本「唯」作「惟」，說見前。

042 則以學文 皇本作「則可以學文也」，下章注「滅性」下亦有「也」字。 ×

043 吾友張也章 ×

044 言子張容儀之難及者也 皇本作「言子張之容儀之難及」。 ×

子游言吾同志之友子張其容儀爲難能及 毛本上「友」字誤作「及」，下「及」字誤作「友」。北監本、毛本「及」下有「也」字。 ×

045 吾聞諸夫子章 《漢石經》作「吾聞諸夫子人未有自致也者」。 ×

046 必自致盡 皇本「盡」下有「也」字。

047 吾聞諸夫子孟莊子之孝也章 ×

048 是難能也 皇本、高麗本無「能」字。

049 魯大夫仲孫速也 十行本、閩本、北監本、毛本「速」誤「連」，疏竝誤。

050 謂在諒陰之中 皇本「陰」作「闇」。

051 雖有不善者 皇本無「有」字。

052 不忍改也 皇本「改」下有「之」字。 ×

053 齊斬之情 毛本「齊」誤「衰」。 ×

孟氏使陽膚爲士師章

曾子弟子 皇本「弟子」下有「也」字，下「所爲」

054 典獄之官 皇本無「之」字。

下、「之過」下、「其情」下同。

055 則哀矜而勿喜 案，鹽鐵論後刑章、舊唐書懿宗紀竝引此文，「則」作「即」。即、則古字通。

056 上失其道 十行本「上」誤「土」。

057 紂之不善 皇本、高麗本「善」下有「也」字，注「於紂」下亦有「也」字。

紂之不善章

058 不如是之甚也 漢石經「之」作「其」。

059 是以君子常為善 閩本、北監本、毛本「常」誤「當」。

君子之過也章

060 如日月之食焉 皇本、高麗本「食焉」作「蝕也」。

衛公孫朝章

061 未墜於地 漢石經「墜」作「隧」。案，墜、隧古字通。

062 賢者識其大者 漢石經「識」作「志」。案，志、識古今字。康成注周禮保章氏云：「志，古文識。」賈疏云：「古之文字少，『志意』之『志』與『記識』之『識』同。後代自有『記識』之字，不復以『志』為『識』。」

063 夫子無所不從學 皇本作「無所不從其學也」。

064 故無常師 皇本「師」下有「也」字。

065 魯大夫叔孫州仇 皇本「仇」下有「也」字，下「日仞」下、「武叔」下同。

叔孫武叔語大夫於朝章

066 譬之宮牆 漢石經作「辟諸宮牆」。皇本、高麗本作「譬諸宮牆也」。案，白虎通社稷篇亦引作「諸」，與漢石經合。○按，譬正字，辟假借字。

# 論語注疏校勘記

一章。

067 闚見室家之好　閩本、北監本、毛本「闚」作「窺」。朱子集注本亦作「窺」。案，五經文字云：「窺與闚同。」

068 夫子之牆數仞　皇本「夫子」上有「夫」字。高麗本作「夫子之牆也」。釋文出「數仞」云：「仞一作刃，音同。」案，古多假「刃」爲「仞」，如書旅獒「爲山九仞」，左氏昭卅二年傳「仞溝洫」，釋文並云：「仞本作刃。」

069 不得其門而入　皇本、高麗本「入」下有「者」字。

070 夫子之云　皇本無「之」字。十行本「夫」誤「天」。❸

071 此由君子之道　毛本「由」作「繇」。

072 案世本州仇公子叔此六世孫　十行本上「世」字誤「此」，「州」誤「用」。浦鏜云：「『叔此』當『叔牙』誤。」

073 叔孫武叔毀仲尼章　皇本合上爲一章。

074 仲尼日月也　皇本、高麗本「日」上有「如」字。

075 人雖欲自絶　皇本、高麗本「絶」下有「也」字。案，後漢書孔融傳、列女傳二注引此文，並有「如」字。

076 言人雖自絶弃於日月　皇本「雖」下有「欲」字。閩本、北監本、毛本「弃」作「棄」。

077 其何能傷之乎　皇本無「之」字。

078 疏　十行本此字實闕。

079 此章亦明仲尼也　浦鏜云：「尼」下當脫「之德」二字。

080 猶可踰也　十行本「踰」字實闕。

081 猶可踰越　十行本「踰」字實闕。

082 則如日月　十行本、閩本「月」下四字實闕，北監本、毛本空闕。

083 不可得而踰也 十行本「踰」字實闕。

084 人雖欲自絶 十行本「雖」字實闕。

085 其何傷於日月乎者言 十行本、閩本「言」下六字實闕,北監本空闕,毛本作「人雖欲毁訾夫」。

086 日月 十行本、閩本「月」下三字實闕,北監本空闕,毛本作「特自絶」。

087 其何能傷之乎 十行本、閩本「乎」下五字實闕,北監本空闕,毛本作「故人雖欲毁」。

088 仲尼亦不 十行本、閩本「不」下四字實闕,北監本空闕,毛本作「能傷仲尼」。

089 多見其不知量也 浦鏜云:「也」下脱「者」字。

090 皆化但不能毁仲尼 毛本「化」作「作」。浦鏜云:「皆化」當「言非」之誤。

091 言人至量也 十行本「量」誤「者」。

092 所以多得爲適者 十行本「所」誤「斥」。

093 古人多得爲適 十行本、閩本「音」作「者」,非。

094 服虔本作祇 北監本、毛本「祇」作「祗」,亦誤。○按,當作「祇」。

095 炙炮夥清酤多 十行本、閩本「夥清酤」三字實闕。○嚴杰案,〈西京賦〉「夥」作「敥」,讀如支。

096 皇恩溥 十行本、閩本三字實闕。❺

陳子禽謂子貢章

097 夫子之不可及也 高麗本無「也」字。

098 夫子之得邦家者 高麗本無「之」字。

099 若卿大夫 皇本「夫」下有「也」字。

100 動之則莫不和睦  皇本「睦」作「穆」。○按，睦、穆古書多通用。

101 故能生則榮顯  皇本「則」下有「見」字。十行本「能」字實闕，「榮」誤「荣」，「顯」誤「显」。

102 死則哀痛  皇本「哀」上有「見」字，「痛」下有「也」字。❻

103 陳子禽謂子貢曰  十行本「陳」誤「東」。

104 此子禽不作陳亢  十行本「不」作「必」。

105 以此言拒而非之也  北監本「拒」誤「非」。

106 是為不知也  十行本「是」誤「豈」。

107 如天之不可階而升也者  浦鏜云：「如」當依經文作『猶』。」

108 又為設譬  閩本、北監本、毛本「為」誤

109 「當」。

110 可設階梯而升上之  十行本「階梯」誤「皆弟」。

111 其生也榮  十行本「生」誤「主」。

112 動之則民莫不和睦  十行本「民」字實闕。

113 故如之何其可及也  浦鏜云：「故當衍字。」

堯曰第二十

堯曰章

113 永長也  北監本「永」誤「未」。

114 天祿所以長終  皇本「終」下有「也」字，下「湯名」下、「玄牡」下、「皇大」下、「若此」下、「擅赦」下、「之位」下、「周家」下、「善人」下、「用之」下、「斗斛」下、「致敬」下、「後世」下並同。

115 舜亦以堯命己之辭命禹  北監本「禹」誤

116 此伐桀告天之文 皇本作「此伐桀告天文也」。

「禹」 皇本「禹」下有「也」字。

117 殷冢尚白 皇本「冢」作「家」，是也。

118 墨子引湯誓 孫志祖云：今墨子兼愛篇作「湯説」，疑「説」字正「誓」字之訛。

119 順天奉法 皇本「順」作「從」。

120 言桀居帝臣之位 筆解此注作「包曰」。

121 罪過不可隱蔽 皇本「罪」上有「有」字。

122 以其簡在天心故 皇本「故」下有「也」字。

123 無以萬方 漢石經「無」作「毋」。

124 萬方有罪罪在朕躬 漢石經、皇本、高麗本不重「罪」字。案，書湯誥云：「其爾萬方有罪，在予一人。」墨子兼愛篇下亦云：「萬方有罪，即當朕身」，呂氏春秋季秋紀云：「萬夫有罪，在予一人。」説苑貴德篇云：「百姓有過，在予一人。」與此並大同而小異。核其文義，俱不重「罪」字。

125 萬方不與也 皇本「與」作「預」。○按，預，俗字，古書多假「與」為「預」。

126 我身之過 皇本作「我身過也」。

127 四方之政行焉 皇本「焉」作「矣」。案，漢書律曆志亦引作「矣」。

128 重襲所以盡哀 皇本「盡」下有「其」字。

129 信則民任焉 漢石經、皇本、高麗本並無此句。案，此句疑因陽貨篇「子張問仁」章誤衍。

130 公則説 皇本「説」上有「民」字。

131 所以長終汝身 北監本、毛本「汝」作「女」。

# 論語注疏校勘記

132 禹有治水大功　十行本「大」誤「太」。

133 故舜禪位與禹　浦鏜云：「『與』疑『於』字誤。」

134 玄牡黑牲也　北監本「牲」誤「牷」。

135 皇大也　十行本「大」誤「天」。

136 大大君帝　十行本下「大」字誤作「夫」。

137 無用汝萬方　北監本「汝」作「女」。×

138 居岐周而王天下　十行本、毛本「岐」誤「歧」。❼

139 使鈞平法度　北監本、毛本「鈞」作「均」。×案，鈞、均古字通。

140 則此章其文略矣　北監本「章」誤「韋」。×

141 謂有圖錄之名　浦鏜云：「錄誤錄。」○

142 按，籙、錄古今字。

143 ＊皇甫謐巧欲傅會　閩本「傅」誤「傳」。補：案，「曰」誤「子」。

144 注孔子至用之　北監本作「蔡蔡叔」，毛本作「囚蔡叔」。案，北監本是也。

145 所謂殺管叔而殺蔡叔也　北監本作

146 而帝紂之庶兄　今史記宋世家作「而紂之庶兄也」。

147 不如周家之少仁人　閩本、北監本、毛本「少」作「多」。案，今孔傳本作「不如周家之少仁人」，孔疏云：「多惡不如少善，故言至親雖多，不如周家之少仁人。」則穎達所見本作「少」字。朱子集注本引孔傳誤作「多」，蓋據誤本改也。

148 所以稱物平施知輕重也　閩本、北監本、毛本「稱」作「秤」，是俗字。漢書律曆志本

147 **本起於黃鍾之重** 北監本、毛本「鍾」作「鐘」。

148 **合龠爲合** 北監本、毛本作「十龠」。案，漢書律曆志作「合龠」，舊本亦有誤作「十龠」者。唐六典云：「二龠爲合。」此云「合龠」，猶言兩龠也。若作「十龠」，未免太多矣。

149 **十升爲斗** 十行本「斗」誤「十」。

150 **而五量加矣** 今漢書律曆志「加」作「嘉」。

151 **十尺爲丈** 北監本「十」誤「寸」。

152 **子張問於孔子曰** 皇本、高麗本「問」下有「政」字。

　　**子張問於孔子章**

153 **尊五美屏四惡** 案，漢平都相蔣君碑「遵五进四」，隸釋云：「後漢傳有『遵五进四』之文，此碑亦然，蓋漢人傳魯論有如此者。」攷説文無「进」字，古多借「屏」爲之。詩「作之屏之」，禮記王制「屏之遠方」，穀梁宣元年傳「放猶屏也」，皆作「屏」字。唯禮記大學「进諸四夷」作「进」。釋文引皇云：「进猶屏也。」又「尊」乃「遵」字之省文。宗敬則循也，義亦相近。

154 **因民之所利而利之** 易益卦注、周禮旅師疏及文選洞簫賦注引此文並作「因民所利而利之」。案，皇疏兩述經文皆無上「之」字，疑後人據俗本誤增。

155 **無費於財** 皇本「財」下有「也」字，下「視成」下、「財物」下、「之道」下同。

156 **擇可勞而勞之** 皇本「可」上有「其」字。

157 **言君子不以寡小而慢也** 皇本「慢」下有「之」字。

158 **與民無信而虛刻期** 皇本「刻」作「剋」，「期」下有「也」字。❽

159 **出納之吝** 唐石經、皇本、高麗本「納」作「内」，注

160 又誰怨者 十行本「又」誤「且」。

161 此説勞而不怨者也 浦鏜云:「者」字衍。

162 又焉貪 浦鏜云:「貪」下脱「者」字。

163 我則欲仁而仁斯至矣 十行本「則」誤「財」。

164 此説威而不猛也 十行本「猛」誤「榲」。❾

165 當先施教令於民 十行本「民」誤「氏」。

166 猶復丁寧申勑之 十行本脱「丁」字。

167 若未嘗教告而卽殺之 閩本「未」誤「而」。

168 謂不宿戒而責目前成謂之卒暴 十行本「責目」誤「貴日」。

169 不知命章 釋文出「孔子曰不知命無以爲君子也」云:「魯論無此章,今從古。」

170 孔子曰 朱子集注本無「孔」字。案,唐石經、宋石經、釋文、皇本、高麗本以及十行本、閩本、北監本、毛本並有「孔」字。據此則朱子作「子曰」者非也。

171 命謂窮達之分 十行本「達」誤「逵」。皇本「分」下有「也」字。❿

172 當待時而動 十行本「待」誤「侍」。

10-173 立身之本 十行本「立」誤「以」。

校 記

❶ 南昌本無「道下有也字」。

❷ 文淵閣四庫全書本、文選樓本七經孟子考文補遺載古本皆作「必下有則字」,與皇本同。校勘記誤。

❸ 南昌本無「皇本無之字」。

❹ 今檢〈文選〉西京賦此句作「炙炰夥，清酤金塔鈘」，則「夥作鈘」當作「多作鈘」，嚴杰案語誤。

❺ 南昌本出文同，校語作「本溥字實闕，閩本同」。今檢北京市文物局藏元刊明修十行本（此葉爲明初補版）、閩本「皇恩」二字皆不闕。

❻ 南昌本無「痛下有也字」。

❼ 南昌本出文同，校語作「本岐誤歧，今正」，未及毛本。

❽ 今檢毛本確亦誤「歧」，南昌本誤脱。

❽ 南昌本無「期下有也字」。

❾ 南昌本出文「説」誤「則」。

❿ 南昌本無「皇本分下有也字」。

# 論語釋文校勘記

## 學而第一

f01—001 傳不 鄭本或無此注者 ○段玉裁校「或」下增「有」字。

002 司馬法號曰司馬法 ○葉林宗影鈔本「號」作「号」。

003 好色下章好學同 ○舊「章」誤「至」，盧文弨刻本校改。

004 盡津忍反 ○舊「忍」作「刃」，盧本據書內音校改。

005 子貢本亦作贛 ○舊「贛」作「贑」，盧本據說文校改。

006 患不知也今本患不知人也 ○段玉裁云：七字恐非元朗語，乃後人所增耳。

## 爲政第二

007 先生饌土眷反 ○舊「士」誤「上」，盧本校改。

008 曾皇侃云嘗也 ○葉本「侃」作「偘」。案，五經文字：「偘相承作佀，訛。」

009 柱紆往反 ○舊「往」誤「柱」，盧本校改。

## 八佾第三

010 撤本或作徹 ○葉本「徹」誤「撤」。

011 旅按祭山曰旅 ○舊「按」作「接」，盧本校改。

012 盼兮 ○通志堂本「盼」誤「盻」。

013 禘大祭也 ○舊「大」誤「又」，盧本據詩、禮音校改。

014 爲序于僞反下注同 ○舊脫「下」字，盧本校補。

015 鬱暢本今作鬯 ○舊「暢」誤「鬯」，盧本校改。

016 關雎 ○通志堂本「雎」誤「睢」。案，從目之睢音非元朗語，乃後人所增耳。

綏，當从且。

017 木鐸 直洛反 ○通志堂本「洛」誤「畧」。

018 盡津忍反 ○葉本「反」下有「注同」二字，是也。

里仁第四

019 造次 鄭云蒼卒也 ○通志堂本「蒼」作「倉」。案，蒼、倉古字通。

020 顛沛 僵仆也 ○盧本「仆」誤「什」。

021 好仁 呼報反下及注同 ○舊誤「注及下同」，盧本校改。

022 欲訥 包云遲鈍也 ○葉本「遲」作「遟」。案，五經文字云：「遲、遟，上說文下，籀文。今從籀文。」

公冶長第五

023 賦魯論作傳 ○按，作「傳」是。宋蜀本、通志堂本誤「傳」。

024 元亨 許庚反 ○此五字舊在「天道」上，盧本校改。

025 梲本又作棳章悅反 ○舊「棳」誤「掇」，「章」誤「草」，盧本校改。

026 名穀本又作穀 ○葉本「穀」作「穀」。案，作「穀」、「穀」皆非。段玉裁云當作「穀」，是也。

027 伯夷 姓墨名允 ○段玉裁云：「墨」下當有「胎」字，皇侃疏可證也。

028 叔齊 名智 ○段玉裁云：皇侃、司馬貞皆作「致」，此作「智」恐非。

029 便辟 葉本「辟」作「僻」。

雍也第六

030 大簡 音泰注同 ○舊「注」誤「下」，盧本校改。

031 食音嗣注同 ○舊「注」誤「下」，盧本校改。

032 以上 注可上同 ○葉本「可」字空缺。

033 知者樂 音洛注同 ○舊作「五孝反，下同」，盧本

校改。

034 等以爲男子者今注云舊以南子者字非陸氏語。○按，注文八字非陸氏語。

述而第七

035 舊三十九章 ○盧本無「舊」字。

036 執鞭或作硬 ○葉本「硬」作「鞭」。

037 亡而爲有此舊爲別章 ○通志堂本「此」誤「比」。

038 繳章畧反 ○葉本「畧」作「略」，後放此。○按，古略、畍字多田字在左。

039 有之諫曰 説文作譴或云作讓禱累功德以求福也以諫爲諡也 ○葉本「或云」作「云或」，「諡」作「謚」。○盧本據説文改「諫」爲「讓」。

040 子温而厲 一本作子曰厲作例 ○段玉裁云：「例」當作「列」。

泰伯第八

041 則葸 鄭云葸質貌 ○舊「葸」誤「殼」，盧本校正。

042 參分本又作三 ○葉本「又」作「今」。

子罕第九

043 牢鄭云弟子子牢也 ○盧本「弟」上衍「是」字。

044 多伎 ○葉本「伎」作「伎」，非也。

045 行詐側嫁反 ○盧本校移此五字於「少差」之前。

046 韞鄭云裹也 ○舊「裹」誤「裹」，盧本校改。

047 緼鄭云絮也 ○舊「絮」作「枲」，盧本據藝文類聚三十五校改。

鄉黨第十

048 麋米俟反 ○葉本「俟」誤「佽」。

049 人儺乃多反 ○通志堂本、盧本「乃」誤「户」。

050 殿王弼曰公殿也 ○葉本「曰」作「云」。

051 居不客 ○通志堂本「客」誤「容」。

052 齊衰七雷反 ○葉本「七」誤「土」。

053 山梁鄭云孔子山行見雉食梁粟也 ○段玉裁云：依鄭則當作「梁」。

## 先進第十一

054 焉能上於虔反 ○盧本「反」下校補「下同」二字。

055 藏才浪反藏名 ○盧本校改「藏名，才浪反」。

056 鈍也徒頓反 ○葉本「頓」作「遜」。

057 呎普半反 ○通志堂本「呎」作「叛」。

058 屢空力從反 ○錢大昕潛研堂文集云：「檢毛詩釋文『屢盟』、『削屢』、『婁豐』，皆音『力住反』，此『力從』乃『力住』之譌，陸氏爲『屢』音，不爲『空』音也。」

059 曾晳史記云曾蒧字晳 ○通志堂本「蒧」誤「葴」。

060 鏗爾投琴聲 ○盧本校改作「瑟聲」。案，《玉篇》、《廣韻》立云「捊琴聲」。又玉篇引論語「捊爾捨琴而作」，云「與鏗同」。説文「摼」下、「頓」下竝引論語「鏗爾」，今金部無此字，疑有脱也。上云「投瑟聲」，故下云「本今作瑟聲」，則「瑟」字似不當改。

## 顏淵第十二

061 沂 ○通志堂本作「沂水」，盧本校删。

062 吾焉得而食諸本今作吾得而食諸 ○盧本校改「焉」字爲「豈」，下删「而食諸」三字。案，盧氏嫌與注文重，因改爲「豈」。今攷一有「吾」字，一無「吾」字，故陸氏云「本亦作」。據此則「焉」字似不當改，下删三字亦非。

063 無倦亦作券 ○舊「券」作「卷」，盧本校改。

064 有相切磋七何反本今作友 ○盧本校删下四字，非也。

## 子路第十三

065 之迂鄭本作于枉也 ○舊「柱」作「狂」，盧本校改。案，此疑「往」字之訛，亻旁與彳旁形相近也。《詩》「之子于歸」、「維日于仕」、「伊于胡底」、「之子于狩」、「周王

066 繩廣八寸長丈二以約小兒於背　○按,「寸」當作「尺」。

067 父爲于偽反下同　○舊「下」誤「注」,盧本校改。

憲問第十四

068 草創創制之字當作刱　○舊「刱」作「剙」,盧本據《説文校改。

069 公綽本又作綽　○舊「綽」作「綽」,盧本據《汗簡》校改。

070 九合諸侯不以兵車七年會宰母　○葉本「母」作「毋」。

071 大夫撰本又作撰　○通志堂本「撰」誤「僎」。

072 丘何或作丘何　○盧本「何」下校補「是」字。

于邁、「于邑于謝」、「于疆于理」,傳、箋皆訓爲「往」。歸安丁授經云:此與「佛肸」章「子之往也」義同。「迂」無「往」訓,故改字爲「于」。

073 伯寮力彫反　○通志堂本「力」誤「刀」,盧本校改。

074 荷蕢本又作何　○舊「何」作「河」,盧本校改。

075 末之難　○葉本「末」作「未」。

076 陰鄭讀禮爲梁鵠　○舊「鵠」誤「鵒」,盧本據鄭注《禮記喪服四制》校改。

衛靈公第十五

077 絶糧鄭本作粻音張云糧也　○舊「云」誤「下」,盧本校改。

078 變貊説文作貉　○舊「貉」誤「貊」,盧本校改。

季氏第十六

079 疾夫音符　○盧本以「疾夫」字已見「夫顓臾」下,刪此四字,是也。

陽貨第十七

080 彊賢　○葉本「彊」作「強」。案,《五經文字》云:「彊

盛字本合作此字，強者蟲名。今經典相承通用之。」

081 涅而 說文云謂黑土在水中者也 ○通志堂本「涅」誤「湼」，「水」誤「木」，盧本校改。

082 穿窬 說文作窬穿木戶 ○通志堂本誤作「穿窬本戶」。葉本亦作「穿窬」，「木」字不誤。盧本校改。

083 據樂又音洛 ○通志堂本「洛」誤「樂」。

微子第十八

084 摯音至 ○盧本校移此三字於「亞」字之前，是也。

子張第十九

085 焉下同 ○葉本「下」作「注」。按，「下」字是。

086 距雞爪也 ○葉本「雞」作「鷄」。

087 厲王云病也鄭讀爲賴恃賴也 ○舊無「厲」字注，與上并爲一條，盧本校補，是也。

088 己居止反下同 ○舊此亦與上并爲一條，「己」字亦

作注，盧本校改。

089 洒掃 正作灑經典相承作洒 ○舊無「相承作洒」四字，盧本校補。

090 焉學 下焉不學同 ○舊注脫「焉」字，盧本校補。

091 綏之音雖 ○盧本「雖」誤「綏」。

附次第及注解傳述人

092 此是門徒所記 ○葉本「此」字空缺。

093 因輯時賢 ○葉本「輯」字空缺。

f01–094 後漢包咸字子長 ○案，皇侃《論語義疏》作「子良」。

# 孝經注疏校勘記

〔清〕阮　元　總纂
　　　嚴　杰　分校
　　　張學謙　整理

# 目録

整理説明 …… 一
孝經注疏校勘記序 …… 一
孝經注疏校勘記卷一 …… 一
孝經注疏校勘記卷二 …… 二四
孝經注疏校勘記卷三 …… 四五
孝經釋文校勘記 …… 六一

# 整理説明

孝經注疏校勘記三卷、釋文校勘記一卷，題「臣阮元恭撰」，實際分任校勘者爲錢塘嚴杰。阮元孝經注疏校勘記序云：「臣元舊有校本，因更屬錢塘監生嚴杰旁披各本，並文苑英華、唐會要諸書，或讎或校，務求其是，臣復親酌定之。」各卷末亦署「臣嚴杰校字」。嚴杰（一七六四—一八四三）❶，字厚民，號鷗盟，浙江錢塘人。國子生。助阮元編經籍籑詁及皇清經解。著有經義叢鈔、小爾雅疏證、蜀石經殘本毛詩考證等。❷除孝經外，尚分任左傳注疏校勘記的編纂。

國家圖書館藏周易注疏校勘記稿本，原稿爲李鋭纂成，後經嚴杰校補、阮元批校，嚴、阮二氏案語在刻本中均以「○」或空格的方式與原稿校記區別。❸周易注疏校勘記謄清本亦經嚴杰校定。由此推斷，嚴杰在十三經注疏校勘記的編纂中，很可能承擔了各經的定稿工作。❹與周易注疏校勘記不同，孝經注疏校勘記並無「○」後案語，說明作爲定稿者嚴杰纂成的校勘記，此稿很可能未經阮元批校。

孝經注疏校勘記於嘉慶十一年（一八○六）十月由儀徵阮氏文選樓刊行，爲宋本十三經注疏併經典釋文校勘記之一。❺校記凡 915 條，其中卷一 329 條，卷二 292 條，卷三 230 條，釋文 64 條。

一、孝經孔傳與鄭注

# 孝經注疏校勘記

孝經有今文、古文之別，今文十八章，古文二十二章。然從內容看，除閨門章之有無外，二者無大差別。唐以前的注本，有今文系統的鄭氏注（相傳爲東漢鄭玄所注）和古文系統的孔氏傳（相傳爲西漢孔安國所作）。唐玄宗開元七年（七一九）詔「令儒官詳定所長」，司馬貞主今文，劉知幾主古文，爭論不休，仍以二注並行。至開元十年，玄宗以今文爲主，參據鄭注、孔傳，撰御注孝經一卷，並命元行沖作疏三卷，頒行天下，即所謂「開元始注」本。後又於天寶二年（七四三）重注（元疏亦隨之重訂）❻並於天寶四年以御書上石刊刻，立之太學，世稱「石臺孝經」，即所謂「天寶重注」本。自「御注」行而鄭注、孔傳俱衰，亡佚於五代。北宋咸平三年（一〇〇〇），邢昺以元行沖疏爲藍本，約而修之，纂成孝經正義。今傳注

疏本系統即爲玄宗御注，邢昺疏。

對於孔傳，孝經注疏校勘記序云：「孔注今不傳，近出於日本國者，誕妄不可據。要之，孔注即存，不過如尚書之僞傳，絕非真也。」孔注即亡於梁亂，至隋經劉炫校定復出。五代時雖復亡於中土，日本仍多有鈔本流傳。所謂「近出於日本國者」即日本太宰純校刻之古文孝經孔傳。太宰純本刻於享保十七年（一七三二），不久即傳入中國。乾隆四十一年（一七七六）鮑廷博以汪鵬自長崎帶回之本付梓，即知不足齋叢書本，四庫全書又據鮑本收入。盧文弨、吳騫、鄭辰序及鮑廷博皆跋信其出自隋唐之本，四庫全書總目則謂「摭諸書所引孔傳，影附爲之……出自宋元以後」。其後清人多以日傳孔傳非劉炫本，乃僞中之僞。❼經現代學者研究，劉炫並非古文孝經孔傳的僞造者，

而是整理校定者。❽流傳至日本的古文孝經孔傳淵源於隋唐舊本，亦非日人偽造。太宰純校定音注本雖有種種缺陷，但於當時仍屬佚籍復出，自有其重要價值。校勘記雖譏其「誕妄不可據」，仍有數條據以校邢疏所引司馬貞孝經議中之孔傳，稱「偽孝經孔傳」。

對於鄭氏注，孝經注疏校勘記序云：「鄭注之偽，唐劉知幾辨之甚詳，而其書久不存。近日本國又撰一本，流入中國，此偽中之偽，尤不可據者。」此本僅題鄭氏注，而無玄名，南北朝時多有異議，至唐劉知幾更立「十二驗」以辨其非鄭玄所著。鄭注亡於五代，至北宋太平興國九年（九八四）日僧奝然入宋，進獻孝經鄭注，藏於秘閣。南宋乾道中熊克刻之京口學宮，然不久即再次亡佚。校勘記所謂日本國所撰之本即岡田宜生校定之孝經鄭注一卷，寬政六年（乾隆五十九年，一七九四）尾張書肆永樂屋片野東四郎刊行，乃據尾張藩刊行之天明本群書治要輯出。其識語云：「右今文孝經鄭注一卷，群書治要所載也。其經文不全者，據注疏本補之。」❾岡田本傳入中國後，鮑廷博於嘉慶六年刻之，收入知不足齋叢書第二十一集。十三經注疏校勘記之纂修亦始於嘉慶六年。❿從事諸君如阮元、臧庸皆以岡田本為偽。臧庸撰孝經鄭氏解輯，亦收入知不足齋叢書第二十一集。⓫不用岡田本，而主要從釋文、邢疏採輯，兼及他經疏文、史注、文選李善注、唐宋類書等。阮元孝經鄭氏解輯本題辭云：

往者鮑君以文持日本孝經鄭注請序，余按其文辭，不類漢魏人語，且與

群籍所引有異，未有以應。近見臧子東序輯録本，喜其精核，欲與新出本合刊，仍屬余序。……然則孝經舊引之注，新出之書，二本並行，亦奚不可？嘉靖辛酉季冬儀徵阮元題。

當時學者於群書治要爲何書尚多茫然不知，故對出於治要之岡田本頗有疑慮。⓬但阮元於嘉慶初年即得到日本天明本群書治要，進呈内府，四庫未收書提要謂「洵初唐古籍也」。⓭其嘉慶三年所作之曾子注釋，已多據群書治要進行校勘，有「日本國唐魏徵群書治要……」云云。⓮可見阮元雖對群書治要之價值早已了然，但對岡田本孝經鄭注仍持否定態度，此後亦未見改變。

然當時亦有肯定岡田本之價值者。如

洪頤煊撰孝經鄭註補證，以岡田本爲底本，「補者，採群書所引補治要之缺；證者，群書所引有與治要同者，則注其下以相印證」⓯亦收入知不足齋叢書第二十一集，附於岡田本後。又如嘉定錢侗重刊鄭注孝經序（嘉慶七年）云：

此本與經典釋文、孝經正義所述鄭注，大半皆合。初疑彼國稍知經學者抄撮而成，繼細讀之，如……俱釋文、正義之所未引，而此本秩然具載，不謀而合，恐非作僞者所能出也。惟挺之序謂與釋文吻合……此類甚多，率今本所無，其與陸氏所見本不同明矣。即此本挺之後跋稱，鄭注孝經一卷，群書治要所載。攷群書治要凡五十卷，唐

魏鄭公撰，其書久佚，僅見日本天明七年刻本。前列表文，亦有岡田挺之題衡，則此書即其校勘治要時所錄而單行者。治要采集經子各注，不著撰人名氏，而今本竟稱鄭注，或亦彼國相承云爾，而挺之始據釋文定之，故太宰純、山井鼎諸人舉未言及耳。鄭注各經自漢至唐多立學官，惟孝經顯晦不一，故唐初傳寫率多踳錯。釋文摘注爲音，每注云「自某至某，本今無」，以明所見之異，則其時已無足本，可知治要所載恐亦有所刪削。而陸云本無者，今半無之，亦有陸以爲無而今仍存者，知別一古本流傳外國者如此。其經文與注疏本異者數處……並同石臺孝經、開成石經，益足定爲宋以前古本也。❶

錢氏曾見天明本群書治要，知岡田挺之亦校勘者之一，故信此本之淵源有自，經過考證，並定爲宋以前古本，可謂卓識。隨着二十世紀初敦煌寫本孝經鄭注的發現，岡田本業已被證明並非僞作。校勘記摒棄不取，議爲「僞中之僞」，頗顯武斷。

二、孝經注疏校勘記引據版本考實

（一）底本

據引據各本目録，孝經注疏校勘記以「正德本孝經注疏九卷」爲底本，「是本刊于明正德六年」，目録並詳述其行款、版式，謂「皆元泰定間刊本舊式」。阮元以已藏十行本諸經注疏爲宋本，「雕版南宋，遞有修補，下至明正德間」，❶故宋本十三經注疏併經典釋文校勘記凡例謂「孝經以翻宋本爲

據」。嚴杰指出正德本孝經注疏實以元泰定本爲據，極是，蓋嘗寓目泰定本。

今國家圖書館藏元泰定刻本孝經注疏九卷（十行本），刻工中有「泰定二年程瑞卿」、「泰定丙寅英玉」，丙寅即泰定三年（一三二六）。明代十行本版片存於福州府學，[18] 遞有修補。以孝經注疏而言，至明正德間，元泰定版片皆朽壞漫漶，故補版遍及全書，與重刻無異，故嚴杰稱爲「正德本」。今檢中華再造善本影印北京市文物局藏十行本孝經注疏（元刊明修十三經注疏之一），版式多爲四周雙邊，雙黑魚尾相順，版心上刻「正德六年刊」，中刻膳錄工名（如「書手陳景淵膳」），下或刻刻工名（如「刊字江操」），故嚴杰定爲正德六年（一五一一）所刊。亦有數葉爲單黑魚尾，版心無年號、膳錄工及刻工，實際爲正德十二年補版。[19]

然當時有誤以正德十二年補版爲原版者，如洪頤煊讀書叢錄卷二十四云：

（周易注疏、毛詩注疏、周禮注疏、禮記注疏、左傳注疏、公羊注疏、穀梁注疏、孝經注疏）以上八種皆南宋閩中所刊，即世所稱十行本也，間有明正德、嘉靖補刻葉。唯孝經殘缺最多，原葉幾無一二存矣。阮尚書南昌學官刊本即從此本翻雕。[20]

所謂「幾無一二存矣」之「原葉」即正德十二年補版之誤認。又孫星衍平津館鑒藏記書籍卷一「宋版」著錄「孝經注疏九卷」云：「此本亦南宋刊本，正德六年補刻，而殘缺過多，板心上不標年代者僅數葉爲宋版。此度其文意，即以不標年代之葉爲宋版。此本今藏北京大學圖書館（書號 LSB/ [21]

8275），㉒以元泰定刻本原葉與正德十二年補版對照，字體差異明顯，孫氏、洪氏等人之誤，皆未見原版之故。嚴杰所據即洪頤煊所見阮元藏本，主體爲正德六年所刊，間有正德十二年補版數葉。

如上所述，文選樓本孝經注疏校勘記確以正德本爲底本（校勘記中稱「此本」），但出文據他本及文意改正了正德本明顯的誤字，如：

　　01—042　故須更借曾子言　此本「更」誤「史」，據閩本、監本、毛本改正。

　　01—061　諡曰明孝皇帝　「明」字據毛本補。

　　01—090　我先師北海鄭司農　此本「北」誤「比」，今改正。

十行本孝經注疏（泰定本、正德本）均無釋文，孝經釋文校勘記未明言底本，今檢

校勘記「賴之引辟」條：「上鹿艾反。辟止或作辟，同，匹辟反。」○葉本作『止本』。」核之宋本、盧本皆有「本」字，惟通志堂本闕，則孝經釋文校勘記底本爲通志堂本可知矣。又「卜其宅兆」條：「字書皆作垗。廣雅云：垗，葬地。○按，一本『雅』誤作『韻』。」

今檢康熙通志堂刻初印本釋文確作「雅」，此「一本」乃乾隆五十年修補通志堂本。當時内府有「蘇州織造解到通志堂經解版片，内有殘缺模糊，應行補刊，全刊者，共計三千五百餘頁」，高宗令仿寫刊補，至乾隆五十年二月完成，並將乾隆五十年二月二十九日諭旨刊載經解書首。㉓其中之經典釋文經過修補，故文字與康熙印本偶有差異。

（二）校本

除底本正德本外，引據各本目録所列校本凡七種：

1. 唐石臺孝經四軸

即上文所云天寶二年頒行之「天寶重注」本。此碑清代存於西安府學（現存西安碑林），四面環刻，此云「四軸」，知爲整拓。引據各本目録引顧炎武金石文字記，於此碑介紹頗詳。

2. 唐石經孝經一卷

唐石經始刻於唐文宗大和七年（八三三），刻成於開成二年（八三七），故又稱「開成石經」。包括易、書、詩、三禮、三傳及孝經、論語、爾雅共十二種，並附五經文字、九經字樣二種。立石長安國子監太學，清代在陝西西安府府學，今存西安碑林。孝經一卷，僅刻經文，用玄宗御注本。首行題「孝經序」，次行題「御製序并注」，卷尾題「御注孝經一卷」。唐石經改刻、補刻及拓本情況詳周易注疏校勘記整理説明。

3. 宋熙寧石刻孝經一卷

引據各本目録云：「是本張南軒所書，不分章，每行十一字，末題：『熙寧壬子八月壬寅書付姪愭收。時寓邠（鄧）之廢寺，居東齋。南軒題。』」此碑在浙江紹興，阮元兩浙金石志收録，作「宋張南軒手書孝經碑」，云：「右碑分六列，每列三十三行，正書。在紹興府學十哲贊碑之陰。横列刻，中闕十三行。後有小字跋，剝蝕幾盡，南軒書傳刻甚少，亟爲録出。文中敬字皆闕筆。」㉕張南軒即張栻，字敬夫，號南軒，張浚長子。南宋理學家。然張栻生於紹興三年（一一三三），顯非熙寧壬子（五年，一〇七二）書經之南軒。杜春生越中金石記於此碑有考證：

按此刻不載書人姓名，亦不詳刻時歲月。阮元孝經校勘記、兩浙金石

志及乾隆府志據南軒二字，遂以爲張敬夫書，而竟忘時代之不相值。余嘗攷得之，蓋謝景初所書，熙寧六年所刻也。景初字師厚，慶曆六年進士，官至屯田郎致仕。太子賓客濤之孫，兵部員外郎絳之子。本富春人，絳知鄧州，卒於官，貧不能歸，因葬其地而寓居焉。具詳歐陽永叔撰絳墓銘中。陳後山詩話亦有師厚廢居於鄧之語。絳子四人，景初最長，次曰景溫、景平、景回。景初爲黃魯直婦翁，二子，公敬名愷，公定名惇，見山谷集任淵注。愷爲景初之姪，故命名皆從心旁。程公闢續會稽掇英集詩有表姪太廟齋郎謝愷，當即其人。又景平、景回墓誌並王介甫作，俱云無子，則愷乃景溫之子景溫於熙寧六年正月以工部郎中直史館，知越州，愷必隨父在越。景初又嘗知餘姚縣事，築海堤，清湖界民，越其宦游之地。景溫以兄書勒石郡庠，非無意也。經文敬、匡二字避翼祖、太祖諱，並缺筆。㉖杜氏所考頗精，知書者乃北宋人謝景初（一〇二〇—一〇八四），校勘記誤。

4. 南宋相臺本孝經一卷

中金石記並録此碑經文全文。

校勘記以爲宋岳珂刊，實則元代荆溪（宜興）岳浚刊行。㉗岳刻孝經清代僅存一部，清初經季振宜、徐乾學遞藏，後入内府，爲「天禄琳琅」藏書，天禄琳琅書目後編著録。民國間爲周叔弢所得，現藏國家圖書館。然此本嘉慶間尚貯於内府，嚴杰不得據以校勘。且引據各本目録謂「卷末有木

刻亞形篆書「相臺岳氏刻梓荆溪家塾」印，而此本無之，可知校勘記所據絕非此本。清代尚流傳一部影鈔岳本孝經，亦崑山徐氏藏書，或即傳是樓影寫。清末歸繆荃孫，藝風堂藏書記著錄云：

孝經一卷，影鈔相臺岳氏刻本。崑山徐氏藏書。收藏有「傳是樓」朱文長印、「徐炯珍藏祕笈」朱文長方印、「彭城中子審定」朱文長印、「徐仲子」朱文長印、「御賜」朱文長印、「忠孝堂」朱文長印、「慧成私印」白文方印。後有「浙江按察使」「兩浙江南鹽運使」兩官印。

既有「浙江按察使」、「兩浙江南鹽運使」官印，則此本清代曾藏於浙江。四部叢刊初編第一次印本即借此本印行，卷末摹

有亞形篆書印記。此外又有桐鄉金氏翔和書塾翻刻本，朱學勤批四庫簡明目錄作「桐華館翻岳本」，桐華館即桐鄉金德輿（一七五〇—一八〇〇）室名，二者當即一本。陳鱣（一七五三—一八一七）經籍跋文云：

孝經一卷，唐明皇注，繙宋相臺岳氏刻本……卷末有亞形篆書「相臺岳氏刻梓荆谿家塾」印，與所刻各經同。今本爲宋刻本向藏崑山徐氏，前有「傳是樓」及「徐炯珍藏祕笈」二印。後有「徐中子」及「彭城中子審定」二印。桐鄉金氏翔和書塾精摹繙刻，視原本幾欲亂真。

陳氏所錄印記與傳是樓影鈔本同，因知所謂宋刻本實爲影鈔本。陳氏蓋未嘗寓

目宋刻及影鈔二本，所記藏印乃據翻刻本之摹刻，故有此誤。桐鄉金氏翔和書塾翻刻本以傳是樓影鈔本爲底本，故卷末有木記，與引據各本目録所云相符，校勘記所據當即此本。

5. 閩本孝經注疏九卷

此本爲明嘉靖間福建巡按御史李元陽、提學僉事江以達刊於福州，㉝乃十三經注疏的第一次彙刻。閩本孝經注疏出於正德本，但改易版式爲半葉九行，經大字單行，注中字單行，疏小字雙行。卷端題「宋邢昺註疏」，頗爲不倫。泰定本、正德本皆「御製序并註」之疏文在前，孝經序及其疏文在後，閩本反之，監、毛本又沿閩本。正德補板偶有墨釘，閩本補足，如卷六五刑章第十一疏「至周穆王命吕侯入爲司寇，令其訓暢夏禹贖刑，依夏之法，條有三千，則周

三千之條首自穆王始也」（校勘記 03—042），「千則周三」四字正德本均爲墨釘，閩本補闕。閩本各經初印本卷端皆署「明御史李元陽、提學僉事江以達校刊」，㉟今所見皆後印本，銜名多被削去。如孝經卷端第三行爲大小不一之墨釘，當爲挖版後擠入之木條，欲刻字而未刻。

6. 重修監本孝經注疏九卷

監本十三經注疏爲萬曆十四年（一五八六）至二十一年北京國子監刊行，故稱「北監本」。監本據閩本重雕，故行款、分卷年份、卷端次行起刻校刊者祭酒、司業銜名與閩本同，惟注文改閩本中字單行爲小字單行，空左偏右。各經版心上方刻版心字，卷端次行、三行刻「皇明朝列大夫國子監祭酒臣韓世能等奉／勑重校刊」。其中孝經注疏版心刻「萬曆十四年刊」，

監本於崇禎間有修版，重修本將萬曆校刊者銜名由大字單行改爲小字雙行，「校」改「較」，並於其後增刻「皇明朝列大夫國子監祭酒臣吳士元／承德郎司業臣加俸一級臣黃錦等奉／旨重修」，版心刊版年份未改。吳士元，字長吉，進賢人。崇禎四年（一六三一）「管北司業事」，五年陞北京國子監祭酒。㊱重修監本十三經注疏「有崇禎六年祭酒吳士元題疏，稱板一萬二千有奇，始刻於萬曆十四年，成於二十一年，至崇禎五年冬，奉旨重修」。㊲孝經注疏校勘記所據即此崇禎五年重修本。

至清康熙二十五年，北京國子監又對版片進行了修補。每卷首葉版心改鐫「康熙二十五年重修」，餘葉將萬曆刊記刪去。卷端舊銜名亦改刻「康熙二十五年國子監祭酒臣常

錫布、祭酒加一級臣翁叔元、司業臣宋古渾、司業加一級臣達㺃、司業臣彭定求、學正臣王默、典籍臣程大畢奉旨重校脩」。舊刊記、銜名亦有未刪，或刪而未刻者。

萬曆監本經過崇禎、康熙間兩次修補，質量每況愈下，浦鏜十三經注疏正字例言云：「修板視原本誤多十之三。」校勘記凡例對監本評價頗低，所據實爲重修之本，不符萬曆監本之實。嚴杰於監本初印與重修之別頗爲明了，其分任之左傳注疏校勘記，於「監本」云「錯字較少，非毛本可及」，於「重修監本」則云「譌字較原本爲多」。引據各本目錄僅列「重脩監本」，知孝經注疏未得萬曆監本。

7. 毛本孝經注疏

毛本孝經注疏爲崇禎二年常熟毛晉汲古閣刻本，故又稱「汲古閣本」。毛氏刻十

三經注疏，始崇禎元年，終十二年，各經末均鎸刊版年份，其中孝經注疏爲「皇明崇禎二年歲在屠維大荒落古虞毛氏鎸」。毛據監本重刻，而校正粗疏，誤字甚多，故校勘記凡例譏之爲「魯魚豕亥之訛，觸處皆是，棼不可理」。然其初印本亦多有佳處，蓋嘗對校宋元善本。㊳

泰定本、正德本孝經註疏，前六行文字皆低二格，後署「翰林侍講學士朝請大夫守國子祭酒上柱國賜紫金魚帶臣邢昺等奉勅校定註疏」、「成都府學主鄉貢傅注奉右撰」，其後文字皆頂格。閩本邢昺與傅注題名間空一行，監本沿之，毛本則將前後文字分離，各自起訖。邢昺題名移至前半文字前，仍題「孝經注疏序」，傅注題名則移至後半文字末。殿本從毛本所改，惟將傅注題名亦移至後半文字前。

毛本版片後於乾隆四十年由常熟席世宣修補印行，嘉慶間書坊並有翻刻本，㊴「譌字又倍之」。㊵毛本於清代極爲流行，盧文弨云：「唯是外間所通行，唯毛本獨多，故仁和沈萩園廷芳、嘉善浦聲之鐄作十三經註疏正字，日本國足利學山井鼎等作七經孟子考文，皆據毛本爲説。」㊶阮元登第前校十三經注疏，亦以毛本爲底本。㊷對於毛本的流行，葉德輝的解釋是：「由于南北兩監刻本版片日就散佚，乾隆武英殿刻版尚未告成，士人舍此無他本可求，故遂爲天下重也。」但即使在殿本刊行之後，毛本仍以其易得而盛行不衰。㊸

上文已指出，孝經釋文校勘記以通志堂本爲底本，校本則有「葉本」、「盧本」。盧本即盧文弨校定抱經堂叢書本經典釋文，釋文校勘記並參據盧氏經典釋文攷證。葉

本即凡例所謂「崇禎間震澤葉林宗仿明閣本影寫」本。所謂「明閣本」即明文淵閣舊藏宋刻本，流出後爲錢謙益所得，崇禎十年「葉林宗購書工影寫一部」。❹通志堂、抱經堂二本皆以葉鈔爲底本，而多有改動。明文淵閣藏宋刻經典釋文數部，錢氏所得本燬於絳雲樓之火，然清宮「天祿琳瑯」尚有一部宋刻宋元遞修本，今藏國家圖書館。葉鈔原本舊藏吳縣朱文游處，盧文弨校刻抱經堂叢書本釋文時曾借校，乾隆末歸同邑周錫瓚。乾隆五十八年，段玉裁借此本屬臧庸細校，臧氏因復自臨一部，❹顧廣圻又臨臧校。諸君與纂校勘記時，葉鈔原本仍在周錫瓚處，❹校勘記所謂葉本乃其傳校之本（以葉本臨於通志堂本之上）。顧氏謂校毛詩「用何夢華臨段本」，又云「段茂堂據葉鈔更校，屬其役於庸妄人」（指臧庸）

及「阮雲臺辦一書曰考證，以不識一字之某人臨段本爲據」（指何元錫）爲釋文之厄。❹據此則校勘記所用葉本蓋即何元錫（夢華）臨段玉裁校葉本，孝經釋文校勘記即有一處稱引「段玉裁校葉本」，此外尚引及惠棟、臧鏞堂（即臧庸）、顧廣圻諸人之說。

（三）關於「盧文弨挍本」

除了引據各本目錄所載諸本，孝經注疏校勘記中尚有三處引及「盧文弨挍本」：

01—289 性未達何足知　盧文弨挍本下補「此依劉注也」五字。

02—229 於禮記其義文多　盧文弨挍本「文」作「尤」。

03—110 孔傳指家相室老側室……案，盧文弨挍本「室」作「宗」。

盧文弨群書拾補並無孝經，此三條盧

校當錄自盧氏手校本孝經注疏。盧校十三經注疏今不存，道光四年（一八二四）方東樹曾借錄盧校於阮刻十三經注疏校勘記之上，其跋云：「抱經先生手校十三經注疏，後入衍聖公府，又轉入揚州阮氏文選樓，阮督署，作校勘記，以此爲本。道光四年樹館廣東，東樹。」對於盧校本的面貌，方氏記其中的毛詩注疏「於傳注、釋文、正義三者所校更爲繁細，傳校多寡，偏旁增減，或不足爲重，然精核可采者，亦復不少」。盧校諸經部分内容已採入群書拾補，[50]各經校勘記引用盧校時又有甄選，故方東樹謂「此記所載及惠氏、盧氏所刻古義、拾補，於此原校本詳略異同甚多，所遺亦甚多」。

由於各經分校者不同，故不同校勘記中對盧校本的指稱並不一致。如周易、尚書等校勘記中對於已採入群書拾補的盧校，各經校勘記徑據拾補文字，稱「盧文弨」云云，直接引自盧氏手校本的不見於拾補的盧校文字，則稱「盧文弨校本」。[51]而其他僅有盧氏手校本而無群書拾補可據的校勘記，如毛詩、周禮、公羊等，則僅稱「盧文弨」，校勘記於盧校與二書同者不録。[52]由於盧校採用較多的十三經注疏正字和七經孟子考文補遺二書已在校勘記參校之列，故從數量上看，各經校勘記對「盧文弨校本」的引用並不甚多，部頭較大的左傳注疏校勘記僅三十餘條，毛詩注疏校勘記僅四十餘條，最多的周禮注疏校勘記亦僅七十餘條，且惟禮記注疏校勘記之引據各本目録載有「盧文弨校本」之目。但盧校本的價值並不僅僅在於盧氏自己的校勘意見，更重要的是盧氏轉録的各家校記，成爲阮氏校勘記取

資的對象。如周易注疏校勘記所用「錢本」（錢孫保影宋鈔本），即據盧氏之傳校。周禮注疏校勘記的主要校本之一「惠校本周禮注疏四十二卷」，實亦據盧校本轉錄之惠校。[54]

三、孝經注疏校勘記徵引之文獻

除以上校本外，校勘記尚據文苑英華卷七六六、唐會要卷七七所引劉知幾、司馬貞孝經議，以校邢疏所引，孝經注疏校勘記序已言之。引據前代及清人之說有王應麟（困學紀聞）、顧炎武（金石文字記）、臧琳（經義雜記）、惠棟、盧文弨（經典釋文攷證、鍾山札記）、戴震（戴東原集）、周春（十三經音略）、段玉裁（古文尚書撰異）、孔廣森（校經錄）、顧廣圻、臧庸（孝經鄭氏解輯）等。

引及次數最多者乃嘉善浦鏜之說。於

浦氏之書，各經校勘記所稱不一，如凡例謂「十三經注疏校勘正字」，尚書注疏校勘記、儀禮注疏校勘記（皆徐養原分校）謂「十三經正字」。毛詩注疏校勘記（顧廣圻分校）謂「毛詩注疏正誤十四卷」，周禮注疏校勘記（臧庸分校）謂「周禮注疏正誤十卷」，春秋公羊傳注疏校勘記（臧庸分校）謂「春秋公羊傳注疏正誤四卷」，爾雅注疏校勘記（臧庸分校）謂「爾雅注疏正誤三卷」，禮記注疏校勘記（洪震煊分校）謂「十三經正誤禮記正誤十五卷」，論語注疏校勘記（孫同元分校）謂「十三經正誤」，嚴杰分任之春秋左傳注疏校勘記及孝經注疏校勘記皆稱「正誤」。[55]

乾隆間，沈世煒（沈廷芳子）以此書進呈四庫館，收入四庫全書。[56] 翁方綱據進呈本鈔錄一部，盧文弨曾見之，亦稱「十三經注疏正字」[57]，與四庫本同。而甘肅省圖書館藏鈔本

一部，爲同光間臺灣知府周懋琦舊藏，卷端題「十三經註疏正誤」、「浙西浦鏜聲之校」。⑤⑧浦銑（浦鏜弟）歷代賦話乾隆二十九年自序云「先兄聲之先生……時方卒業十三經正誤一書」，⑤⑨蓋浦鏜稿本確作「正誤」，「正誤」之名或爲沈廷芳所改，或爲進呈時沈世煒所改，故盧文弨所見鈔本及四庫本皆作「正字」。浦銑秋稼吟稿序云「正字書沈椒園（沈廷芳）先生許爲付梓，今已入四庫全書，故稱「正字」名也」，⑥⑩乃是對四庫本而言，故稱「正字」。各經校勘記分稱浦書某經時皆作「正字」，惟總稱全書時方有云「正誤」者，或校勘記所據與甘肅圖所藏鈔本皆源自浦氏稿本，而非進呈本或四庫本，故校勘記所引浦説偶有不見於四庫本者。⑥⑪

多以己意按斷之。對於浦書，校勘記凡例評價不高：「雖研覈孜孜，惜未見古來善本。又以近時文體讀唐代義疏，往往疑所不當疑。又援俗刻他書肆意竄改，不知他書之俗刻尤非唐代所傳之本義疏所引，而他書之俗刻不必盡同也。」孝經注疏校勘記亦云：「浦鏜書不盡足據。」(01—005)

校勘記引用文獻有據他書轉引者，如引孔廣森校經録，實轉引自盧文弨經典釋文攷證，致證僅一處作「孔氏校經録」，餘皆作「孔氏校經攷」。此外，校勘記引用文獻亦偶有疏誤，如01—003引宋會要云云，並不見於是書。經檢，蓋據經義考卷二二五孝經考有誤，實爲玉海卷四十一「咸平孝經論語正義」條。

據浦氏例言，所見惟監本、監本修板、閩本、毛本四種，故浦氏並校以注疏所引之書，

四、孝經注疏校勘記之版本

# 孝經注疏校勘記

## （一）嘉慶十一年儀徵阮氏文選樓刻本即宋本十三經注疏併經典釋文校勘記

上文已指出，此本於嘉慶十一年（一八〇六）十月由儀徵阮氏文選樓刊行。京都大學人文科學研究所藏本爲最初印本，無嘉慶戊辰酉月段玉裁序，摠目末葉刻「臣嚴杰挍字」，㊷刷印時間在嘉慶十三年八月前。此本爲王念孫舊藏，當爲刊成即刷印就正者。續修四庫全書影印南京圖書館藏本則已有段序，「嚴杰」之名亦改爲「阮亨」，刷印時間當在嘉慶十三年之後。此後又有附載嘉慶二十一年十二月進表的印本，刷印時間則更晚。而進表謂「連年校改方畢，敬裝十部，進呈御覽」，㊸則刻成後又續有修改，故初印、後印文字偶有不同。㊹

## （二）嘉慶二十年江西南昌府學刻孝經注疏附本

嘉慶二十年至二十一年，阮元在江西南昌府學開雕重刊宋本十三經注疏，即後世所稱「阮本」。㊺無十三經注疏併經典釋文校勘記序、宋本十三經注疏併經典釋文校勘記凡例、宋本十三經注疏併經典釋文校勘記摠目，各經卷末附校勘記，皆武寧縣貢生盧宣旬據文選樓本摘録。以孝經注疏校勘記而言，校勘記中指出的底本誤字（此本某誤某，今改正），南昌本孝經注疏多已據改，但亦偶有存而未刪者（如 01—088、01—090 等）。此外各類校記，或刪或留，並無特別明確的標準。故阮福謂此本「校勘記去取，亦不盡善」。㊻正德本孝經注疏無釋文，南昌本據以翻刻，自然亦無釋文，故亦未附孝經釋文校勘記。

南昌本底本與文選樓本校勘記相同，故直接摘錄部分條目，校文基本一致。但由於南昌本對底本文字的改動有所增（多據校勘記案語），故南昌本所附校勘記與文選樓本的出文偶有不同，校文相應也有表述上的改動。如01—001，文選樓出文爲「孝經注疏序」，與正德本同，南昌本則改爲「孝經註疏序」，相應的，校文也由「案，註當作注」改爲「案，注原作註，今訂正」，並於此條校記末添「○註今改作注」一句。又如01—002，文選樓本原作「今特翦截元疏。案，翦當作剪，下同。剪乃俗翦字」，南昌本改爲「今特剪截元疏。案，翦原作剪，俗字，今訂正，下同」。又如01—028、01—029、01—047、01—062、01—070、01—073、01—078、01—139等等，皆是此種情況。由於此類變動僅限於表述上的不同，校文實

際内容並無差別，故整理者對二本此類差異一律不出校記。

南昌本偶有改正校記次序之誤者，如03—226「明日衬祖父」條與03—227「如將見之是之」條，文選樓本原誤倒。但南昌本亦有摘錄不全、遺漏信息及錯訛處，如01—078：

文選樓本：分橙門徒　閩本、監本、毛本作「分撜」。文苑英華、唐會要並作「分授」。

南昌本：分授門徒　閩本、監本、毛本作「分撜」，誤也。文苑英華、唐會要作「分授」，是也。

南昌本改動了出文，卻未在校文中補充底本異文，致使讀者誤以出文即爲底本文字。又如02—118，文選樓本校文作「閩

本、監本、毛本作「養不闕」，此本誤「力於田」，今改正，南昌本脫「田今改正」四字（二本皆「於」字後轉行，蓋摘錄時漏鈔或刊刻時漏刻）。

（三）道光學海堂刻皇清經解本

阮元調任兩廣總督後，於廣東學海堂編刊皇清經解，又名學海堂經解，命嚴杰主其事，始道光五年八月，終道光九年九月，收書凡一百八十三種，版存學海堂側之文瀾閣。⑥咸豐七年，英軍進攻廣州，版片殘佚過半。咸豐十年，兩廣總督勞崇光募資補刊，並增刻馮登府著作七種，即所謂「庚申補刊本」。

皇清經解收入十三經注疏校勘記，其中卷一〇二七至一〇三〇爲孝經校勘記，各卷末刻「嘉應生員張嘉洪校」。據文選樓本翻刻，惟於校記前後次序之誤偶有改正。

如 03—226「明日褍祖父」條，文選樓本原誤置於「如將見之是之」條後，學海堂本改正。亦有文選樓本不誤，學海堂本誤刻者，如 01—40「官割」條「盧本……又補『壞』」作「環」，於音不合，今檢盧本釋文，學海堂本誤。

咸豐補刊本孝經校勘記卷末刻「嘉應張嘉洪舊校，番禺高學瀛新校」，雖爲補刊，卻並非簡單重刻道光本，而是據南昌府學本校正了原本的個別錯誤。如 02—07「秋斂冬藏」校記「岳本改爲秋斂，非此之謂。斂、歛乃正俗字」文選樓本如此，「非此之謂」云云頗費解，南昌本作「非此作歛」。道光學海堂本與文選樓本同，咸豐補刊本則據南昌本改正。亦有文選樓本、南昌本、道光學海堂本皆誤，惟此咸豐補刊本改正者。如 01—008「播於國序」校記「毛本於作于」，

文選樓本、南昌本、道光學海堂本「于」下皆衍「播」字，咸豐補刊本刪正。今檢毛本、咸豐本是。

此次整理孝經注疏校勘記，以續修四庫全書影印南京圖書館藏嘉慶阮氏文選樓刻本，通校嘉慶南昌府學刻孝經注疏附本（簡稱「南昌本」），增入南昌本所補條目，並參校道光九年廣東學海堂刻皇清經解本（簡稱「學海堂本」），撰寫校記。整理不當之處，尚祈方家教正。

張學謙

❶ 嚴杰生於乾隆二十八年十二月二十七日，公曆已爲一七六四年。據江慶柏編著清代人物生卒年表，人民文學出版社，二〇〇五年，第二三一頁。

❷ 佚名撰，王鍾翰點校清史列傳卷六十九儒林傳下二，

❸ 中華書局，一九八七年，第五六一六頁。標點本書名破句，今改正。

❹ 劉玉才從稿本到刻本——以周易注疏校勘記成書爲例，古籍形制圖像文本——中日書籍史比較研究學術研討會（北京）論文，二〇一〇年十二月。修改稿改題阮元十三經注疏校勘記成書蠡測，載國學研究第三十五卷，北京大學出版社，二〇一五年。

❺ 李慧玲已推測嚴杰爲毛詩注疏校勘記的定稿（三校）者，見氏著阮刻毛詩注疏（附校勘記）研究第三章第三節第四節首創初校、覆校、三校制度，華東師範大學博士論文，指導教師：朱傑人，二〇〇八年。

❻ 張鑑等撰，黃愛平點校阮元年譜（即雷塘庵主弟子記）卷二，中華書局，一九九五年，第六五頁。

❼ 元疏重訂在天寶五年，見王溥唐會要卷七十七論經義，中華書局，一九五五年，第一四一一頁。時元行沖已卒。

❽ 參顧永新經學文獻的衍生和通俗化第四章第一節日本傳本古文孝經孔傳回傳中國考，北京大學出版社，二〇一四年，第七〇三至七三〇頁。

❾ 林秀一撰，陸明波、刁小龍譯關於孝經孔傳之成立，

⑨ 參顧永新《經學文獻的衍生和通俗化》第四章第二節《日本傳本孝經鄭注回傳中國考》，第七三〇至七四六。

⑩ 嚴元照《悔菴學文》卷六《書手校汲古閣刻本儀禮注疏後》：「辛（辛酉，嘉慶六年）、壬（壬戌，嘉慶七年）之間，儀徵阮公元巡撫浙江，延客校《十三經注疏》。」（光緒刻湖州叢書本，第十葉）楊文蓀《思適齋集序》：「嘉慶辛酉，儀徵相國撫浙，延元和顧君潤賈及武進臧君拜經、錢唐何君夢華，同輯《十三經校勘記》，寓紫陽別墅。」（顧廣圻《思適齋集》卷首，道光二十九年徐渭仁刻本）

⑪ 書末刻「嘉慶壬戌孟冬，錢塘嚴杰讀，時寓西湖詁經精舍之第一樓」，知底本曾爲嚴杰讀本。

⑫ 知不足齋叢書本孝經鄭註末嘉慶六年鮑廷博跋：「不知所謂群書治要輯自何人，刊於何代，何以歷久不傳，至近時始行於世？其所收是否斋然獻宋原本，或由後人掇拾他書以成者？」焦循《雕菰集》（叢書集成初編，中華書局，一九八五年，第一八八頁）卷十二《勘倭本鄭注孝經議》：「群書治要未識彼地何書（相傳魏徵所纂）。」

⑬ 阮元撰，鄧經元點校《揅經室集揅經室外集》卷二《四庫未收書提要》，中華書局，一九九三年，第一二二七頁。未收書提要，中華書局，一九九三年，第一二二七頁。阮元在浙時，前後歷時十數年（《四庫未收書提要》之撰寫皆獻書及各篇提要之撰寫皆阮元在浙時，前後歷時十數年（《四庫未收書提要》之撰寫皆所進之書仿《四庫全書》之式編排皮匣，賜名宛委別藏。仁宗命將所進之書仿《四庫全書》之式編排皮匣，賜名宛委別藏。

⑭ 阮元《曾子注釋》卷一，嘉慶三年揚州阮氏揅經室刻本，北京大學圖書館藏。有嘉慶三年阮元序。此本版片後燬於火，道光二十五年重刊。重刊本卷首有劉文淇、王翼鳳識語，云：「嘉慶戊午儀徵相國注釋是書，栞於浙江使院，板藏揚州福壽庭，燬於火。乙巳冬，以初印本重栞。」

⑮ 孫啟治、陳建華編撰《中國古佚書輯本目錄解題》，上海古籍出版社，二〇〇九年，第七六頁。

⑯ 知不足齋叢書第二十一集孝經鄭註卷首。按，民國十年上海古書流通處影印知不足齋叢書初印本並無錢序，此據北京大學圖書館藏補刻後印本（書號X/081·17/2714·3·21）。又據錢序，其所見之本乃平湖賈舶自日本國購歸，「時余寓杭州萬松山館，客有攜以相示者」「余曾印鈔一册……友人見之，傳錄者頗衆，因授剞氏，用公同好。……至原刻經注字句之

⑰宋本十三經注疏併經典釋文校勘記凡例。十行本有宋刻、元刻之別，阮元所據實爲元刊明修十行本。參長澤規矩也正德十行本注疏非宋本考，長澤規矩也著作集第一卷書誌學論考，汲古書院，一九八二年，第三二至三九頁。有蕭志强中譯，載中國文哲研究通訊第十卷第四期，中央研究院文哲研究所，二〇〇〇年。

⑱程蘇東「元刻明修本」十三經注疏修補匯印地點考辨，文獻，二〇一三年第二期。

⑲元刊明修十行本周易兼義明補版有相同版式者，部分版心刻「正德十二年」，故知。

⑳洪頤煊讀書叢録卷二十四，道光二年富文齋刻本。

㉑孫星衍平津館鑒藏記書籍卷一，海王邨古籍書目題跋叢刊（中國書店，二〇〇八年）第三冊影印道光二十年金陵陳宗彝刻獨抱廬叢刻本，第三葉右。孫星衍序云：「平津館鑒藏書記三卷，洪明經頤煊助予寫録成帙。」知此題記蓋亦出洪頤煊之手。

㉒李盛鐸著，張玉範整理木犀軒藏書題記及書録，北京大學出版社，一九八五年，第七七頁。

㉓中國第一歷史檔案館編纂修四庫全書檔案，上海古籍出版社，一九九七年，第一八六八頁、一八七一至一八七二頁。

㉔校勘記「齋」原誤「齊」，今據北京大學圖書館藏此碑清拓本改正。又此拓本「鄧」字上部筆畫稍有殘損，但仍可辨。兩浙金石志雖云此題記「剝蝕幾盡」，但其録文「齋」字不誤，「鄧」字不損。

㉕阮元兩浙金石志卷六，影印道光四年李澧刻本，浙江古籍出版社，二〇一二年，第六葉右。

㉖杜春生越中金石記卷二，石刻史料新編第二輯第十册影印道光十年山陰杜氏詹波館刻本，新文豐出版社，一九七九年，第三五葉。

㉗張政烺讀相臺書塾刊正九經三傳沿革例，張政烺文集文史叢考，中華書局，二〇一二年。

㉘繆荃孫著，黃明、楊同甫標點藝風藏書記卷一，上海古籍出版社，二〇〇七年，第一三頁。

㉙岳刻孝經卷末無相臺木記，影鈔本印記乃臆添。又

㉚ 邵懿辰增訂四庫簡明目錄標注卷三，上海古籍出版社，二〇〇〇年，第一二五頁。莫友芝邵亭知見傳本書目卷三，民國三年傅增湘天津排印本，第一葉右。按，「邵目」「書塾」作「書屋」，疑誤。

㉛ 朱學勤朱修伯批本四庫簡明目錄標注卷三，影印黃永年藏管禮耕據潘祖蔭滂喜齋鈔本傳錄本，北京圖書館出版社，二〇〇一年，第一二九頁。

㉜ 陳鱣經籍跋文，光緒四年葉氏龍眠山房刻本，第二十八葉左至二十九葉右。

㉝ 李元陽中谿家傳彙稿卷八遊龍虎山云：「余嘉靖丙申使閩，戊戌五月得代出疆。」（叢書集成續編第一四二冊影印民國三年刻雲南叢書本，第七〇七頁）知李元陽任福建巡按御史在嘉靖十五年至十七年五月間，閩本即刻於此時。

㉞ 萬曆監本如此，康熙修補本次序同正德本。

㉟ 莫友芝舊本書經眼錄附錄一書衣筆識春秋公羊傳註疏，同治獨山莫氏刻本，第五葉右。（繆荃孫著，黃明、楊同甫標點藝風藏書續記卷一，上海古籍出版

㊱ 社，二〇〇七年，第二二九頁。王國維撰，王亮整理傳書堂藏書志，上海古籍出版社，二〇一四年，第六二頁。

㊲ 盧上銘、馮士驊辟雍紀事十五，四庫全書存目叢書史部第二七一冊影印明崇禎刻本，第三〇四至三〇五頁。

㊳ 錢大昕撰，竇水勇校點竹汀先生日記鈔卷一所見古書，遼寧教育出版社，一九九八年，第九頁。

㊴ 原三七汲古閣刻板考稿，東方學報東京第六冊，東方文化學院東京研究所，一九三六年。加藤虎之亮周禮經注疏音義校勘記引據各本書目解說，無窮會，一九五七年，第十二葉。

㊵ 長澤規矩也汲古閣本注疏の序跋封面について，長澤規矩也著作集第一卷書誌學論考，汲古書院，一九八二年，第四〇至四一頁。

㊶ 宋本十三經注疏併經典釋文校勘記凡例。

㊷ 盧文弨群書拾補周易注疏，乾隆刻抱經堂叢書本。

㊸ 張鑑等撰，黃愛平點校阮元年譜（即雷塘庵主弟子記）卷二：「先生弱冠時，以汲古閣十三經注疏多譌謬，曾以釋文、唐石經等書手自校改。」（第六五頁）

孝經注疏校勘記

刻本雖無木記，但確為岳本原刻，參拙文岳本補考，中國典籍與文化，二〇一五年第三期。

二四

㊸ 葉德輝撰，楊洪升點校郎園讀書志卷一，上海古籍出版社，二〇一〇年，第一三頁。

㊹ 通志堂本經典釋文書末馮斑跋，中華書局影印本，一九八三年，第四三九頁。

㊺ 乾隆五十八年十月初九日臧庸跋，見蕭山朱氏藏王筠轉錄陳奐所鈔段校本（陳奐鈔本當出自臧庸自臨之一部）。此據羅四培（即羅常培）段玉裁校本經典釋文跋，圖書季刊，一九三九年第二期，第一四五頁。此文收入羅常培文集第八卷恬庵語文論著甲集，山東教育出版社，二〇〇八年。

㊻ 顧廣圻著，王欣夫輯顧千里集經典釋文三十卷（校本）：「武進臧庸堂在東氏用葉林宗景宋本校，元和顧廣圻臨。近知此人好變亂黑白，當不足據，擬借元本一覆之。壬戌正月記。」（上海古籍出版社，二〇〇七年，第二六六頁）

㊼ 顧廣圻著，王欣夫輯顧千里集經典釋文三十卷（校本）顧氏嘉慶九年跋：「元本今藏香嚴氏。」（第二六八頁）

㊽ 顧廣圻著，王欣夫輯顧千里集經典釋文三十卷（校本），第二六六至二六七頁。

㊾ 蕭穆撰，項純文點校，吳孟復審訂敬孚類稿卷八記方植之先生臨盧抱經手校十三經注疏，黃山書社，一九九二年，第二一三頁。

㊿ 盧文弨群書拾補收有易經注疏、尚書注疏、春秋左傳注疏、禮記注疏、儀禮注疏五經之校正，其中春秋僅序，禮記僅曾子問等八篇，儀禮僅士冠禮、士昏禮二篇。

㉛ 春秋左傳注疏校勘記僅用盧氏手校本（群書拾補中僅有序文校正，內容過少）記中亦稱「盧文弨校本」。

㉜ 姚盧文弨校本『祀』改『紀』。」案，盧文弨書多本之浦鏜正誤及七經孟子考文補遺，後凡與二書同者不錄。」

㉝ 宋本十三經注疏併經典釋文校勘記凡例：「周易依盧文弨所挍錢孫保影宋本。」周易注疏校勘記引據各本目錄云：「據餘姚盧文弨傳校明錢孫保求赤校本，今稱『錢本』。」參見周易注疏校勘記整理說明。

㉞ 蕭穆撰，項純文點校，吳孟復審訂敬孚類稿卷八記方植之先生臨盧抱經手校十三經注疏，第二一二頁。周禮注疏校勘記引據各本目錄於「惠挍本」下引盧文

�孝經注疏校勘記

弨曰：「東吳惠士奇暨子棟以宋注疏本校疏，以余氏萬卷堂本校經、注、音義，書於毛氏本。」謙按：盧說不確。據惠棟跋，其所校惟盧見曾所得「宋槧余仁仲周禮經注」，並無注疏本。而盧氏過錄惠校本尚有何焯跋：「康熙丙戌，見內府宋板元修注疏本，粗挍一過。」因知注疏本異文乃惠棟過錄何焯校本，非惠氏自校也。吳昕亦曾過錄惠校本，其跋即謂：「大約先錄何義門先生所校內府宋板元修本，繼錄余氏萬卷堂本。」（上海圖書館善本題跋選輯（經部），歷史文獻第一輯，上海社會科學院出版社，一九九九年，第八六頁）

㊶李銳分校之周易注疏校勘記、春秋穀梁傳注疏校勘記及孟子注疏校勘記，浦鏜之說初稿所無，當皆嚴杰增入（參周易注疏校勘記整理說明），故引據各本目錄未列浦書，校勘記中僅稱「浦鏜云」，未稱書名（惟孟子注疏校勘記一處稱「正誤」）。

㊷見浙江採集遺書總錄丙集，四庫全書提要稿輯存第一冊影印乾隆四十年刻本，北京圖書館出版社，二〇〇六年，第三一八頁。欽定四庫全書總目卷三三經部五經總義類，中華書局影印浙本，一九六五年，第二

七八頁。二目誤以十三經注疏正字歸於沈廷芳名下，當時學者如盧文弨、阮元等皆知之，故盧氏於浙錄書眉批「嘉善浦鏜纂輯」，校勘記所署亦不誤。惟四庫官書，不便指摘其誤，故盧文弨亦偶有稱二人同撰（群書拾補周易注疏），或稱「嘉善浦君鏜所訂，仁和沈萩園先生廷芳覆加審定」（抱經堂文集卷八十三經注疏正字跋）處。民國初有印行四庫全書之議，最早指出此誤者爲浦氏鄉人蔡文鏞，致章士釗函，載甲寅周刊第一卷第二十九期（一九二六年一月三十日出版）通訊，今收入章士釗全集第六卷，文匯出版社，二〇〇〇年，第一一七頁。

㊸盧文弨著，王文錦點校抱經堂文集卷七周易注疏輯正題辭（第八五頁），七經孟子考文補遺題辭（第八七頁），八十三經注疏正字跋（第一〇六頁），中華書局，一九九〇年。

㊹劉玉才浦鏜十三經註疏正字論略，王叔岷先生百歲冥誕國際學術研討會論文集，臺灣大學中國文學系編印，二〇一五年，第三九七頁。

㊺浦銑歷代賦話，乾隆五十三年刻本。

㊻此序未見，據胡玉縉四庫全書總目提要補正卷八轉引

❶ 如論語注疏校勘記卷六「此章以論友」條引「浦鏜云：『友』下當脱『也』字，『以』當『亦』字誤」，「友下當脱也字」即不見於四庫本正字。

上海古籍出版社，一九九八年，第二一一頁。

❷ 關口順撰，水上雅晴譯注十三經注疏校勘記略説，經典與校勘論叢，北京大學出版社，二〇一五年，第二三一、二三三頁。

❸ 阮元撰，鄧經元點校揅經室集三集卷二江西校刻宋本十三經注疏書後阮福案語，第六二一頁。

❹ 關口順撰，水上雅晴譯注十三經注疏校勘記略説原註四九，經典與校勘論叢，第二三四頁。

❺ 對於阮本的刊行時間，嘉慶本阮元記、胡稷後記與道光重校本朱華臨跋所言不同，汪紹楹認爲是朱跋所云嘉慶十一年仲春至二十二年仲秋，見氏著阮氏重刻宋本十三經注疏考，文史第三輯，第二七至二八頁。

❻ 阮元撰，鄧經元點校揅經室集三集卷二江西校刻宋本十三經注疏書後阮福案語，第六二一頁。

❼ 夏修恕皇清經解序，道光九年廣東學海堂刻皇清經解書前。

# 孝經注疏校勘記序

孝經有古文，有今文，有鄭注，有孔注。孔注今不傳，近出於日本國者，誕妄不可據。要之，孔注即存，不過如尚書之僞傳，決非真也。鄭注之僞，唐劉知幾辨之甚詳，而其書久不存。近日本國又撰一本，流入中國，此僞中之僞，尤不可據者。孝經注之列於學官者，係唐玄宗御注，唐以前諸儒之說，因藉捃摭以僅存。而當時元行沖義疏經宋邢昺刪改，亦尚未失其真。學者舍是，固無繇闚孝經之門徑也。惟其譌字實繁，臣元舊有挍本，因更屬錢塘監生嚴杰旁披各本，並文苑英華、唐會要諸書，或讎或挍，務求其是，臣復親酌定之，爲孝經挍勘記三卷，釋文挍勘記一卷。臣阮元恭記。

## 引據各本目錄

**唐石臺孝經四軸** 顧炎武金石文字記云：「石刻孝經今在西安府儒學。前第二行題曰『御製序并注及書』，其下小字曰『皇太子臣亨奉勅題額』。後有天寶四載九月一日銀青光禄大夫臣祭酒上柱國臣李齊古上表及玄宗御批大字草書三十八字，其下有特進行尚書左僕射兼右相吏部尚書集賢院學士修國史上柱國晉國公臣林甫等四十五人，惟林甫以左僕射不書姓。經、序、注俱八分書。其額曰『大唐開元天寶聖文神武皇帝注孝經臺』。中間人名下撗入『丁酉歲八月廿六日紀』九字，是後人所添，是歲乙酉，非丁酉也。又末二行官銜不書『臣』，亦可疑。」

**唐石經孝經一卷**

**宋熙寧石刻孝經一卷** 是本張南軒所書，不分章，每行十一字，末題：「熙寧壬子八月壬寅書付姪憶收。時寓卭之廢寺，居東齋。南軒題。」❶

**南宋相臺本孝經一卷** 宋岳珂刊。每半葉八行，行十七字，注文雙行。附音釋。卷末有木刻亞形篆書「相臺岳

**正德本孝經注疏九卷** 是本刊于明正德六年。每半葉十行，行十七字，注疏每格雙行，行廿三字。經文下載注，不標「注」字，正義冠大「疏」字於上。每葉之末上題篇識，皆不標「注」字，正義冠大「疏」字於上。每葉之末上題篇識，皆元泰定間刊本舊式，而錯字甚多，今校正義，無別本可據，記中所稱「此本」者，即據是刻而言。

**閩本孝經注疏九卷** 明嘉靖閩中御史李元陽刻。分卷同正德。每半葉九行，每章首行廿一字，餘低一格，每行二十字。注同正義雙行，每行亦二十字。詳春秋左傳注疏校勘記。

**重脩監本孝經注疏九卷** 明萬曆十四年刊。分卷同正德本。詳春秋左傳注疏校勘記。

**毛本孝經注疏九卷** 明崇禎己巳常熟汲古閣毛晉刊。分卷同正德本。詳春秋左傳注疏校勘記。

## 校　記

❶ 檢北京大學圖書館藏此碑清拓本，「阝」乃「鄧」字，上部筆畫有殘損。又「齋」原誤作「齊」，據拓本改正。

# 孝經注疏校勘記卷一

01—001 孝經註疏序　此五字頂格，在第一行，閩本、監本、毛本同。案，「註」當作「注」，下同。說詳唐玄宗序。以下凡他本與此本同者不載。

002 今特剪截元疏　案，「剪」當作「翦」，下同。剪乃俗翦字。此本序低二字，分作六行。閩本、監本低一字，分作四行。毛本頂格。

003 定注疏　是銜在第八行、第九行，「魚」字另提行，並低字半。閩本、監本在第六行、第七行，「魚」字另提行，低一字。毛本在第二行序前，「翰」字上增「宋」字，低一字，「臣」字不側註，

翰林侍講學士朝請大夫守國子祭酒上柱國賜紫金魚袋臣邢昺等奉勅校

004 成都府學主鄉貢傅注奉右撰　此十二字在第十行，低字半。閩本、監本在第九行，低一字。毛本改入序文「即今京兆石臺孝經是也」之下。案，秀水朱彝尊經義考云：「按，孫奭序或作『成都府學主鄉貢傅注奉右撰』。」

005 以明君臣父子之行所寄　嘉善浦鏜正誤云：「『寄』當『冀』字誤。」案，「寄」字不誤。浦鏜「所寄」屬下讀，因疑「寄」爲誤字。浦鏜書不

「校」作「較」。案，當作「校」。唐張參五經文字手部云：「校，經典及釋文以爲比校字。」案，王溥唐會要云：「天寶五載詔，孝經書疏雖纘發明，未能該備，今更敷暢，以廣闕文，令集賢院寫頒中外。」又唐書元行沖傳稱玄宗自注孝經，詔行沖爲疏，立於學宮，即序所謂「今存於疏，用廣發揮」者也。宋會要：「咸平三年三月，命祭酒邢昺等取元行沖疏，約而脩之，四年九月以獻。」崇文總目：孝經正義三卷，邢昺撰，咸平中奉詔，據元氏本而增損焉。然則是疏即據行沖書爲藍本，其所增損者，今亦無從辨別矣。

# 孝經注疏校勘記

006 雖備存祕府　閩本「祕」作「秘」。案，秘、俗祕字。後仿此。

007 皇侃　閩本、監本、毛本作「皇侃」。案，侃、俗侃字。

008 播於國序　毛本「於」作「于」。❶

009 辨鄭注有十謬　閩本、監本、毛本「辨」作「辯」。案，張參五經文字云：「辯，理也。辨，別也。經典或通用之。」

010 仍自八分御札　閩本、監本、毛本「札」作「扎」，是也。此本「御」字提行，是宋刻舊式。閩本、監本承之，毛本改接「分」字下。

011 即今京兆石臺孝經是也　監本、毛本「臺」作「臺」，是也。下仿此。

012 孝經正義　此四字頂格，諸本及篇末同。

013 翰林侍講學士朝請大夫守國子祭酒上柱國賜紫金魚袋臣邢昺等奉敕校定　是銜在第二行、第三行，「金」字另提行。此本以下不著。閩本第二行、第三行但著「宋邢昺註疏」五字，第三行墨釘，與「宋」字並。每卷同。監本二、三兩行刻校刊官銜，首行「孝經正義」下著「宋邢昺校」四字。毛本在第二行、「校」作「較」，後並同。案，「較」當作「撰」。監本「宋」誤「朱」，今改正。

014 御製序并註　此本「御」字頂格，閩本、監本、毛本低一格，疏同。監本「註」字，毛本作陰文。石臺本、唐石經「註」作「注」，是也。又案，唐會要云：「開元十年六月，上注孝經，頒天下及國子學。天寶二年五月，上重注，亦頒天下云云。是注凡再脩。」正義但云開元十年，而不及天寶五載，非也。

015 博士江翁　毛本作「博士」，是。下仿此。

016 少府后倉　毛本「倉」作「蒼」。案，漢書藝

017 唯孔氏壁中古文爲異　閩本、監本、毛本「壁」作「壁」，是也。

文志作「倉」，儒林傳作「蒼」。

018 相譚新論云　閩本、監本、毛本作「桓」。案，作「相」避宋欽宗諱，此翻宋十行本之證。「譚」當作「譚」。

019 古孝經千八百七十二字　案，宋本古文孝經後記數云：「經凡一千八百一十言。」日本信陽太宰純所校僞古文孝經孔傳後記數云：「通計經一千八百六十一字。」

020 周書謚法　毛本「謚」作「謚」。盧文弨鍾山札記云：「今本說文：謚，行之迹也。从言、皿，闕。徐鍇曰：兮聲也。謚，笑皃。从言益聲。玉篇於謚下增一諡字，云同上。餘竝同今說文。玉篇於謚之字皆从兮从皿，說文。余向於累行之字皆从兮从皿篇，以爲真說文之舊矣。又證以玉謚、謚二字音常利反，上說文，下字林。字林以

021 諡爲笑聲，音呼益反。今用上字。據此，說文謚，竝不从兮从皿。即字林以謚代諡，亦未嘗增一从兮从皿之字。此出近世所改，從之。」案，毛本作「謚法」，非也。余以其言爲然，下仿此。

022 至順曰孝　案，浦鏜云：「謚法解無此文。」

023 忽而言之　閩本「忽」作「忽」，監本、毛本作「總」。案，作「總」轉寫之異，當作「忽」。玉篇、張參五經文字皆作「總」。唐玄度九經字樣「忽」字下云：「說文作總，經典相承通用。」李文仲字鑑云「俗作總、忽」，非是。

024 存世不滅　此本「滅」誤「減」，今據閩本、監本、毛本改正。下仿此。

025 夫子隨而咨參　閩本、監本、毛本「隨」作

026 「隨」，後同。「苔」|毛本作「答」，閩、|監本作「答」。案，「苔」非也。五經文字「苔、荅」字下云：「上說文，下石經。」此苔本小豆之一名，對苔之苔本作荅，經典及人閒行此荅已久，故不可改變。」下仿此。

027 夫子刊緝前史 |毛本「緝」作「輯」。

028 而修春秋 |監本「修」作「脩」。下仿此。

029 按鉤命決云 |監本、|毛本「決」作「決」。案，玉篇云：「決，俗決字。」張參亦云：「作決訛。」下仿此。

030 孰非曾參請業而對也 |毛本「孰」作「本」。下仿此。

031 名教將絕 |毛本「絕」作「絕」，是也。下做此。

032 以爲對揚之躰 |閩本、|監本、|毛本「躰」作「體」。案，玉篇云：「躰，俗體字。」

033 非待也 〈正誤〉「待」下有「問」字，是也。

034 皆遙結道本荅曾子也 〈正誤〉「道本」作「首章」。

035 必其主爲曾子言 此本「主」誤「王」，今據閩本、監本、毛本改正。

036 首章荅曾子已了 此本「了」誤「子」，今據閩本、監本、毛本改正。

037 何由不待曾子問 |毛本「由」作「由」，避明熹宗諱。後同。

038 更自述而脩之 〈正誤〉「脩」作「明」。

039 且三起曾參侍坐與之別 〈正誤〉「三」作「首」，「別」作「言」。

040 故假言乘閒曾子坐也 正誤「故」作「蓋」。

041 說之以終 正誤「以」作「已」。案，已、以古多通用。

042 故須更借曾子言 此本「更」誤「已」，據閩本、監本、毛本改正。

043 楊雄之翰林子墨 毛本「楊」作「揚」。案，廣韻「揚」字注不言姓，「楊」字注云：「姓，出弘農、天水二望。本自周宣王子尚父，幽王邑諸楊，號曰楊侯。後并於晉，因氏焉。」漢書楊雄本傳云：「其先食采於楊，因氏傳霍、楊、韓、魏皆姬姓也。楊，今河東楊縣。」即楊侯國。正誤云「監本誤『楊』」，非也。

044 若依鄭註 監本「註」誤「說」。 ✗

045 假使獨與參言 監本「假」誤「候」。 ✗

046 經教發極 正誤「極」作「抒」。

047 孔子以六藝題曰不同 閩本、監本、毛本「曰」作「目」，是也。

048 然入室之徒不 案，「不」下脫「一」字。

049 則凡聖無不孝也 毛本「孝」誤「盡」。

050 龍逢 閩本、監本「逢」作「逄」。

051 比干 監本「干」誤「于」。

052 孝以伯奇之名偏著 監本、毛本「以」作「已」。案，當作「已」。正誤云「『之』當『孝』誤」，是也。 ❸

053 毋不慈也 毛本「毋」作「母」，不誤。 ✗

054 德法者御民之本也 案，大戴禮「本」作

055 内史太史 案，今本大戴禮作「太史内史」。❹

056 此御政之體也 閩本、監本、毛本「體」作「禮」。此本作「體」，與大戴禮合。

057 凡衣服加於身 毛本「於」作「于」。案，下文皆作「於」，毛本非也。

058 妃妾接於寢 監本「寢」作「寑」，誤。

059 諱隆著 閩本、毛本「著」作「基」，不誤。

060 年七十入登遐 閩本、監本、毛本「入」作「八」，是也。

061 謚曰明孝皇帝 「明」字據毛本補。

062 叙緒也 閩本、毛本「叙」作「敘」，是。下仿此。

063 言非但製序 此本「但」誤「旦」，今依閩本、監本、毛本改。

064 案今俗所行孝經 文苑英華「行」作「傳」。

065 而晉魏之朝 文苑英華、唐會要作「魏晉」，是也。

066 有荀昶者 監本、毛本作「泉」，非。

067 晉末以來 文苑英華、唐會要作「自齊梁已來」。

068 請不藏於被省 監本、毛本「被」作「祕」，是也。

069 著作律令 文苑英華、唐會要「作」作「在」，是也。

070 遭黨錮之事逃難注禮 「注禮」二字依文苑英華、唐會要補。

071 鄭君卒後　唐會要「君」作「玄」。

072 其弟子追論師所注述　毛本「弟子」二字誤倒。

073 有中侯　閩本、監本、毛本「侯」作「候」，是也。

074 大傳　文苑英華、唐會要作「書傳」，是也。

075 毛詩謂　閩本、監本、毛本「謂」作「譜」，是也。

076 許慎異議　文苑英華、唐會要「許」上有「駁」字，「議」作「義」，是也。

077 箴膏盲　監本、毛本「盲」作「肓」，是也。

078 分燈門徒　閩本、監本、毛本作「分撥」。文苑英華、唐會要作「分授」，是也。

079 各述所言　文苑英華、唐會要「所」作「師」，是也。

080 更爲問咨　文苑英華、唐會要作「更相」，是也。

081 唯載禮易論語　此本「唯」誤「佳」，今依閩本、監本、毛本改。文苑英華、唐會要「載」下有「詩書」二字，是也。

082 趙商作鄭玄碑銘　文苑英華、唐會要「玄」作「先生」。

083 具載諸所注箋驗論　文苑英華、唐會要「載」作「稱」，「諸」作「其」，「驗」作「駁」，是也。

084 晉中經薄　文苑英華、唐會要「薄」作「簿」。

085 尚書守候　閩本、監本、毛本「守」作「中」，不誤。唐會要、文苑英華「尚書」字並重，是也。

086 論語凡九書　監本「語」誤「記」。

087 春秋緯　此本「春」誤「者」，今改正。

088 則有評論　此本「有」誤「者」，今改正。

089 唯范氏書有孝經　監本「范」誤「鄭」。

090 有司馬宣王奉詔　文苑英華、唐會要「王」下有「之奏云」三字。

091 我先師北海鄭司農　此本「北」誤「比」，今改正。

092 則均是文之傳業弟子　閩本、監本、毛本「文」作「玄」，是也。

093 宋均詩譜序云　文苑英華「均」下有「於」字，「譜」作「緯」。唐會要亦有「於」字。

094 非玄所注時明　監本、毛本「時」作「特」。文苑英華亦作「特」，「所」上有「之」字。唐會要惟「注」字作「著」。

095 而云無聞　此本「聞」誤「問」，今改正。

096 其驗七也　此本「也」誤「世」，今改正。

097 其所注皆無孝經　文苑英華、唐會要「其」下有「爲鄭玄傳者載其」七字。

098 唯有評論　此本「唯」誤「惟」，今改正。

099 而不言鄭　文苑英華「而」下有「都」字。

100 好發鄭短　好發，文苑英華、唐會要作「發揚」。

101 而肅無言　按，禮記郊特牲正義引王肅難鄭云：「月令『命民社』，鄭注云：『社，后土也。』句龍爲后土。」鄭既云「社，后土」，則句龍也。是鄭自相違反。然則王肅未嘗無言也。六藝論序孝經云：「玄又爲之注。」又孝經序云：「念昔先人餘暇，述夫子之志而注孝經。」則鄭氏曾注此經，或成於後人之手，

102 汎辭耳　此本「汎」誤「凡」，今改正。❺

未可知也。非之者始於陸澄而極於劉子玄，此固無關乎異同，因讀子玄議，附訂於此。

103 辯論時事 監本「時」誤「將」。文苑英華作「論辨時事」。

104 未有一言孝經注者 文苑英華、唐會要無「者」字，「言」下有「引」字，「注」上有「之」字。

105 以此證驗 文苑英華、唐會要「以」作「凡」，是也。

106 乘後謬說 文苑英華、唐會要「後」作「彼」，是也。

107 此注獨行於世 文苑英華「世」作「代」。

108 觀言語鄙陋義理乖謬 文苑英華「言」上有「夫」字，「謬」作「疎」。唐會要脫下四字。

109 語甚詳正 諸本「甚」誤「其」，據浦鏜正誤改。

110 不被流行 文苑英華、唐會要「被」作「復」。

111 祕書學生王逸 文苑英華「王」下有「孝」字，又注云「一本生作士」。案，唐會要作「士」。

112 送與著作王劭 唐會要、文苑英華「作」下有「郎」字。

113 仍令校定 毛本「校」作「挍」，避明熹宗諱，全書皆然。

114 至劉向以此參校古文 文苑英華、唐會要「此」下有「本」字。

115 定此一十八章 此本「此」誤「比」，今改正。文苑英華「此」下有「爲」字。唐會要「此爲」二字倒誤。

116 唯苟昶 閩本、監本、毛本「苟」作「荀」，不誤。

117 具載此注 文苑英華「此」上有「此注而其誤改。

118 序以鄭爲主是先達博選以 十五字。唐會要同，「序」下有「云」字。

119 無出孔壁 無，唐會要、文苑英華並作「元」。

120 妄作傳學 文苑英華、唐會要作「妄作此傳」，是也。

121 尚未見孔傳中朝遂亡其本 文苑英華、唐會要「尚未」作「有」字，是也。

122 輒穿鑿改更 毛本「改更」誤倒。

123 具禮矣 唐會要、文苑英華「矣」下有「乎」字。

124 然故者建下之辭 建下，閩本、監本、毛本作「逮下」，亦非。文苑英華、唐會要作「連上」，是也。

125 是古人既沒 唐會要、文苑英華並作「是古文既亾」。

125 以應二十二之數 文苑英華、唐會要「之」上有「章」字。

126 非但經久不真 監本、毛本「久」作「文」。

127 又注用天之道分地之利 文苑英華「至注用天之時因地之利」。唐會要「用」改「因」。

128 脫之應功 文苑英華、唐會要及日本所刻僞孝經孔傳並作「脫衣就功」。

129 暴其肌體 僞孝經孔傳作「暴其髮膚」。

130 朝暮從事 僞孝經孔傳「朝」作「旦」。

131 露髮徒足 僞孝經孔傳作「霑體塗足」。文苑英華亦作「塗」。唐會要作「跣足」。

132 少而習之其心安焉 僞孝經孔傳「之」作「焉」，「安」作「休」。

133 分別五土　此本「土」誤「士」，今改正。

134 欲取近儒詭説　文苑英華、唐會要下有「殘經缺傳」四字。

135 請准令式　唐會要作「望請准式」。

136 孝經正義終

137 孝經序　唐石經此三字八分書。

138 疏　此本「疏」字陽文，加圈於外。監本方圈，閩本、毛本陰文。閩本作「疏」，監、毛本作「疏」。案，疏、疏古今字。唐人多作「疏」。❻

139 至於序未　閩本、監本、毛本「未」作「末」，是也。

140 凡有五叚　閩本「叚」作「段」，毛本作「段」。案，當作「段」。下仿此。

141 故帝舜命禹曰　閩本、監本、毛本「舜」作「堯」，非。

142 朕言惠可底行　案，當作「厎」。顧炎武云：「五經無『底』字，皆是『厎』字。今說文本『厎』字下有一畫，誤，字當從氏。」段玉裁云：「此說大誤。『厎』訓柔石，經傳多借訓爲致。凡字書、韻書皆無作『厎』，少下一畫者，惟唐石經刻五經文字广部『底』誤『厎』，厂部『厎』〈致也〉不誤。」

143 目之不觀　閩本、監本、毛本「觀」作「覼」。

144 中古未有釜甑　閩本、監本、毛本「未」作「末」，是也。

145 其風朴略者　閩本、監本、毛本「略」作「畧」。案，古畎、略字皆田在左。

146 因親於外親　浦鏜云：「因，周禮作姻。」

147 士章云　此本「士」誤「七」，今改正。

孝經注疏校勘記

147 大古帝皇之世　閩本、監本、毛本「皇」作「王」。案，作「皇」與《曲禮注》合。

148 昔者明王之以孝理天下也　案，經作「治」，〈序〉作「理」，避唐高宗諱。

149 而況於公侯伯子男乎

150 至形於四海　毛本「於」作「于」。案，經作「于」。

151 此第二假　監本「假」作「叚」，閩本作「叚」。毛本作「叚」，是。

152 序已仰慕先世明王　案，「已」當作「己」。

153 經曰至男乎　監本、毛本「乎」下脱圈。

154 公侯伯子男　閩本、監本、毛本「百」作「伯」，是也。下「百七十里」同。

155 公侯地方百里　案，《王制》「地」作「田」。

156 朕嘗三復斯言　岳本「嘗」作「甞」，石臺本作「常」。案，作「甞」是也。

157 刑于四海　唐石經此處闕。石臺本、閩本、監本、毛本「刑」作「形」。案，《正義》曰：「案，經作『刑』。刑，法也。今此作『形』，則形猶見也。義得兩通，無煩改字。」

158 無繁改字　監本、毛本「繁」作「煩」。

159 嗟乎夫子没而微言絶　唐石經「絶」字殘闕。石臺本、岳本、監本、毛本作「絶」。案，作「絶」是也。《説文》：「絶，斷絲也。从糸从刀从卪。」《廣韻》云：「絶，斷也。」下仿此。

160 異端起而大義乖　監本「起」作「起」。案，監本凡從「走」字多作「赱」。

161 典藉散士　閩本、監本、毛本「藉」作「籍」，

162 傳注踳駮 監、毛本「駮」作「駁」。「士」作「亡」,是也。

163 所以撮其樞要 閩本「樞」誤「摳」。

164 巳丑卒 案,「巳」當作「己」。

165 葬魯城北四上 閩本、監本、毛本「四」作「泗」,是也。

166 大義悉乖 此本「大」誤「入」,依閩本、監本、毛本改。

167 況泯絶於秦 石臺本「泯」作「泯」,避所諱。

168 賜姓曰嬴 閩本「嬴」作「嬴」,監本、毛本作「嬴」。案,當作「嬴」,嬴乃嬴弱字❼。

169 爲周孝王養馬於汧渭之間 閩本、監本、毛本「謂」作「渭」,是也。

170 及非子之曾孫秦仲 監本「秦仲」誤「泰

171 伯」。下「稱秦爲秦」,監本作「稱泰爲泰」,亦非。

172 以岐豐之地賜之 閩本、監本、毛本「豐」作「豊」,是也。案,豊別一字。

173 按秦昭王四十八年 案,《史記》「按」作「以」。

174 王十四年 閩本、監本、毛本「王」作「三」,不誤。

175 享干越進曰 閩本、監本、毛本「享」作「淳」。干,閩、監本作「于」,是也。❽

176 封子弟立功臣 案,《史記》無「立」字。

177 何以輔政哉 案,《史記》「輔政」作「相救」。

178 建萬世之所 案,《史記》「所」作「功」,是也。

臣請史官非秦記皆燒之 此本「燒」誤「堯」,依閩本、監本、毛本改。

179 皆抗之咸陽 閩本、監本、毛本「抗」作「坑」。下「焚坑」，此本作「焚阬」。案，史記作「阬」。坑，俗阬字。

180 皆火餘之微末 閩本「微」誤「徵」。

181 皆糟粕之餘 毛本「糟」誤「糠」。

182 不避風雨 〈正誤〉「雨」作「則」，屬下讀。

183 即皇帝位于汜水之陽 閩本、監本、毛本「汜」作「氾」。

184 若商周然也 閩本「商」誤「商」。

185 大收篇藉 閩本、監本、毛本「藉」作「籍」，是也。

186 出其交芝所藏 閩本、監本、毛本「交」作「父」，是也。

187 釋名云 監本、毛本「云」作「曰」。

188 沉其少 閩本、監本、毛本「沉」作「況」。案，當作「況」。

189 左氏傳三千卷 閩本、監本、毛本「千」作「十」，是。

190 穀梁傳十一卷名赤魯人 案，「卷」下當作「穀梁子，魯人，名赤」。

191 十録云 案，「十」當作「七」。

192 王吉善鄒民春秋 閩本、監本、毛本「民」作「氏」，不誤。

193 夾氏未有書 此本「未」誤「末」，依閩本、監本、毛本改。

194 毛詩商詩 監本、毛本「商」作「韓」，是也。

195 毛詩自夫子授卜商 閩本「夫」誤「天」。

196 傳至大毛公名亨　閩本、監本「亨」作「享」。案，當作「亨」。

197 莨名置其篇　閩本、監本、毛本「名」作「各」，是。

198 韓詩者　監本「詩」誤「信」。

199 傅夏侯始昌　閩本、監本、毛本「傅」作「傳」，是。

200 昌授后蒼輩　毛本「輩」作「軰」。案，軰，俗輩字。

201 以經爲訓詁教之　閩本、監本、毛本「詁」作「話」，是。

202 近觀孝經舊註　石臺本、唐石經「註」作「注」。案，漢、唐、宋人經注之字從無作「註」者，賈公彥〈儀禮疏〉云「言注者，注義於經下，若水之注物」是也。下仿此。惟記注字從言，不從氵，如〈左傳敘〉「諸所記註」，服虔〈通俗文〉「記物曰註」，張揖〈廣雅〉云「註，識也」是也。

203 蹐駁尤甚　閩本「蹐」作「蹐」，亦非。〈正義〉並同石臺本、唐石經、岳本、監本、毛本作「蹐」，是也。駁，石臺本、唐石經、岳本、監本、毛本作「駮」。

204 目其多也　閩本、監本、毛本作「目」，此本誤「且」，今改正。

205 案其人　監本「案」誤「去」。

206 虞槃佑　〈正誤〉「佑」作「佐」，從〈隋〉、〈唐志〉挍。

207 明僧紹　閩本、監本、毛本作「紹」，此本誤「緔」，今改正。

208 賀埸　案，「埸」當作「瑒」。瑒字德璉，〈南史〉有傳。

209 劉貞簡　閩本、監本、毛本作「簡」，此作「蕳」，非，今改正。

210 其古文出自孔氏壞壁　閩本、毛本「壁」作「璧」，是也。

211 其於傳守已業　案，「已」當作「己」。

212 炫叙其得喪　閩本「叙」作「敘」，毛本作「序」字。按，古多假「序」爲「敘」。

213 其上室之名　閩本、監本、毛本「上」作「十」，是也。

214 必自擅開門戶牕牖矣　毛本「牕」作「牎」，監本作「牕」，並非。下仿此。

215 必騁殊軌轍　石臺本、唐石經、岳本、閩本、毛本「軌」作「軓」，不誤。下同。

216 而回喤若乎後耳　閩本、監本、毛本「喤」作「哩」，是也。〈正誤「耳」作「矣」〉。

217 小道謂小道而有成德者也　案，上「道」字當作「成」，諸本並誤。

218 唯行小道華辯　閩本、監本、毛本「辯」作「辨」。

219 道惡乎往而不存　監本「往」作「徃」，是也。下仿此。

220 言惡乎有而不可　監本、毛本「有」作「存」。案，莊子作「彼」，是也。

221 此文與改同　閩本、監本、毛本「改」作「浮」。案，序文當有。

222 唯榮華作僞　監本、毛本「作」下有「何」字誤。下疑有脫文。

223 不爲義列　監本、毛本「列」作「例」，是也。

224 例則馬融亦謂之傳　浦鐘云：「例」當作「翻」。

225 虞翻　岳本作「翻」，與今本三國志同。下同。

226 事吳 閩本、監本、毛本「事」作「仕」，是也。

227 領左國史 閩本、監本、毛本作「領」，此本誤「須」，今改正。

228 字子雍 閩本、監本、毛本作「雍」，此本誤「維」，今改正。

229 漢末舉茂才 閩本、監本、毛本作「末」，此本誤「未」，今改正。

230 爲老子命語國語 案，「命」當作「論」。

231 劉炫明安國之本 石臺本、唐石經「本」作「夲」。

232 陸澄譏康成之註 石臺本、唐石經「註」作「注」。

233 左畫方 監本「畫」誤「晝」。

234 炫自陳於內史 閩本、監本、毛本作「史」，此本誤「吏」，今改正。

235 乞送吏部 案，隋書本傳「送」下有「詣」字。

236 孔鄭王何服杜等注 閩本「杜」誤「社」。

237 雖義有精蘢 閩本、監本、毛本作「麤」。案，當作「麤」。

238 用功頗少 監本「微」誤「徵」。

239 窮賾微妙 案，隋書作「差少」。

240 未嘗舉手 監本「舉」作「假」。

241 歷太學博士 閩本、監本、毛本作「博」，此本誤「傳」，今改正。

242 謚宣德先生 監本「謚」字模糊，毛本作「諡」。

# 孝經注疏校勘記

243 傳覽無所不知　閩本、毛本「傳」作「博」，是也。

244 請文藏祕書　案，齊書本傳「文」作「不」，「書」作「省」，是也。

245 分註錯經　諸本作「註」。案，當作「注」。

246 玉人職云　閩本、監本、毛本作「玉」，此本誤「王」，今改正。

247 易行上繁荷　閩本、監本、毛本「上」作「止」，「荷」作「苛」。案，周禮鄭注作「去煩苛」。

248 今言以此所注孝經　閩本、監本、毛本作「今」，此本誤「令」，今改正。

249 自此至序末　閩本、監本、毛本作「末」，此本誤「未」，今改正。

250 鍺侯　閩本、監本、毛本「鍺」作「諸」，不誤。

251 聯字分強　〈正誤〉「強」作「彊」。

252 志在殷勤垂訓　毛本「勤」改「懃」。案，殷勤亦作「慇懃」。

253 此言必順作疏之義也　浦鏜云「『順』當『須』字誤」，是也。

254 開宗明義章第一　熙寧石刻不載分章。此本此行在第二行，頂格，疏另提行，亦頂格。閩本、監本在第四行，毛本在第三行，並低一格，疏接「第一」字下，提行處低二格，後章並同。鄭注本無「第一」、「第二」等字，釋文可證。

255 以此章總標　監本、毛本作「標」。案，作「標」不誤。下「標其」同。

256 初除挾書之律　閩本、監本、毛本作「挾」，此本作「俠」，今改正。

257 后倉 閩本、監本、毛本「倉」作「蒼」。

258 樂歌竟爲一章 案，今本說文作「樂曲盡爲竟」。

259 次及三才孝治聖治三章 閩本、毛本作「三章」，此本誤「二」，今改正。

260 郎夫孝始於事親也 閩本、毛本作「即夫」，是也。

261 揚名之上 〈正誤〉「上」作「義」。

262 因諫爭之臣 閩本、監本、毛本「爭」作「諍」。案，〈玉篇〉云：「爭，諫也。或作諍。」

263 即忠於事君也 案，「忠」當作「中」。

264 繼於諸章之末 閩本、監本、毛本作「末」，此本誤「未」，今改正。

265 言孝子事親之道紀也 〈正誤〉「紀」作

266 「終」。

267 自標巳字 監本、毛本「標」作「標」，是也。案，「巳」當作「己」。

268 左傳申繻曰 閩本、監本作「左」，此本誤「在」，今改正。

269 徵在既往廟見 案，「廟」乃「廟」之譌。閩本、監本、毛本作「廟」。

270 蓋以孔子生而汙頂 監本、毛本「汙」作「圩」。案，〈史記孔子世家〉作「圩」，〈索隱〉謂「圩音烏，窊也」。〈白虎通姓名篇〉云：「孔子首類尼丘山。」蓋中低而四旁高，如屋宇之反，則作「圩」是也。

271 而劉瓛述張禹之義 監本、毛本「瓛」作「瓛」。案，宋欽宗諱桓，兼避丸、瓛、洹等字。此作「獻」，承避宋諱故也。

又以丘爲娶 監本、毛本「娶」作「聚」。

272 爲堯司徒有功　閩本、監本、毛本作「司」，此本誤「同」，今改正。

273 滅夏而爲天子　閩本、監本、毛本作「夏」，此本誤「憂」，今改正。

274 宋閔公　〈正義〉「閔」作「襄」，是也。

275 生孔父嘉　閩本、監本、毛本作「父」，此本誤「子」，今改正。

276 右文孝經云　閩本、監本、毛本「右」作「古」，不誤。

277 曲禮有侍坐於先生　閩本、監本、毛本作「先」，此本誤「侍」，今改正。

278 言先代聖德之生　監本、毛本「生」作「王」，石臺本、岳本作「主」。

279 汝知之乎　岳本「汝」作「女」，鄭注本同。此〈正義〉本則作「汝」字。

280 曾子避席曰　鄭注本「避」作「辟」，用假借字，與此本不同。

281 敏達也　石臺本、岳本、閩本、毛本「達」作「逹」。「達」從「幸」得聲，「幸」音他葛反，作「逹」非也。下「達」從「幸」仿此。

282 夫孝德之本也　石臺本、唐石經、宋熙寧石刻「本」作「夲」，石臺本注同。案，説文作「本」，五經文字云：「經典相承從隸省作夲。」後同。

283 人之行莫大於孝　案，〈正義〉云：「此依鄭注。」據釋文，注「人」上有「夫」字，是明皇所刪也。

284 吾語汝　岳本「汝」作「女」。

285 參性不聰敏　閩本「聰」字模糊，監本、毛本作「聦」，俗字。

286 至德要道之言義　閩本、監本、毛本作

287 「道」，此本誤「約」，今改正。〈正義〉作「哉」。

288 云教之所生也者 案，〈正義〉誤「生」上補「由」字，是也。

289 以一管衆爲要 浦鏜云：「下當脫『參曾至之義○正義曰』九字」。案，下文「劉炫」疑「正義」二字之譌。

290 性未達何足知 盧文弨校本下補「此依劉注也」五字。

291 然性未達 案，「然」當「言」字之譌。

292 巳當全而歸之 石臺本、岳本「巳」作「己」，是也。

293 揚名於後世 唐石經「世」作「丗」，避唐太宗諱。

294 光顯其親 石臺本、岳本「顯」作「榮」。案，〈正義〉亦作「榮」。

294 體謂四支也 毛本「謂」誤「爲」。

295 詩曰鬒髮如雲 閩本、監本、毛本作「鬢」，此本誤「鬢」，今改正。

296 言能至其後 閩本、監本、毛本「其」作「爲」。案注，當作「爲」。

297 皇侃云 毛本「皇」誤「皇」，監本誤「○」。

298 末示其跡 閩本、監本、毛本「末」作「未」，是也。

299 是終於立身 〈正義〉誤「身」下補「也」字，是也。

300 故曰終於立身也者 閩本、監本、毛本「故」，此本誤「放」，今改正。

301 劉炫駁云 閩本、監本、毛本「駁」作「駮」。

302 無念爾祖 鄭注本作「毋念」，左傳文二年趙成子引詩同此，正義本則作「無念」。

303 常述脩其功德也 〈正誤〉「常」作「當」。

304 即言句曰武曰 閩本亦誤「句」，監本、毛本作「勺」是也。

天子章第二

305 故摽居其首 監本、毛本「摽」作「標」。

306 亦曰天子 〈正誤〉「亦」作「故」，是也。

307 博愛也 閩本同。石臺本、岳本、監本、毛本「博」作「博」，是也。下同。

308 敬親者 宋熙寧石刻「敬」作「敬」，追避宋翼祖諱。

309 刑于四海 鄭注本「刑」作「形」，此正義本則作「刑」。「于」字，監本、毛本改「於」。

310 刑法也 石臺本「法」作「灋」。

311 是天子身行愛敬也 監本「天」誤「夫」。

312 克巳復禮 閩本、監本、毛本作「克」，此本誤「充」，今改正。案，「巳」當作「己」，下「敬己」、「推己」、「修己」並同。

313 謂有天下者 閩本、監本、毛本作「下」，此本誤「不」，今改正。

314 奈何不敬 閩本、監本、毛本「奈」作「柰」。案，「柰」本果名，假借爲「奈何」字，俗作「奈何」，非也。

315 天子居四海之上 毛本「天」誤「人」。

316 沈宏云 浦鐘云：「按陸氏注解傳述人，當袁宏之誤。」

317 温清搔摩 閩本、監本、毛本「清」作「凊」，是也。

318 蕭蕭悚慄　閩本、監本、毛本「慄」改「悚」。

319 王者並相通否　案，「王」宜作「五」。

320 反相通也　〈正誤〉「反」作「互」。

321 而言德教加於百姓　毛本「於」作「于」，下同。案，經作「於」。

322 不假旨保守也　浦鏜云：「『旨』疑『言』字誤。」案，當作「言」。

323 云則德教加被於天下者　毛本「於」改「于」。

324 案周禮記爾雅　〈正誤〉「記」上補「禮」字。

325 辜較猶梗槩也　閩本、監本、毛本作「梗」，此本誤「便」，今改正。

326 甫刑至其善　閩本、監本、毛本脱「其」字。

327 楊之水　閩本、監本、毛本「楊」作「揚」。案，詩王風揚之水，釋文云「或作楊」。

328 不與我戍甫　閩本、監本、毛本「戍」誤「戊」。

01-329 義當易意則引易　毛本「義」作「意」，非。

孝經注疏卷第一

校　記

❶「于」下原衍「播」字，南昌本同，今據毛本孝經註疏刪。
❷ 仍，南昌本誤作「乃」。
❸ 已，南昌本、學海堂本作「己」。
❹ 太史内史，南昌本作「大史内史」。
❺ 出文「汎」原誤作「況」，今據校語及泰定本孝經註疏改正。
❻「疎、疏古今字」之「疏」，學海堂本同，南昌本作「疏」。
❼ 今檢毛本亦作「嬴」，與閩本同。
❽ 下「享」字原誤作「亨」，南昌本、學海堂本同，今改正。

# 孝經注疏校勘記卷二

## 孝經注疏卷第二

## 諸侯章第三

02—001 諸諸列國之君　石臺本、岳本、閩本、監本、毛本下「諸」字作「侯」，是也。

002 奢泰爲溢　監本「泰」作「泰」。案，張參《五經文字》云：「從小者訛。」

003 然後能保其社稷　案，臧琳云：「《儀禮·鄉射禮》『挾弓矢，而後下射』注：『古文而後作后，非也。』孝經説然后曰：后者，後也。當從后。」釋曰：『孝經援神契』説孝經「然後能保其社稷之等」，皆作后。』世所行唐明皇注本稱爲今文，而「然後能保其社稷之等」皆作「後」，不作「后」，蓋依古文改之也。」

004 而和其民人　石臺本「民」作「𠉮」，避唐太宗諱。

005 則長爲社稷之主　毛本「長」誤「常」。

006 溢謂奢侈　閩本、監本、毛本作「侈」，此本誤「後」，今改正。

007 所以當守其貴　閩本、監本、毛本「當」作「常」。案，經作「長」。

008 仁是稍識仁義　閩本、監本、毛本上「仁」字作「人」。案，經作「人」。

009 以供巳用　案，「巳」當作「己」。

010 皆謂華侈族恣也　閩本、監本、毛本「族」作「放」，不誤。毛本「謂」作「爲」，非也。

011 苴以白苴而與之　監本、毛本下「苴」字作「茅」，是也。

012 祭必由君　毛本「由」作「繇」。

013 則長爲社稷之主者 　監本「主」誤「上」。

014 共工氏之子曰勾龍 　閩本、監本、毛本「句」作「有」。

015 言句龍 　案，左傳「之」作「勾」。

016 如臨深淵 　石臺本、唐石經「淵」作「泝」，避唐高祖諱。

017 臨深恐墜 　鄭注本作「隊」，此正義本則作「墜」。案，隊、墜古今字。

018 履薄恐陷 　監本「陷」作「阤」，亦非。正義並同。

019 恒須戒懼 　石臺本、岳本、毛本作「陷」，是也。

020 臨深恐薄墜履浮恐陷者 　閩本、監本、毛本「薄墜履浮」作「墜履薄」，是也。義亦云「義取爲君常須戒慎」，此注及疏標起止作「戒懼」，非也。

卿大夫章第四

021 非先王之法服不敢服 　石臺本「法」作「灋」。

022 言卿大夫遵守禮法 　石臺本「法」作「灋」。案，灋、法古今字。

023 然後能守其宗廟 　釋文云：「本或作廟。」此正義本則作「廟」。案，說文云：「廟，古文廟字。」自此以下注文皆作「法」。

024 宗彝 　監本、毛本「彝」作「彜」，下同。

025 粉米 　監本「米」誤「未」。

026 七服藻火 　案，「七」當作「士」。

027 六章畫於衣 　監本「畫」誤「盡」。

028 以藻火粉米黼黻六章 　監本「章」誤「韋」。

029 粉取絜白 閩本、監本、毛本「絜」作「潔」。案，潔，俗絜字。

030 所謂三辰旂旗 監本「旂」作「旅」，是也。

031 火在宗彝之下 閩本、監本、毛本「下」，此本誤「不」，今改正。

032 登火於宗彝也 毛本「於」改「于」。

033 祭社稷五祀則絺冕 案，《周禮》「絺」作「希」，注云：「讀爲黹。或作絺，字之誤也。」

034 皆畫以爲繢 閩本、毛本「繢」作「繪」，是也。

035 次八曰黼 監本「八」誤「入」。

036 謂華蟲也 閩本、監本、毛本作「也」，此本誤「地」，今改正。

037 凡七章 案，上下文作「凡幾也」，此處亦不

038 應作「章」。

039 毳畫虎雉 閩本、監本、毛本「雉」作「蜼」，是也。

040 皆元衣纁裳 閩本、監本、毛本作「衣」，此本誤「依」，今改正。

041 元者衣無衣 〈正誤〉下「衣」作「文」，是也。

042 則周自公侯伯子男 毛本「自」誤「目」。

043 此依正義 浦鏜云：「『正』疑『王』字誤。」案，浦説是也。

044 君子所最謹 閩本、監本、毛本作「謹」，此本誤「謂」，今改正。

045 出巳加人 案，「巳」當作「己」。

故舉三事 毛本「三」作「二」，非也。

046 後謂德行 正誤「謂」作「論」。

047 義見末章 閩本、監本、毛本作「末」，此本誤「未」，今改正。

048 懈惰也 石臺本作「憧」，下同。案，華嚴音義上引作「懈，憧也」，與石臺本合。

049 言卿大夫當早起夜寐 監本、毛本「寐」作「寐」，是也。

050 釋古文 閩本、監本、毛本「古」作「詁」，是也。

051 懈惰也釋言文 閩本、監本、毛本作「惰也」，此本誤「惰世」，今改正。案，爾雅釋言「惰」作「愓」。

052 士章第五

053 惟一荅十爲士 毛本「惟」作「推」，「荅」作「合」。案，毛本是也。

053 故禮辨名記曰 閩本、監本、毛本「辨」作「辯」，下「今辨」同。案，禮記月令孟夏正義引作「辯名記」，白虎通作「別名記」。

054 言事父非愛與敬也 石臺本、岳本、閩本、監本、毛本「非」作「兼」，不誤。

055 離親入仕 監本「入」誤「人」。

056 皆不奪其性也 監本「性」誤「拄」。

057 故者連上之辭也 閩本、監本、毛本作「上」，此本誤「土」，今改正。

058 言其位長於士也 閩本、監本、毛本作「士」，此本誤「土」，今改正。

059 又言事土之道 監本「土」作「主」，亦誤。

060 此依王注也 閩本、監本「王」誤「三」。

061 故愛敬雙極也　閩本、監本「雙」作「雙」，毛本作「雙」。案，毛本是也。

062 廣雅曰位涖也　正誤云：「廣雅作『涖，祿也』。」案，浦鏜所據乃俗本，不知位、涖取同聲之字爲訓。王念孫廣雅疏證云：「各本『涖』下脫去『也』字，遂與下條合而爲一，孝經正義可據也。」

063 守者無逸也　閩本、監本、毛本作「逸」，此本誤「近」，今改正。

064 士初得祿位　監本「士」誤「土」。

065 所生謂父母也　石臺本、岳本、閩本、監本、毛本作「母」，此本誤「祖」，今改正。

孝經注疏卷第二　止

孝經注疏卷第三

庶人章第六

066 皇侃云　閩本、監本、毛本作「侃」，此本誤「祝」，今改正。

067 案即府吏之屬　閩本、監本、毛本「案即」作「兼包」，「吏」作「史」，是也。

068 爵列之以爲士有員位　閩本、監本、毛本「爵列」作「嚴植」，是也。

069 人謂衆民　閩本、監本、毛本作「人無限極」。

070 故士以下以爲庶人　閩本、監本、毛本下「以」字作「皆」，是也。

071 秋斂冬藏　石臺本作「秋收」，鄭注本同。案，正義云「此依鄭注也」，則當作「秋收」。岳本改爲「秋斂」，非此之謂。斂、歛乃正俗字。❶

072 四事順時　石臺本、岳本、閩本、監本、毛本「四」作「舉」，是也。此本正義亦誤作「四」。

073 原隰之宜　石臺本、岳本、閩本、監本、毛本作「各盡所宜」，是也。

074 此分地利也　石臺本、岳本、閩本、監本、毛本作「地」，此本誤「池」，今改正。

075 用節省則兄飢寒　石臺本、岳本、閩本、監本、毛本、毛本「兄」作「免」，不誤。閩、監、毛本「飢」作「饑」。案，當作「飢」。

076 公賦時充　石臺本、岳本、閩本、監本、毛本「時」作「既」，不誤。岳本「充」改「足」，監本誤「克」。

077 則篤養不闕矣　石臺本、岳本、閩本、監本、毛本「篤」作「私」，「矣」是衍文。

078 庶人之孝　石臺本、岳本、閩本、監本、毛本「之」作「為」，是也。

079 止此而已　石臺本、岳本、閩本、監本、毛本

080 「止」作「唯」。案，〈正義〉正作「唯」。

081 用人至孝也　閩本、監本、毛本作「人」作「天」，不誤。

082 夫子上述士之行孝已畢　閩本、監本、毛本作「夫」，此本誤「天」，今改正。

083 言庶人服田力釋　閩本、毛本「釋」作「穡」，是也。

084 生成之道也　閩本、監本、毛本作「成」，此本誤「蔑」，今改正。

085 謹身其道　閩本、毛本「身」作「慎」。閩、監、毛本「道」作「身」，是也。

086 節省用而以供養其父母　閩本、監本、毛本「省」下有「其」字，無「而」字。

087 庶人行孝曰畜　閩本、監本、毛本作「行孝曰畜」，此本誤「有公白而」，今改正。

087 以畜義爲事　閩本、監本、毛本「事」作「義」。

088 秋斂冬藏孝　閩本、監本、毛本「孝」作「者」，是。案，鄭注本作「秋收」，此作「秋斂」，非也。

089 此四事順時天道也天云　閩本、監本、毛本「四事順時天道也」作「依鄭注也爾雅釋」，不誤。

090 夏爲長統　閩本、監本、毛本「統」作「毓」。案，爾雅作「贏」。釋文云：「本亦作贏。」

091 秋爲收斂　案，爾雅「斂」作「成」。

092 冬爲肅殺　閩本、監本、毛本「肅殺」作「安寧」，是也。

093 安養閉藏地之義也　閩本、監本、毛本「養」作「寧即」，無「地」字，是也。

094 云四事順時　閩本、監本、毛本「四」作「舉」。案，當作「舉」。

095 謂服百畝之事　閩本、監本、毛本「服百」作「舉農」，是也。

096 春三則爲種　閩本、監本、毛本「三」作「生」，「爲」作「耕」，不誤。

097 夏長則耘苗　閩本、監本、毛本「耘」作「芸」。案，《說文》「耘」字注云「除苗間穢也」，或從芸作「䎬」。今字省艸作「耘」。閩本以下作「芸」，非也。

098 秋收則獲刈　閩本「獲」作「穫」，是也。「刈」字，閩、監、毛本改「割」。

099 冬藏則入臺也　閩本、監本、毛本「臺」作「廩」。

100 此依魏注也　閩本、監本、毛本「魏」作

101 「鄭」。案，「分別五土，視其高下」見太平御覽卷三十六、初學記卷五、唐司馬貞議及釋文所引，皆云「鄭注」，此本作「魏注」，非是。

102 案周禮大司徒云 閩本、監本、毛本作「大」，此本誤「職」，今改正。

103 三曰丘陵 監本「丘」誤「貞」。

104 四曰墳衍 閩本、監本、毛本作「墳」，此本誤「坎」，今改正。

105 視此五土之高下 閩本、監本、毛本作「視」，此本誤「得」，今改正。

106 隨所宜而播種之 閩本、監本、毛本作「播」，此本誤「墦」，今改正。

107 其種宜稻粱 閩本、監本、毛本作「種」作「穀」。粱，閩本、毛本作「粱」。案，作「粱」亦非。周禮作「麥」。

108 云各因其所宜 閩本、監本、毛本作「盡」，非。

109 是也 閩本、監本、毛本作「也」，此本誤「案」，今改正。

110 此分地之利者也 閩本、監本、毛本作「也者」，此本誤倒，今改正。

111 此依本傳也 閩本、監本、毛本作「孔」，不誤。

112 則免飢寒者 監本、毛本「飢」改「饑」，下同。

113 庶人無故不食珍 閩本、監本、毛本作「食珍」，是也。此本誤「合吻」，今改正。

114 淡三年之排 閩本、監本、毛本作「淡」作「及」，「排」作「耕」，不誤。

必有三年之食 閩本、監本、毛本作「三」，

115　此本誤「一」，今改正。

116　以三年繼之通　閩本、監本、毛本「三」下有「十」字，無「繼」字，是也。

117　民無采色　閩本、監本、毛本「采」作「菜」。案，古多以采爲菜。

118　二年賦用足　閩本、監本、毛本「二年」作「云公」，「用」作「既」。毛本「足」作「充」，是也。閩本、毛本誤「克」。❷

119　則私養不闕者　閩本、監本、毛本作「養不闕」，此本誤「力於田」，今改正。

120　賦者自上稅下之名也　閩本、監本、毛本作「賦者」，此本誤「武著」，今改正。

121　謂常省節財用　閩本、監本、毛本作「常省節財用」，此本誤「黨有庠然後」，今改正。

122　公家取稅亦足　閩本、監本、毛本「取」作「賦」，「亦」作「充」，是也。

123　而私養父母不闕之也　監本、毛本「之」作「乏」，是也。

124　孟子曰　閩本、監本、毛本「曰」作「稱」，非。

125　劉熙注云　〈正誤〉「劉熙」作「趙岐」，是也。

126　又云公事已案方敢迨私事是也　閩本、監本、毛本「已案方」作「畢然後」，「迨」作「治」，不誤。

127　此言惟此而已　閩本、監本、毛本「惟」作「唯」，與注文合。

128　無贊諸也　閩本、監本、毛本「贊諸」作「贊詞」，不誤。

129　故從天子已下　閩本、監本、毛本「已」作「以」。

士須資親事君　閩本、監本、毛本作「士，

130 此本誤「上」，今改正。

131 杠鼎之力　閩本、監本、毛本「杠」作「扛」，是也。

132 若率強之無不及也　段玉裁云：「率當作牽。」

133 若各率其巳分　案，「巳」當作「己」。

134 説孝道包含之義　浦鏜云：「『説』上當脱『禮記』二字」。

135 劉獻云　閩本、監本、毛本「獻」作「瓛」。

136 諸家皆以爲惠及身　閩本、監本、毛本「惠」作「患」，不誤。

137 孔鄭韋王之學　閩本、監本、毛本作「韋」，此本誤「常」，今改正。

138 惡禍可必及之　閩本、監本、毛本「可」作「何」。

139 斯則必有灾禍　毛本「灾」作「災」，同。

140 是謂能食　閩本、監本、毛本「食」作「養」，是也。

141 古今凡庸詎識孝道　監本「孝」誤「學」。

142 十載方期一遇　閩本、監本、毛本「十」作「千」，是也。

143 制有曰　案，「有」當作「旨」。唐玄宗〈孝經制旨〉一卷，見《唐書·藝文志》。

## 三才章第七

144 人之常德　石臺本「常」作「恒」，岳本同。案，作「常」避宋諱。〈正義〉引《易》「恒其德貞」作「常其德貞」，皆仍宋刻之舊。

145 其政不嚴而治　石臺本「治」作「治」，避唐高

145 稟天地之氣節　毛本「稟」作「禀」。

146 是天地之常義　監本「常」作「韋」，非也。

147 孝是人所常德也　正誤「所」作「之」。 ✗

148 明臨於下　正誤「明」作「照」，是也。

149 以晨羞夕膳也　正誤「也」作「而」，屬下讀。

150 無以常其利　此本「其」字下空十一字，非也。

151 天利之性也　閩本、監本「天」作「夫」，亦誤。毛本作「大」。

152 夫愛始於和　閩本、監本、毛本作「夫」，此本誤「天」，今改正。 ✗

宗諱。

153 人之易也　鄭注本「人」作「民」，正義云「此依鄭注也」，則當作「民」。案，注作「人」，避唐太宗諱。 ✗

154 導之以禮樂　釋文云：「本或作道。」此正義本則作「導」。

155 禮以檢其跡　毛本「檢」作「撿」，避所諱，正義同。下仿此。

156 故須身行傳愛之道　「傳」作「博」，是也。

157 又道之以禮樂之教　閩本、監本、毛本「道」作「導」。

158 惡者必討之　閩本、監本、毛本作「討」，此本誤「計」，今改正。 ✗

159 又論語曰義以爲質　按，論語釋文出「爲質」，云「一本作君子義以爲質」。此與釋文合。

160 當用禮以檢之　此本「之」下空一字,非也。

161 謂人知好惡　閩本、監本、毛本作「謂」,此本誤「請」,今改正。

162 先及大臣　〈正誤〉「先」作「次」。

163 云義取大臣助君行化　閩本、監本、毛本作「化」,此本誤「也」,今改正。

164 古語或謂人具爾瞻　浦鏜云:「『古語或謂』四字疑衍文。下句『則』疑『謂』字之誤。」

165 陳之道之示之　閩本、監本、毛本「道」作「導」,是也。

166 臣哉鄰哉臣哉鄰哉　閩本、監本、毛本下「臣鄰」字作「鄰臣」,是也。

167 言大體若身　〈正誤〉「大」作「同」,是也。

孝經注疏卷第三　止

孝經注疏卷第四

孝治章第八

168 言先代聖明之王　石臺本「王」作「主」。

169 而況於公侯伯子男乎　閩本「況」作「况」,後同。案,況,俗況字。

170 主尚接之以禮　閩本、監本、毛本「主」作「王」。

171 故得萬國之懽心　鄭注本作「歡」,此正義本則作「懽」。萬,石臺本作「万」,注同。按,唐人千萬字多作「万」。

172 萬國舉其多也　岳本「多」改作「大數」,非是。

173 皆得歡心　石臺本、岳本、毛本「歡」作「懽」,是也。

174 則指行孝王之孝祖　〈正誤〉作「祖考」。

175 古曰在昔曰先民　〈正誤〉重「昔」字，依〈國語〉增也。

176 還指首章之先王也　閩本、監本、毛本作「指」，此本誤「有」，今改正。

177 伯三百里　毛本「三」作「二」，非也。

178 言雖至早　閩本、監本、毛本「早」作「里」，是也。

179 王公饔餼九牢　案，〈周禮掌客〉「王」作「上」。

180 殮五牢　案，當作「飧」，从夕从食。下同。

181 子男饔餼五牢　案，「五」上脫「饔」字，今依〈周禮〉補。

182 唯上介有禽獸　閩本、監本、毛本作「上」，

183 此本誤「止」，今改正。案，〈周禮〉「獸」作「獻」。

184 和者禮器云　〈正誤〉「和」作「知」。

185 有千七伯七十三國也　閩本、監本、毛本「伯」作「百」。案，〈禮記〉作「百」。

186 荊楊二州貢金三品　閩本、監本、毛本「楊」作「揚」。段玉裁云：今人多作揚，从扌。攷〈廣雅〉云「楊，揚也」，〈毛詩·王風〉揚之水〈釋文〉云「或作楊」，然則毛傳「楊，柳也」，正〈廣雅〉之所本。而郭忠恕〈佩觿〉曰「楊，激揚也」，是郭所據書作「楊」。後人因〈江南其氣燥勁，厥性輕揚〉之云，改為揚州所重惟音，則州名當依古從木也。

186 楊州貢篠蕩　閩本、毛本「篠蕩」作「篠簜」，是也。監本「篠」作「篠」，〈文〉作「筱」，隸變「篠」。陸德明〈釋文〉云：「簜或作篒。」

187 理國謂諸侯也　案，經作「治」，注作「理」，避

188 則皆恭事助其祭享也　石臺本「享」作「亨」。

189 所諱。

190 尚不敢輕侮於鰥夫寡婦　監本「於」誤「以」。

191 言微賤之者　正誤作「言國之微者」，又云下「國」字衍。

192 此皆況惜有知識之人　閩本、監本、毛本「況惜」作「説指」。

193 案尚書費詹曰　閩本、監本、毛本「詹」作「誓」，不誤。

194 妻者君之主也　正誤「君」作「親」，是也。

195 則受其所禀之祿　毛本「禀」作「稟」，是也。

195 稱子妻父母　閩本、監本、毛本「妻」作「事」，是也。

196 簠稻　案，禮記作「簀」，諸本從竹，非也。

197 黍梁　毛本「梁」作「粱」，不誤。

198 棗栗飴蜜以甘之　監本、毛本「栗」作「果」，亦誤。閩本作「粟」，是也。

199 若親以終没　浦鏜云「以」當「已」字之誤」，非也。

200 故況列國之貴者　閩本、監本、毛本作「列」，此本誤「則」，今改正。

201 祭則鬼享之　石臺本「享」作「亨」，注同。案，亨通之亨、烹飪之烹、獻享之亨，古多作亨。

202 上好理皆得懽心　閩本、監本、毛本「好」作「孝」。石臺本、岳本作「然上孝理」，正義同。❸

孝經注疏校勘記

203 災害不生　〈釋文〉云：「本或作灾。」此正義本則作「災」。

204 則災害禍亂無因而起　石臺本、岳本、毛本「災」作「灾」，毛本〈正義〉同。

205 此摠結天子諸侯卿大夫之孝治也　毛本「孝治」誤倒。

206 言明王孝治其下　〈正誤〉「其」誤「天」。

207 讚或之也　閩本、監本、毛本作「贊美之也」。

208 使四方之國　〈正誤〉「使」作「則」。

孝經注疏卷第四　止

孝經注疏卷第五

聖治章第九

209 參問明王孝理　岳本「參」改作「曾子」。石臺本「問」作「聞」，是也。監本「王」誤「至」。

210 更有大於孝不　岳本「不」作「否」。

211 殺巳之天　案，「巳」當作「己」。

212 杜預左氏傳曰　案，「曰」上當有「注」字。

213 徧檢羣經　監本、毛本「羣」作「羣」。案，當作「羣」。唐玄度云：「俗作羣。」❹

214 郊謂圜丘祀天也　監本「祀」誤「配」。

215 各以其職來祭　石臺本、唐石經、宋熙寧石刻、岳本、閩本、監本、毛本「職」作「職」。案，職，俗職字。〈正義〉本「來」下有「助」字。〈禮記·禮器·正義〉、〈公羊傳·僖十五年〉疏、〈後漢書·班彪傳〉下注引並作「各以其職來助祭」。是經文本有「助」字，石臺本脫，諸本仍之。

216 成王年幼　毛本「幼」作「幼」，是也。

217 云后稷周公之始祖也者　案，「公」字衍文。

218 姜原　閩本、監本、毛本改「姜嫄」。

219 馬牛過者　閩本、監本、毛本作「馬」，此本誤「焉」，今改正。

220 水上飛鳥以其翼覆薦之　監本、毛本「薦」作「藉」。案，史記周本紀「薦」作「鷰」。

221 水上飛鳥以其翼覆薦之　「水」作「冰」，閩本同，是也。

黎民阻饑　案，史記周本紀「阻饑」作「始饑」，此作「阻」，依古文尚書改，非是。段玉裁尚書撰異云：「今文尚書作『祖饑』，其證有五。五帝本紀曰『黎民始饑』，一也。漢書食貨志曰『舜命后稷以黎民祖饑』，二也。孟康史記音義曰『祖，始也。古文言阻』，三也。徐廣注漢書曰『祖，始也』，四也。毛詩釋文曰『馬融注尚書作祖，云始也』，五也。」

222 圜鍾爲宮　監本、毛本「鍾」作「鐘」。五經文字云：「鐘，樂器。鍾，量名。今經典或通用鍾爲樂器。」案，開成石經凡樂器之「鍾」皆作「鐘」。

223 大簇　毛本「簇」作「蔟」。案，當作「蔟」。

224 周公攝政踐祚而治　監本、毛本「祚」作「阼」，是也。

225 無主不行　案，公羊傳「主」作「匹」，注云「合也」。

226 威仰木帝　儀禮經傳通解續下有「以后稷配蒼龍精也。韋昭所著亦符此說，惟魏太常王肅獨著論」廿五字。

227 思文后稷　監本「文」誤「又」。

228 王義其聖證之論鄭義其於三禮義宗　案，「其」並「具」字之誤。

229 於禮記其義文多 盧文弨校本「文」作「尤」。

230 按禮記明其二端注明堂 〈正誤〉「其二端注明堂」作「堂位昔者周公」,是也。

231 鄭炫云 案,「炫」當作「玄」,下同。

232 夏后曰世室 案,「曰」當作「氏」。

233 以茅蓋屋 閩本、監本、毛本「蓋」作「葢」,是也。九經字樣云:「説文『葢』從艹從盍,張參五經文字又公害翻,並見廾部,廾音草。明皇御注孝經石臺亦作『葢』。今或相承作『蓋』者,乃從行書訛俗,不可施於經典。今依孝經作『葢』」。❺

234 八牖者即八節也 〈正誤〉「即」作「象」。

235 藏帝藉之收於神倉 閩本、監本、毛本

236 「藉」作「籍」。按,〈月令〉作「藉」。

237 六月西方成 案,「六」當作「九」。

238 廟中將幣三享 監本「廟」誤「朋」。

239 注云絲帛也 案,「帛」當作「枲」。

240 執籩豆 閩本、監本、毛本「豆」作「㨃」。案,當作「豆籩」。

241 故親生之膝下 石臺本、唐石經、宋熙寧石刻、岳本、監本「膝」作「厀」,是也。下做此。

242 膝下謂孩幼之時也 石臺本、岳本、監本、毛本「幼」作「幻」。案,幼從力,不從刀。❻

243 懸衾簟枕 石臺本亦作「懸」,「簟」作「葚」。岳本作「縣」。案,當作「縣」。隸書從「竹」字往往作「艹」,如「制節謹度」之「節」,石臺本作「苆」。此「葚」字亦隸體也。

244 聖人順群心以行愛敬 石臺本、監本、毛

244 本「群」作「羣」，岳本作「民」。案，岳本非也。正義亦作「羣」。

245 云膝下謂孩幼之時也者 毛本「幼」誤「提」。

246 桉説文云孩小兒笑也 案，説文「孩」作「咳」，又云「古文咳从子」。閩本、監本、毛本「笑」作「笑」。「一切經音義引字林云「笑，喜也。字从竹从犬，犬聲，竹爲樂器」，五經文字云「从竹下犬」，非是。案，説文口部、欠部、女部皆作「笑」。

247 謂指其顧下令之笑而爲之名 毛本「顧」作「頤」。

248 子能飲食 案，「飲」當作「食」，讀如字。下「食」音嗣。或疑與下「食」字重，遂改爲「飲」。

249 男唯女俞 閩本、監本、毛本作「唯」，此本誤「佳」，今改正。

249 九年教之數目 監本、毛本「目」作「日」，不誤。

250 云出以外傅者 監本、毛本「外」作「就」，是也。

251 鯉趨而過庭 正誤云：「下脱『曰：學詩乎？對曰：未也。不學詩，無以言。鯉退而學詩。他日又獨立，鯉趨而過庭』廿九字。」

252 懸衾簇枕 閩本、監本、毛本作「衾」，此本誤「食」，今改正。案，〈內則〉「懸」作「縣」。懸，俗縣字。

253 以教愛者也者 案，注無上「者」字，此衍文也。

254 疾痛疴癢 案，〈禮記〉作「苛癢」。

255 少者執牀與坐 毛本「牀」作「床」。案，床，俗牀字。

孝經注疏校勘記

256 無宜待教 浦鏜云：「無宜」疑誤倒，或「宜」爲「容」字之誤。

257 是嚴多而愛殺也 閩本、監本、毛本作「愛」，此本誤「成」，今改正。

258 不和親則忘愛 〈正誤〉「和」作「教」。

259 聖人謂明王也 閩本、監本、毛本作「王」，此本誤「正」，今改正。

260 則天子能愛親敬親者是也 監本「謂」下妄加「至」字，毛「子」誤「于」。

261 本謂孝也 監本「謂」下妄加「至」字，毛「子」誤「于」。

262 以臨於巳 石臺本、岳本「巳」作「已」，是也。

263 此言父子恩親之情 〈正誤〉「親」作「愛」。

264 同君之敬 閩本、監本、毛本作「君之」，此本二字誤倒，今改正。

265 君之於太子也 案，禮記「太」作「世」。

266 然後兼天下而有之者 案，禮記無「者」字，此誤衍。

267 厚重莫過於此也 閩本、監本、毛本作「莫」，此本誤「其」，今改正。

268 凶謂悖其得禮也 石臺本、岳本、閩本、毛本「得」作「德」，是也。

269 君子之不貴也 岳本「之」下增「所」字。案，〈正義〉亦無。浦鏜云「脫『所』字」，非也。

270 是謂悖德悖禮也 監本下「悖」字誤「非」。

271 以順天下人心 監本「下」誤「于」。

272 其所令　監本「令」誤「今」。

273 是知人君若達此盡愛敬之道　閩本、監本、毛本「達」作「違」，「此」下有「不」字，是也。

274 云雖得志於人上者　案，「者」字衍文。

275 言君子如此　浦鏜云「君子」當「人君」誤」，是也。

276 言聖人君子之所不貴　浦鏜云「言」當「亦」字誤」，是也。

277 臨撫其人　岳本「撫」作「於」。案，正義亦作「撫」，岳本非也。

278 而行其政令　石臺本、唐石經、宋熙寧石刻、岳本、閩本、監本、毛本作「而行」，此本誤倒，今改正。

279 政令行也　監本「政」作「玫」，非也。

280 君子至政令　監本「政」誤「皷」。

281 君臨其民　閩本、監本、毛本作「民」，此本誤「居」，今改正。

282 政令以此而行也　監本「令」誤「今」。

283 言者心之聲也　閩本、監本、毛本作「心」，此本誤「意」，今改正。

284 道者陳悦也　閩本、監本、毛本「者」作「謂」，「悦」不誤。「悦」作「說」。

285 此立德行義　正誤「此」作「云」，是也。

286 知制作事業　閩本、監本、毛本作「作」，此本誤「云」，今改正。

287 魯徐生善爲容　漢書儒林傳「容」作「頌」。案，頌，正字。容，假借字。

288 按左傳北宮文子　閩本、監本、毛本作

# 孝經注疏校勘記

289 「子」，此本誤「宇」，今改正。

290 大抵皆叙君之威儀也 監本、毛本「叙」作「敘」，是也。閩本誤「敘」。

291 云則德教成 閩本、監本、毛本作「成」，此本誤「我」，今改正。

292 乃引曹風鳲鳩之詩 閩本、監本「鳲」誤「鳴」。

02—292 威儀不差夫也 閩本、監本、毛本「夫」作「失」，是也。

## 校 記

❶ 非此之謂，南昌本作「非此作歟」。

❷ 毛本誤「克」，南昌本、學海堂本同，與上文「毛本『足』

作「充」」矛盾。今檢毛本實作「充」。

❸ 上好理皆得懽心。閩本、監本、毛本『好』作『孝』」，學海堂本同。南昌本出文「好」作「孝」，校文作「閩本、監本、毛本同」。按，今檢明正德修十行本（此葉版心題：正德六年刊，詹積英齎，熊元貴刊）實作「好」，元泰定刊十行本則作「孝」。

❹ 按，「俗作群」見張參五經文字羊部，不見於唐玄度九經字樣，「唐玄度」當作「張參」。

❺ 「今依孝經作蓋」之「依」原脱，據文淵閣四庫全書本九經字樣補。

❻ 出文之「幼」原誤作「幻」，學海堂本同，今改正。

孝經注疏卷第五 止

# 孝經注疏校勘記卷三

## 孝經注疏卷第六

### 紀孝行章第十

03-001 　正義云：「或於『孝行』之下又加『犯法』兩字，今不取也。」

002 次聖人之後　案，「人」當作「治」。

003 擗踊哭泣　石臺本「踊」作「踴」。監本「泣」誤「立」。案，說文有「踊」無「踴」。

004 齊戒沐浴　石臺本、岳本、閩本、監本、毛本「齊」作「齋」。

005 謂平常居處家之時也當須盡於恭敬　正誤「處」下有「在」字，無「也」字，「於」作「其」。

006 致親之孝　正誤「孝」當作「懽」，是也。

007 雞初鳴　閩本「雞」作「鷄」。案，禮記作「雞」。

008 咸盥漱　毛本「漱」作「漱」。案，當作「漱」。

009 敬進甘脆而后退　諸本作「進」，此本誤「道」，今改正。毛本「后」改「後」。

010 言孝子冬溫夏清　閩本、毛本「清」作「凊」，是也。

011 此古之世子　浦鏜云：「『此』當『記』字誤。」

012 其有不安止　閩本、監本、毛本「止」作「節」，是也。

013 此注減憂能二字者　監本、毛本「減」作

014 「減」。案，減，俗減字。

015 雖儗人非其倫 閩本、監本、毛本「儗」改「擬」。案，作「儗」是也。

016 以舉重以明輕之義也 毛本上「以」字作「亦」，是也。

017 其義奧於彼 閩本、監本、毛本作「寠」，此本誤「寠」，今改正。〈正誤〉「奧」作「具」，是也。

018 齊戒至不寠 本誤「寠」，今改正。

019 此皆説祭祀嚴敬之事也 閩本、監本、毛本作「事」，此本誤「子」，今改正。

020 必先齊戒沐浴也 閩本、監本、毛本「沐」作「沭」。案，當作「沐」。沭，水名。

021 言文王之嚴敬祭祀如此也 閩本、監本、毛本作「祀」，此作「事」，今改正。

022 謂以兵刃相加 監本「刃」誤「不」。

023 不去則兵刃或加於身 監本、毛本「刃」誤「刅」，下並同。

024 終貽父母之憂 閩本、監本、毛本作「貽」，此本誤「胎」，今改正。

025 此則刃劍之屬 〈正誤〉「刃」作「刀」。依左傳注改。

026 皆可亡身者 閩本、監本、毛本作「亾」，此本誤「立」，今改正。

027 五刑章第十一

028 又禮記問喪云 案，「問喪」當作「喪問」。

喪多而服五罪多而刑五 案，此二句誤倒，當乙轉。

五刑謂墨劓剕宮大辟也 監本「剕」誤

029 君者臣之禀命也 石臺本「之」作「所」。岳本、監本、毛本「禀」作「稟」,與石臺本合。

030 聖人制作禮樂 石臺本、岳本「樂」作「法」。

031 豈唯不孝 岳本「唯」作「惟」。

032 尚感君政 〈正誤〉「政」作「仁」。

033 割其頟而涅之曰墨 案,「割」當作「刻」。

034 釋言云荆刖也 案,〈爾雅〉「荆」作「跀」,〈說文〉亦作「跀」。

035 與椓去其陰 監本、毛本「椓」作「涿」。案,〈說文〉作「毅」,云「去陰之刑也」。〈玉篇〉作「劅」,云「刑也」。今〈書·呂刑〉作「椓」,〈尚書撰異〉作「劓黥」,云:「今本『劅』作『椓』,此唐天寶三載衞包所改也。孔訓『劅』爲『椓陰』」。

036 衞妄謂『劅』古字,『椓』今字,以『椓』改『劅』。而宋開寶五年又改釋文大書『劅』爲『椓』矣。正義亦遭天寶後改從衞包,而時有改之未盡者,如卷二引鄭本〈尚書〉『劓、刵、劅、剕』,此篇云『劅,椓人陰』,是其證也。」

037 除墨劓荆耳 毛本「劓」誤「鼻」。

038 隋開皇之初始除男子宮刑 宋王應麟云:「按〈通鑑〉,西魏大統十三年三月除宮刑,非始於隋。」

039 姦軌盗攘傷人者 監本「軌」誤「執」。

040 案說文云臏膝骨也 〈說文〉「臏」作「髕」,云「膝」作「厀」。案,臏者,髕之俗字。

041 則臏謂斷其膝骨 閩本、監本、毛本「則」作「刖」,是也。

042 以屬萬民之罪 案,「屬」當作「麗」。

條有三千則周三千之條 此本「千則」

043 周三「四字墨釘，據閩本、監本、毛本補。

044 是因其事而使言之 閩本、監本、毛本「使」作「便」，是也。

045 子弑父凡在官者殺無赦 監本「官」作「宮」，是也。

046 而敢要以從巳 閩本、監本、毛本「巳」作「已」，是也。

047 及河授壁 閩本、監本、毛本「壁」作「璧」，是也。

048 故以右章 閩本、監本、毛本「右」作「名」，是也。

廣要道章第十二

049 化行而後徧彰 〈正誤〉「徧」作「德」，是也。

050 莫善於悌 鄭注本作「弟」，此〈正義〉本則作「悌」。

051 言教人親愛禮順 監本「教」誤「致」。

052 此夫子述廣要之義 〈正誤〉「要」下補「道」字，是也。

053 莫善於行禮以師之 閩本、監本、毛本「師」作「帥」。

054 隨其越舍之情欲 監本、毛本「越」作「趨」，是也。

055 家殊俗 閩本、監本、毛本作「殊」，此本誤「珠」，今改正。

056 復人倫之廢 閩本、監本、毛本「復」作「傷」，不誤。

057 伏羲造琴瑟 毛本「羲」作「犧」，下同。

舜曰太韶 監本、毛本「太」作「大」，是也。下「大夏」同。

058 武曰大武 閩本、監本、毛本作「武」，此本誤「光」，今改正。

059 於樂之聲節 正誤「於」作「則」。

060 禮云 正誤「云」上補「記」字。

061 非禮無以辨男女父子兄弟之親是也 禮記「辨」作「別」。

062 制百口 閩本、監本、毛本作「樂記云」。

063 樂異人而同愛 案，「人」當作「文」。同，禮記作「合」。

064 教愛之極 閩本、監本、毛本「教」作「敬」，是也。

065 故必由斯人以宏斯敬 正誤「敬」作「教」，是也。

066 而後禮樂興焉 監本「興」誤「與」。

067 敬一人而千萬人悅 毛本「而」誤「則」。

068 入明敬功至廣 閩本、監本、毛本「入」作「又」，是也。

069 此皆故父兄及君一人 閩本、監本、毛本「故」作「敬」，不誤。

070 則其子弟及臣千萬人皆悅 毛本「千」誤「子」。

孝經注疏卷第六 止
孝經注疏卷第七
廣至德章第十三

071 言教不必家到戶至 正義曰：「此依鄭注也。」案，李善注文選庾元規讓中書令表引鄭注云「非門到戶至而見之」，又注任彥昇齊竟陵文宣王行狀引鄭注云「非門到戶至而日見也」。石臺本「門」改「家」，諸本仍之。

072 則天下之爲君者 〈正誤〉「爲」下補「人」字,是也。

073 皆得其臣之敬 |毛本「敬」下衍「也」字。

074 至乎閭巷 案,〈禮記〉作「州巷」。下作「州里」,亦非。

075 此依玉注也 |閩本、|監本、|毛本「玉」作「王」,不誤。下同。

076 案禮教敬 〈正誤〉「敬」作「孝」。

077 假令天子事三老 |監本、|毛本「令」作「今」,非也。

078 若朝覲於王 |閩本、|監本、|毛本「若」作「君」,是也。

079 詩云愷悌君子 〈釋文〉云又作「豈弟」,與詩同。

080 此正義本則作「愷悌」。

081 乃引大雅洞酌之詩 |閩本、|監本、|毛本作「洞」,此本誤「洞」,今改正。

082 詩云凱弟君子 |閩本、|監本、|毛本「凱弟」作「愷悌」。

083 皇侃以爲并結要道至德兩章 |閩本、|監本、|毛本「結」作「結」,是也。

廣揚名章第十四

083 次德之後 案,「次」下脫「廣至」二字。

084 居家理故治可移於官 〈正義〉曰:「先儒以爲『居家理』下闕一「故」字,御注加之。」案,〈釋文〉注云「讀『居家理故治』,與上異讀,似|陸氏所據本亦無『故』字,後人依石臺本增入,非也。

085 脩上三德於内 石臺本「脩」作「修」。案,〈正義〉標起止亦作「修」。

086 此夫子廣述揚名之義　案，當作「述廣」。

087 可移於績　〈正誤〉「於」作「治」，是也。

088 居能以此善行成之於內　〈正誤〉「居」作「若」，是也。

089 此一章之文　〈正誤〉「一」改「士」，是也。

090 亦士章之敬悌義同　案，「敬悌」當作「孝順」。

091 則其令名常自傳於後世　閩本、監本、毛本作「名」，此本誤「爲」，今改正。

092 立謂常有之各　閩本、監本、毛本「各」作「名」，是也。

093 傳謂不絕之稱　閩本、監本、毛本「絕」誤「色」，今改正。❶

094 諫諍章第十五　石臺本、唐石經、岳本作「爭」。案，正義前後並作「諫爭」，經「爭臣」、「爭友」、「爭子」，今本白虎通引並作「諍」，非。

095 皆諫諍也　案，當作「爭」。

096 曾子因聞揚名巳上之義　諸本「因」作「問」，依正誤改。

097 故疑而問之　岳本「之」下有「也」字，衍文。

098 故又假曾子之問曰　閩本、監本、毛本作「又」，此本誤「文」，今改正。❷

099 夫孝人之經　案，「人」當作「天」。

100 劉巘曰　閩本、監本、毛本「巘」作「巘」。案，作「獻」避所諱。

101 子曰是何言與　鄭注本作「歟」，用正字。此〈正義〉本作「與」，則用假借字。

## 孝經注疏校勘記

102 **成父不義** 石臺本、岳本、閩本、監本、毛本作「成」、作「不」，此本誤「或」、「之」，今改正。

103 **不失其天下** 石臺本無「其」字，釋文同。案，正義本無「其」字。漢書霍光傳云：「聞天子有爭臣七人，雖無道，不失天下。」陸德明云：「或作『不失其天下』」，「其」字衍耳。

104 **則身不離於令名** 鄭注本無「不」字，與此不同。

105 **則身不陷於不義** 閩本「陷」作「陶」，注及正義同。石臺本、唐石經、宋熙寧石刻、岳本、監本、毛本「陷」，是也。

106 **陳諫爭之義** 〈正誤〉「陳」作「非」，是也。

107 **鬼神之主** 〈正誤〉「之」作「乏」。

108 **以解七人之義** 閩本、監本、毛本作「七」，此本誤「匕」，今改正。

109 **則見之四輔** 〈正誤〉「見」作「記」。

110 **孔傳指家相室老側室** 閩本、監本、毛本作「相」、作「側」，此本誤作「祖」，今改正。案，盧文弨校本「室」作「宗」。

111 **商命** 閩本、監本、毛本「商」作「囧」，是也。下同。

112 **歷叙群司** 監本、毛本作「叙羣」，是也。

113 **摠名卿七** 監本、毛本「摠」作「總」，「七」作「士」。案，作「士」是也。

114 **經傳何以無文** 毛本「無」作「爲」。

115 **左傳稱周主申父之爲太史也** 毛本「父」作「甫」。案，「主申父」當作「辛甲」。

116 **瞽爲詩** 閩本、監本、毛本作「瞽」，此本誤「鼓」，今改正。

117 以匡無道之主 閩本、監本、毛本作「匡」，此本誤「宝」，今改正。

孝經注疏卷第七 止

118 士獨云不離 閩本、監本、毛本「士獨」作「上下」，不誤，「离」作「離」，下同。

孝經注疏卷第八

119 感應章第十六 石臺本、唐石經、岳本作「應感」，正義前後並同。今本作「感應」，依鄭注本改，非正義本也。

120 孝悌之事 案，「事」當作「至」。

121 言人主若從諫爭 監本、毛本「主」誤「王」。

122 言能致事宗廟 石臺本、岳本、閩本、監本、毛本「致」作「敬」，不誤。

123 神明彰矣 鄭注本作「章矣」，此正義本則作「彰矣」。

124 則神感至誠而降福佑 毛本「誠」作「誠」。

125 子曰昔者明王 監本「王」誤「正」。

126 能致感應之事 案，「感應」當作「應感」，此處誤倒。

127 是事父之孝通天也 正誤「通」下補「於」字。案，下文作「事母之道」，此作「之孝」，二者必有一誤。

128 此依玉註義也 閩本、監本、毛本「玉」作「王」，不誤。

129 謂蒸嘗以時 浦鏜云：「蒸」當作「烝」。

130 樹木以時伐焉 閩本、監本、毛本作「伐」，

131 此本誤「投」，今改正。

132 昆蟲未蟄　閩本、監本、毛本作「未」，此本誤「禾」，今改正。

133 誠和也　監本、毛本「誠」作「諴」，是也。

134 則神祇感其至和　監本「祇」作「祗」。案，祗訓敬，與「神祇」字別。

135 不降福應　閩本、監本、毛本「不」作「而」，是也。

136 書曰至誠感神　毛本「誠」作「諴」，是也。

137 自天祐之　毛本「祐」作「佑」。案，當作「祐」。

138 注約諸文以釋之也　監本「文」誤「衣」。

139 則神感至誠　監本、毛本「誠」誤「和」。

140 當爲至誠　毛本「誠」作「諴」，是也。

141 享於克誠　石臺本「享」作「亨」。

142 光于四海　大戴記曾子大孝云「衡之而橫乎四海」，小戴記祭義「溥之而橫於四海」，北史孝行論「塞天地橫四海」，則此古本亦必作「橫」。鄭氏注樂記「號以立橫」，孔子閒居「以橫於天下」，並云「橫，充也」，即爾雅之「桄，充也」，書堯典僞孔傳「光，充」，孔沖遠正義「光，充。釋言文」。案，戴震云：「『橫』轉爲『桄』，誤脱爲『光』。」又云：「光被四表，『古本必有作『橫被四表』者」。其説甚詳，獨未及此經。

143 光于四海　石臺本、岳本「于」作「於」。

144 孝弟之至　毛本「弟」作「悌」。

145 是不忘其祖考　閩本、監本、毛本「忘」作「辱」，是也。

然諫議兼有諸侯大夫　毛本「議」作

146 此章唯稱王者 監本、毛本「唯」作「惟」。「諍」。案，「諍」當作「爭」。

147 己之昆曰兄 閩本、監本、毛本「己」作「巳」，非。

148 謂與族人讌 閩本、監本、毛本「讌」作「燕」，下文並同。按，「燕」乃「宴」之假借字。讌，俗字。

149 故其詩曰 浦鏜云：「其」當作「楚茨」。

150 祖廟未許 閩本、監本、毛本「許」作「毀」，是也。

151 此依正注也 閩本、監本、毛本「正」作「王」，是也。

152 禮防記云 閩本、監本、毛本「防」作「坊」。案，〈禮〉作「坊」，「坊」乃「防」之別體。〈廣韻〉「坊」

153 土無二王 閩本、監本、毛本作「土」，此本誤「上」，今改正。下注云「見〈禮〉」，即指此。

154 云猶脩持其身 毛本「脩」作「修」。

155 盛業謂先祖積德累功 閩本、監本、毛本作「脩」。案，注本作「累」，此本誤「素」，今改正。

156 陰陽不測之謂神 閩本、監本、毛本作「測」，此本作「則」，今改正。

157 地曰祇 閩本、監本「祇」誤「祇」，下同。

158 故曰祇也 毛本「祇」作「祇」，是也。

159 故曰至性如此 浦鏜云：「故曰」當「者言」二字之誤。

160 光於四海 毛本「於」作「于」。

# 孝經注疏校勘記

161 疏爲德教流行　石臺本、閩本、監本、毛本「疏」爲」作「義取」，不誤。

162 莫不敬義從化也　石臺本、閩本、監本、毛本「敬」作「服」。〈正義云：「此依鄭注也。」案，鄭注本則作「被」，自石臺本改爲「服」，諸本仍之。

163 以明無所不道　閩本、監本、毛本「道」作「通」，是也。

164 詩今文云　浦鐘云：「今文」二字衍文。

165 德教流行　諸本「教」作「化」，依正誤改。

166 次應感之後　正誤作「感應」，非是。

167 子曰君子之事上也　石臺本、唐石經、宋熙寧石刻、岳本、閩本、監本、毛本作「君」，此本誤「孝」，今改正。

168 故上下能相親也　唐石經初刻作「故上下能相

169 親」，磨改增「也」字，故此行十一字。

170 而子人下也　此本脫「子」字，依閩本、監本、毛本補。

171 六曰君子之事親孝　此本「六曰」之閒空闕一格，非是。

172 不敢作王言也　閩本、監本、毛本「作」「斥」，是也。

173 王之職有缺　監本、毛本「缺」作「闕」，是也。

174 尚書太誓云　閩本、監本、毛本「太」作「泰」。案，當作「大」。「泰誓」古文作「大誓」。王應麟困學紀聞云：晁氏曰：開元閒衞包定今文，始作「泰」。

175 匡正釋詁文也　案，「詁」當作「言」。

176 汝無面從是也　閩本、監本、毛本作「面」，

176 中心藏之　釋文云：「又本亦作『忠』。」此正義本則作「中」。此本誤「而」，今改正。

177 藏心中

178 恆藏心中　岳本「恆」作「常」。

179 無日暫忘也　岳本「忘」誤「志」。

雖復有時離遠　閩本、監本、毛本作「遠」，此本誤「達」，今改正。

孝經注疏卷第八　止

孝經注疏卷第九

喪親章第十八

180 故發此事　石臺本、岳本「事」作「章」。案，正義曰：「說生事之禮已畢，其死事經則未見，故又發此章以言也。」此本作「事」，非。

181 哭不偯　釋文云：「『偯』俗作『哀』，非。說文作『依』，云『痛聲也』，音同。」案，臧鏞堂云：說文無『偯』字。「哀」從口衣聲，「依」從人衣聲，皆相近，故誤。陸氏本作「依」，故云「說文作依，音同」，又云「俗作偯，非」，以「偯」爲「哀」之俗寫也。今「依」既誤「偯」，因改「哀」爲「依」。然必不當有作「哭不哀」者，是可證「哀」之改「偯」爲「依」之譌矣。

182 故服繐麻　釋文云：「繐字或作「衰」。」岳本同。此正義本則作「繐」。按，繐，正字。衰，假借字。

183 故蔬食水飲　石臺本、岳本、閩本、監本「蔬」作「疏」。

184 此哀戚之情也　石臺本、宋熙寧石刻、岳本、鄭注本「戚」作「慼」。唐石經此處刓闕，證以下文「而哀慼之」、「死事哀慼」皆作「慼」，則此可知矣。案，說文作「慽」，從心戚聲。戚，假借字。慼，俗字。

185 毀不滅性　石臺本、唐石經、宋熙寧石刻、岳本、閩

186 本、監本、毛本作「減」，此本誤「減」，今改正。注同。

187 皆哀感之情也 監本、毛本「感」改「戚」。

188 示民有終畢之終也 閩本、監本、毛本下「終」作「限」，不誤。

189 又曰大功之哭 閩本、監本、毛本作「又」，此本誤「文」，今改正。

190 哀之至也 毛本「至」誤「止」。

191 又云不言而事行者 閩本、監本、毛本「事行」誤倒。

192 當心麄布長六寸 監本、毛本「心」作「以」，「麄」作「麤」，是也。〈正義〉「當」上補「纕」字，是也。

193 麻爲腰絰首絰 閩本「絰」誤「經」，下同。

194 經之言實也 監本「経」誤「經」。

195 但位定初喪 閩本、監本、毛本作「定位」，是也。

196 盲美至水飲 監本「水」誤「氷」。

197 孝子不以爲甘 閩本、監本、毛本作「甘」，此本誤「耳」，今改正。

198 故問喪云 閩本、監本、毛本作「問」，此本誤「聞」，今改正。

199 疏食水飲 毛本「疏」改「蔬」，下同。

200 毀不滅性 閩本、監本、毛本作「性」，此本誤「徃」，今改正。

201 傷賢乾肝焦肺 閩本、監本、毛本「賢」作「腎」，是也。

202 將申天脩飾之君子與 閩本、監本、毛本「申天」作「由夫」，是也。

202 **天下之達喪也** 案，今本論語作「通」。

203 **爲之棺椁衣衾** 鄭注本作「槨」，此正義本則作「椁」。按，椁，正字。槨，俗字。

204 **舉謂舉屍內於棺也** 岳本「屍」作「尸」。按，屍，正字。經傳多作尸，同音假借也。

205 **而哀慼之** 岳本「慼」作「戚」，注同。

206 **擗踊哭泣** 石臺本「踊」作「踴」，注同。

207 **卜其宅兆而安厝之** 鄭注本作「厝」。按，儀禮選宋孝武宣貴妃誄引孝經曰：「擗踴哭泣。」

士喪禮注：「孝經曰：卜其宅兆而安厝之。」此正義本則作「措」字。厝、措義別，而古多通用。

208 **爲之宗廟以鬼享之** 釋文云：「享」又作「饗」之。」石臺本作「亨」，注同。

209 **立廟祔祖之後** 監本「祔」誤「柎」。

210 **須爲棺椁衣衾也** 此本「衣」誤「存」，今改正。

211 **不使土侵棺也** 此本「土」誤「二」，依閩本、監本、毛本改。

212 **布給二衾** 監本、毛本「給」作「紿」，是也。

213 **謂水兕革棺** 閩本、監本、毛本「給」作「紿」，是也。

214 **柂棺一** 閩本、監本、毛本作「柂」，此本誤「貰」，今改正。

215 **次外兕生皮** 正誤「生」作「牛」，是也。「地」，今改正。下同。

216 **言漆之椑椑然** 監本、毛本作「鼖鼖」。

217 **柏槨以端長六尺** 毛本作「柏椁」，與檀弓合。下同。

218 **是簠簋爲器也** 正誤「爲」下補「祭」字。

219 盛黍稷稻粱 監本、毛本「粱」作「梁」，是也。

220 惻怛之心 閩本、監本、毛本作「怛」，此本誤「但」，今改正。

221 故祖而誦之 閩本、監本、毛本「祖」作「祖」，「誦」作「踊」，是也。

222 曾子弔於負夏 閩本、監本、毛本作「弔」，此本誤「弟」，今改正。

223 周禮家人 閩本、監本、毛本「家」作「冢」，是也。

224 諸侯五廟 〈正誤〉「五」上補「立」字，是也。

225 周還出戶 〈正誤〉云：「下脫『肅然必有聞乎其容聲出戶而聽』十三字。」

226 明日祔祖父 〈正誤〉「祔」下補「於」字。❸

227 如將見之是之 閩本、監本、毛本下「之」作「也」。

228 死事哀慼 岳本「慼」作「戚」，注同。

229 死之義理備矣 〈正誤〉「之」上補「生」字，是也。

03—230 孝行之終始也者 案，當作「始終」。

孝經注疏卷第九 止

## 校　記

❶ 按，閩、監、毛本均作「絕」，不誤。依孝經注疏校勘記文例，此條似當作「閩本、監本、毛本作『絕』，此本誤『色』，今改正」。然檢中華再造善本影印北京市文物局藏元刊明修十行本孝經注疏（此葉為正德六年刊）亦作「絕」，或校勘記所據底本之是葉修補猶在正德六年之後。

❷ 「又」、「文」二字原誤倒，學海堂本同，今乙正。

❸ 此條原誤置於「如將見之是之」條後，今據南昌本、學海堂本及疏文次序乙正。

# 孝經釋文校勘記

f01—01

**鄭氏相承解爲鄭玄** ○盧文弨攷證「氏」下增「注」字，「解」改「以」。案，唐劉知幾議云：晉中經簿孝經稱「鄭氏解」，無「名玄」二字。鄭志目錄記康成所注書，亦未有孝經。元和惠棟云：鄭氏鄭小同也。今日亡失。

## 開宗明義章

02 **仲尼字作尼古夷字也** ○盧本「尼」作「𡰥」。案，作「𡰥」是也。玉篇云：「𡰥，古文夷字。」

03 **居王肅云閒居也** ○葉本「閒」作「閑」。按，閒正字。閑，假借字。

04 **曾子名參字子輿或作參音同義別** ○盧文弨云：「案，作『曑』當謂天上曑星也，乃云字子輿，則與作『參』者義並無別，不知陸意云何。」案，晉灼讀「參」如「宋昌參乘」之「參」。

05 **先王三王禹始傳於殷配天王謂文王也** ○盧本上「殷」作「子」。段玉裁挍本云：「殷」當「啟」字之誤。下文「於殷配天」當作「家天下」三字。「王謂」之上當有「某云」，大約王肅、孔安國語也。案，「於殷」疑「郊鯀」之譌。

06 **有至德王云孝爲之至也** ○盧本「爲」下增「德」字，是也。案，唐明皇注：「孝者，德之至。」邢昺正義云：「依王肅義。」

07 **孝悌本今無此字** ○盧云「孝悌」見上文引鄭注。案，「悌」當本作「弟」，上同。武進臧琳經義雜記云：「釋文孝經本用鄭氏注，後人據唐明皇注挍之，故於釋文所標注皆云『本今無此字』，又云『自某至某本今無』。閒有鄭注與唐注同、邢疏云『此依鄭注』者，則無挍語。蓋挍者不知鄭注本乎鄭，見唐注所有，故即以爲唐注而無疑。」按，臧琳說是也，今舉此五字，其餘可以類推。

08 **不敏達也** ○盧本「達」作「逵」。案，盧本是也。

09 父母得其顯譽也者 ○臧鏞堂云：「者」字當衍。「幸」音他葛反，「達」從幸得聲。

10 卋彊 ○葉本「彊」作「強」。

11 念爾雅云勿念也 ○按，挍經録云：今爾雅作「勿忘也」。

## 天子章

12 形于法也 ○按，臧琳云：「釋文標鄭注『形見』二字，知經本作『形于四海』。陸德明書『形于』，云『法也』。字又作刑」。「法也」一訓本明皇注，當後人竄入。蓋天子既有德教加於百姓，則此德教自然形見於外，不言四海取法，為四海取法可知。」

13 刑見 ○盧本「刑」作「形」。攷證云：「舊『形』作『刑』，與經互異，今改正。」

14 賴之引辟 上鹿艾反辟止 或作辟同匹辟反 ○葉本作「止」，「止」字衍文。海寧周春云：「『引辟』二字疑是注中語，但以陸氏文義觀之，似引書正文，頗不

## 諸侯章

15 危殆 ○攷證「殆」誤「待」。可解。」案，此二字鄭氏注也，見文選注，無可疑。

16 列士封疆字又作畺同 ○葉本「畺」作「彊」。

17 恐注及後同 ○元和顧廣圻云「後」當作「下」，是也。

## 卿大夫章

18 米字或作采音同 ○葉抄本、盧本「采」作「絑」，是也。

19 惰古卧反注同 ○顧廣圻云《釋文》「注同」當作「下同」，是也。 攷證云：「舊謁『綵』，非。

## 士章

20 食禀公羊傳云廩賜稟禄也 ○葉本「食」作「㑹」，下同。案，「禀」當作「稟」。盧文弨鍾山札記云：「『穀』亦作『稟』，字小變耳，實一字也。今書中往往誤作『稟』」，字風俗通皇霸篇、論衡偶會篇、高誘注呂氏春秋九月紀皆作此字。齊民要術引山海經曰『百穀自生』，楊用修謂今本山海經誤改作『穀』」。案，「穀」乃正字，不可謂

誤。「糳」字篇海下从禾作「糳」，从禾是也，而上亦非殷，當本作殸。則「糳」與「穀」筆畫並無增減，止禾字在左旁者多，遂覺禾居中者為變體。其从殸者，又後來轉寫之失，乃成俗字耳。今人作「五穀」字，亦往往從木，與「楮穀」字相混，則「糳」之誤為「糳」，亦正相類。」

21 爲于僞反□爲曰祭一本作始曰爲祭 ○「于僞反」三字葉本空缺。攷證云「是妄人所增」，是也。盧本作「祿」，下空缺作「始」。臧鏞堂云：邢昺正義曰「祿謂廩食」，合之陸引公羊傳，知上闕「祿」字、「始」字。盧依注補。

22 無忝辱也他簟反 ○葉本「忝」下空闕。臧鏞堂云：據開宗明義章釋文引詩作「毋念爾祖」，則此「無」字亦當作「毋」，〈毛詩小宛釋文云「毋忝，音無」可證也。

23 丘陵阪險又蒲救反 ○葉本、盧本「救」作「板」，是也。

24 行下孟反音如字 ○臧鏞堂云：案，「音如字」當作「又如字」，否則「音」為「或」字之訛。

25 三才章 ○此三字盧文弨攷證脫。

26 赫本又作赤火白反 ○盧本「赤」作「非」，云俗「赫」字。

27 孝治章

28 以客苦百反 本或作以客禮待之 ○按，臧鏞堂云：此八字非陸語，故舊本空一字，校者據釋文有此本也。

29 則致張利反從夊音陟里反他皆放此俗作攴非 ○葉本「夊」作「夂」。周春云：「說文『夊』山危翻，音衰。又楚危翻，音吹。前後音注互異。『致』字入此部。又案，說文『夂，陟侈翻』，『讀若黹』，即釋文所云『陟里翻』也。『致』字不入此部也。」按，作「夊」是，「陟里反」則非。

聖治章

29 越裳 ○葉本「裳」作「甞」，喪親章同。盧文弨云：「「越甞」即「越裳」，又作「越常」。」

30 續焉大焉 ○《漢書·藝文志》作「續莫大焉」，臣瓚曰：「《孝經》云：續莫大焉。」是漢晉舊本亦無作「續焉大焉」者，此文疑有脫誤。

31 謂之悖 注下同 ○按，「注」下當有「及」字。

32 行思可樂 如字音洛 ○挍經錄云：「如」字疑當在「行」字之下。

33 難進而盡中 ○盧文弨云：「中，古與『忠』通用。」

34 不令力政反 下文並注並同 ○葉本上「並」作「并」，是也。

35 也盡 ○按，「也」衍文。

紀孝行章

36 五刑章

37 五刑之屬三千 呂刑云墨罰之屬千 ○葉本「罰」誤「罪」，下同。

宮割 女子宮閉之宮字或作瞎字 ○盧本「瞎」作「犗」，云：「『閉』即『閉』之變體。『犗』舊譌『瞎』。犗者，去牛羊之勢也，宮刑與相似，今改正。」臧鏞堂云：當

38 大辟 ○盧本作「臏大辟」，云「舊脫今補」。顧廣圻云：「此誤補也。上注『三千』下云『墨、劓、剕、宮、大辟』，此注作『剕』不作『臏』之證。又云『與周禮並同微異』，攷周禮經作『刖』，注引書傳作『臏』，此其異也。」作「膳」，從肉。

39 賊傷人者墨□ 與周禮下同 ○盧文弨云：「舊空一字未刻。今案，無脫文。」盧本「下」作「不」。

40 宮割 周禮無割 ○葉本「禮」字、「割」字下亦空闕。盧本「割」下補「剕」字，又補「壞音怪人」四字。

41 開人關閉音藥字或作鑰通用 ○葉本「或」字、「用」字脫「同」字。

42 手殺人者大辟 亦與周禮注不同大辟死刑自穿字至此本今無 ○葉本「大辟」、「本今」四字空闕。盧本補「者臏」二大字，又注文「並同」二字下亦空闕。

43 聖人者巳□字□今□□□□ ○葉本亦空闕。盧本作「已下十四字本今無」，攷證又云「此所補未必確」。

44 非侮 亡肖反 ○盧本「肖」作「甫」，與孝治章釋

〈文合。

45 人行者 ○盧文弨云：「人」上當有「非」字。

### 廣要道章

46 此之謂要道章 因妙反下同 ○按，「下」疑「注」字之譌。

### 廣至德章

47 天子事三老 ○盧本「事」上補「父」字，是也。

48 天子兄弟五更 ○葉本、盧本「弟」作「事」，不誤。

### 諫諍章

49 諫諍闢也此字從玨音飢逆反兩玨相對 ○葉本「闢」作「闢」，説詳攷證。

50 前疑後丞本亦作丞 ○盧本「作丞」作「作承」，是也。

51 則身離於令名 ○按經録云：「身」下脱「不」字。顧廣圻云：「釋文無『不』字，音『離』為『力智反』，最是。毛詩曰『不離于裏』，正義謂之『離歷』，即〈魚離〉，麗也。麗詩傳之『麗歷』也。」

52 陷陷從爪下非不同 ○盧本「不」作「下」。

### 喪親章

53 器不俲説文作怒 ○盧本「怒」作「愁」，是也。

54 般也 ○盧本作「服也」，是也。

55 酸食無鹽酸 ○葉本注文「酸」作「豉」，是也。

56 而食粥又音育 ○葉本「育」字空闕。

57 毀瘠情昔反 ○「昔反」二字此本實闕，依盧本補。

58 瘠 ○葉本「瘠」作「瘠」，是也。

59 卜其宅兆字書皆作垗廣雅云垗葬地 ○按，一本「雅」誤作「韻」。

60 而安厝之七故反 ○葉本「故」誤「政」。

### 附次第及注解傳述人

61 然春秋周公垂訓 ○葉本「訓」字空缺。

62 車允南平人東晉□陽尹 ○葉本「平」字空缺。盧依隋志，「晉」下補「丹」字。考證云：「『陽』當作『楊』，以山多赤楊得名。」

63 何承天 ○葉本「天」字空缺。

f01—64 王玄戴大□人 ○葉本「人」字空缺。盧本作「邠」,「大」作「下」。考證云:「隋志『戴』作『載』。老子有王玄載注,釋文同。此『戴』字誤。」